쉽게
따라 하는
**모바일
웹
개발**

jQuery Mobile부터
Node.js까지

쉽게 따라 하는 모바일 웹 개발
jQuery Mobile부터 Node.js까지

지은이 한정현, 신호철, 송형규

펴낸이 박찬규 | 엮은이 이대엽 | 표지디자인 Arowa & Arowana

펴낸곳 위키북스 | 전화 031-955-3658, 3659 | 팩스 031-955-3660

주소 경기도 파주시 문발로 115, 311호(파주출판도시, 세종출판벤처타운)

가격 22,000 | 페이지 272 | 책규격 188x240mm

초판 발행 2015년 11월 26일

ISBN 979-11-5839-020-4 (93000)

등록번호 제406-2006-000036호 | 등록일자 2006년 05월 19일

홈페이지 wikibook.co.kr | 전자우편 wikibook@wikibook.co.kr

이 도서의 국립중앙도서관 출판시도서목록 CIP는

e-CIP 홈페이지 http://www.nl.go.kr/cip.php에서 이용하실 수 있습니다.

CIP제어번호 CIP2015031327

한정현, 신호철, 송형규 지음

jQuery Mobile부터
Node.js까지

쉽게
따라 하는
모바일
웹
개발

위키북스

모바일 단말이 대중화되고 소비자들의 앱 사용이 보편화되면서 다양한 사업자들이 자사의 온라인 서비스를 앱 형태로 출시해 왔습니다. 이러한 변화는 소비자가 앱 기반 생활로 나아가게 하는데 한몫했고, 택시, 배달, 숙박과 같은 오프라인에만 존재하던 기존의 다른 서비스조차 앱으로 출시되고 있습니다.

그런데 사업자들은 최대한 많은 사용자를 대상으로 서비스하고자 하며, 이렇게 하려면 최소 iOS, 안드로이드를 비롯해 2개 이상의 플랫폼을 지원해야 합니다. 이 경우 플랫폼별로 앱을 따로 개발해야 한다는 것을 의미합니다.

2개 이상의 플랫폼을 대상으로 하는 앱을 개발하려면 개발 리소스가 더 필요할뿐더러 업데이트할 때마다 각 플랫폼에 사용자 경험 및 기능을 맞춰야 하는 등 추가적인 운영 노력이 듭니다. 서비스를 운영하는 입장에서 이러한 부분은 여전히 어려움으로 남아 있었습니다.

게다가 서비스의 방향 및 정책이 플랫폼 사업자에 의해 흔들리는 경우도 있기 때문에 사업자들은 다른 대안을 모색할 수밖에 없습니다.

이러한 대안으로 나온 것이 바로 모바일 웹앱입니다. 때마침 HTML5의 표준화와 기본 단말 하드웨어의 성능 향상은 네이티브 앱의 대안으로 모바일 웹앱 진영에 힘을 실어줬습니다.

모바일 웹앱은 하나의 소스로 여러 개의 플랫폼에 대응할 수 있으며, 웹을 통해 배포할 수 있기 때문에 플랫폼 사업자의 규제에 영향을 덜 받는다는 장점이 있습니다.

그 결과, 각종 모바일 웹앱 프레임워크가 등장했으며, 그중 제이쿼리(jQuery)로 잘 알려진 제이쿼리 진영에서 나온 프레임워크가 바로 제이쿼리 모바일(jQuery Mobile)입니다.

새롭게 등장한 웹 프레임워크 및 개발 도구는 HTML5 개발자의 생산성을 향상시킬 뿐만 아니라 자바스크립트라는 언어를 재조명시켰습니다.

단순히 스크립트 언어로 치부되던 과거와 달리 오늘날 자바스크립트가 중요해지면서 프런트엔드 개발자(HTML, CSS, JS에 능숙한)의 수요가 많아졌으며, 자바스크립트로 서버 사이드 개발이 가능한 Node.js의 등장은 자바스크립트의 인기에 열기를 더했습니다. 종전에는 프런트엔드, 클라이언트(Native), 백엔드로 개발 포지션이 나뉘어 있었다면 Node.js의 등장으로 프런트엔드 기술 스택만 가지고도 서비스 전체를 만들 수 있게 된 것입니다.

이러한 현상은 MEAN 스택(MongoDB, Express, Angular, Node.js)이라는 신조어도 탄생시켰으며 이에 따라 풀스택 개발자라는 개념도 유행하고 있습니다.

하지만 이 같은 프런트엔드 기술 스택에서 출발한 기술은 상용화된 서비스를 개발하기에는 여러 가지 장벽이 있었습니다.

바로 유용한 디버깅 툴의 부재 및 단말 파편화 처리에 대한 어려움, 네이티브 앱에 비해 느린 성능, 자바스크립트 비동기 이벤트 처리의 어려움 등은 앱을 좀 더 정교하고 안정적으로 개발하려는 요구가 있는 사업자들을 기존의 네이티브 앱과 기존의 백엔드 개발 방법론으로 다시 돌아오게 만들기도 했습니다.

그럼에도 프런트엔드 기술의 특성상 초심자에게 진입장벽이 낮고 웹에 공개된 오픈소스 및 다양한 프레임워크는 그 어떤 기술보다도 프로토타입을 제작하거나 프로젝트에서 발군의 생산성을 제공함으로써 여러모로 매력적입니다. 또한 이 분야는 다른 어떤 기술 스택보다도 변화가 빠르며, 기존의 단점들을 보완하고 있습니다.

그 한가지 예로 현재 자바스크립트는 깃허브(GitHub)에서 가장 인기 있는 언어이며, 자바스크립트가 가진 언어의 한계점도 ECMAScript 6과 함께 빠른 속도로 극복해나가고 있습니다.

이 책은 이러한 여러 가지 기술에 대해 알아보고 이런 기술을 이용해 프로젝트를 진행하는 내용을 담고 있습니다. 이 책은 프런트엔드 개발을 처음 시작하는 개발자나 모바일 웹 앱을 간단하게나마 처음부터 끝까지 만들고 싶은 분들을 대상으로 합니다.

우선 제이쿼리 모바일은 제이쿼리 기반으로 제작되어 기존 웹 개발자에게 익숙하며 HTML 기반으로 개발할 수 있기 때문에 초기 진입장벽이 상당히 낮습니다. 빠르게 습득해서 앱 형태의 서비스를 개발하기에는 제이쿼리 모바일만 한 프레임워크가 없습니다. 일단 HTML만 알아도 기초적인 개발이 가능하기 때문에 초보자도 습득하는 데 전혀 무리가 없습니다.

또한 서버 사이드 및 개발 도구로 많이 주목받고 있는 Node.js는 자바스크립트가 개발 언어이기 때문에 기초적인 자바스크립트 지식만 있으면 몇 줄만으로도 안정적인 웹 서버 시스템을 개발할 수 있습니다. 이후 다양한 기능을 추가하고 싶다면 NPM(Node Package Manager)을 통해 공개된 다양한 패키지를 활용하는 것도 가능합니다.

이 책은 이러한 내용을 최대한 쉽게 설명하려고 노력했으며, 해당 기술들을 이용한 프로젝트 및 예제도 포함하고 있어 이론과 실습을 병행할 수 있습니다. 그리하여 이 책을 접하는 모든 독자들이 모바일 웹앱을 개발하는 데 조금이나마 도움이 됐으면 합니다.

예정보다 길어진 일정을 감내하시고 챙겨주신 위키북스 박찬규 대표님.
꼼꼼하게 리뷰해주신 이대엽 님.

[한정현]

항상 나를 최고의 남자로 만들어주는 사랑하는 아내 선주와,
목숨보다 소중한 딸 소은이.
사랑한다는 말로 부족한 아버지. 어머니
받기만 해서 항상 고마운 형과 사랑하는 형 가족들
그리고 사랑이 넘치는 이천가족들을 포함한 모든 내 가족들

[신호철]

매일 늦게 퇴근하는 아빠를 항상 즐겁게 맞아주는 보연이, 보민이.
항상 든든하게 내조해 주는 내조의 여왕, 지영이.

[송형규]

항상 나를 믿고 응원해주시는 아버지, 어머니, 장인어른 그리고 장모님.
나의 역할을 충실하게 할 수 있도록 해주는 나의 아내 가영이와
태어나주어서 너무 고마운 나의 두 아들 호재, 호민이.
그리고 나의 부족함을 채워주고 어려움을 덜어주는 나의 다양한 나이의 친구들

03 장

제이쿼리 모바일 활용하기

04 장

제이쿼리 모바일
내부의 이해

05 장

핸들바

06 장
Node.js

01 프로젝트
채팅

02 프로젝트
모바일 청첩장

01 장

제이쿼리 모바일
준비하기

1.1. 개요

세계적으로 스마트폰 보급률은 기하급수적으로 증가 중입니다. 특히 우리나라는 아이폰 3GS가 상륙한 뒤 세계 제일의 상승률을 그리며 전 세계 1위의 스마트폰 보급률을 자랑하고 있습니다.

스마트폰이 광범위하게 보급되면서 모바일 인터넷 사용량 역시 꾸준히 증가하는 추세입니다. 시스코(Cisco)의 조사에 따르면 2014년 대비 2019년에는 10배 정도 모바일 인터넷 사용량이 증가할 것으로 예측되고 있습니다.

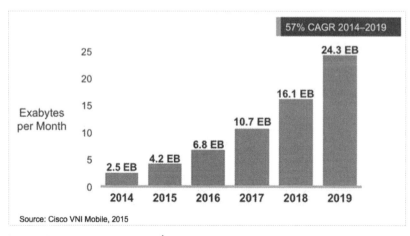

[그림 1-1] 모바일 인터넷 사용량 예측[1]

---

1 출처: http://www.cisco.com/c/en/us/solutions/collateral/service-provider/visual-networking-index-vni/white_paper_c11-520862.html

참고: 1EB = 1024PB, 1PB = 1024TB, 1TB = 1024GB

이것은 우리의 생활이 바뀐 것을 의미합니다. 우리는 항상 핸드폰을 지니고 다니며, 게임, 검색, 음악 등 쉴 새 없이 모바일 콘텐츠를 소비하고 있습니다. 그래서 웹페이지를 만들 때도 데스크톱용 페이지만 만드는 시대는 끝났습니다. 데스크톱용 웹페이지뿐만 아니라 모바일 페이지도 만들어야 하는 시대라는 뜻입니다.

최근 구글은 모바일 친화적인 사이트의 순위를 높이도록 검색 로직을 변경했습니다. 모든 업체(특히 인터넷 기반 서비스를 제공하는 업체)에게 구글의 검색 순위는 사활을 걸만큼 중요한 사항인데, 구글의 모바일 검색 알고리즘의 변화는 시대의 변화를 반영했다고 할 수 있습니다.

그렇다면 웹 사이트를 만드는 입장에서는 어떻게 해야 할까요? 데스크톱용 웹 사이트를 만들고, 모바일용 웹 사이트도 만들고 안드로이드와 아이폰용 앱도 만들어야 할까요?

물론 이렇게 모든 플랫폼에 대응할 수 있으면 좋겠지만 그렇지 않은 경우에는 몇 가지만 선택해야 할 것입니다. 그럼 어떻게 할 수 있을까요?

모바일 웹과 안드로이드 앱, 아이폰 앱은 하나의 콘텐츠로 표현할 수 있습니다. 바로 모바일 웹 페이지를 만들어 웹뷰(WebView)로 포장하는 방법입니다. 이렇게 하면 모바일 검색을 타고 들어오는 사용자는 모바일 웹 페이지에 접근하게 되고, 아이폰과 안드로이드 앱으로도 접근할 수 있게 됩니다.

그러나 개발 경험이 있는 사람들은 이러한 접근법에 반대할 것입니다. 웹뷰를 사용하면 사용성이 떨어진다는 이유로 말입니다. 사실 아직까지는 웹뷰를 사용하면 다소 성능이 떨어지지만 핸드폰과 모바일 운영체제의 성능 향상으로 앞으로는 점점 더 좋아지리라 예상할 수 있습니다.

실제로 안드로이드 4.x 버전과 2.x의 차이는 기능적인 측면은 물론이고, 성능상으로도 굉장한 차이를 보입니다. 그만큼 하드웨어와 소프트웨어의 발전이 빨리 일어나고 있기 때문에 웹으로 모든 것을 해결하려는 접근법은 시간이 지남에 따라 점점 더 효과적인 접근법이 될 것입니다.

모바일 웹 페이지를 만드는 데 드는 노력도 고려해야 합니다. 즉, 모바일 웹 페이지를 가장 쉽게 만들 수 있는 방법을 선택해야 합니다. 모바일 웹을 쉽게 구현할 수 있게 지원하는 웹 프레임워크의 선두 주자에는 제이쿼리 모바일(jQuery Mobile)과 센차 터치(Sencha Touch)가 있습니다.

이 양대 프레임워크를 비교해 보면 제이쿼리 모바일은 HTML 위주로 코드를 작성하는 데 반해 센차 터치는 자바스크립트를 중심으로 코드를 작성해야 합니다. 즉, 제이쿼리 모바일은 기본적인 HTML 지식만 있으면 곧바로 개발이 가능하다는 장점이 있습니다. 물론 제이쿼리 모바일을 사용할 때 자바스크립트를 전혀 사용하지 않는 것은 아니지만 사용하지 않고도 개발이 가능합니다. 반면 센차 터치는 ExtJS라는 자바스크립트 라이브러리를 기반으로 만들어져 있어서 개발에 착수하려면 약간의 선행 학습이 필요하다는 단점이 있습니다.

1.2. 프레임워크 비교

바로 앞 절에서 제이쿼리 모바일과 센차 터치를 간단하게 비교해 봤습니다. 이번에는 모바일 웹 페이지를 개발할 때 자주 사용되는 프레임워크를 종류별로 비교해 보겠습니다.

제이쿼리

웹 페이지를 자유자재로 다루려면 DOM(Document Object Model)을 쉽게 조작할 수 있어야 하며, 이를 위해 가장 널리 쓰이는 자바스크립트 라이브러리가 바로 2006년에 존 레식(John Resig)이 만든 제이쿼리(jQuery)입니다.

제이쿼리의 주요 기능으로 DOM을 선택하고 변경하는 기능이 있습니다. 무엇보다 "Write Less, Do More"라는 모토에 충실하고 직관적으로 돼 있다는 점이 큰 장점이며, 이 책에서 배울 제이쿼리 모바일의 기본이 됩니다.

AngularJS vs. 핸들바

이번에는 MVC 패턴을 지원하는 프레임워크에 대해 알아보겠습니다. MVC는 모델(Model), 뷰(View), 컨트롤러(Controller)의 약자로, 사용자 인터페이스로부터 로직을 분리해 서로 영향을 최소화할 수 있게 도와주는 디자인 패턴입니다. 사실 이전까지는 Backbone.js나 Ember.js가 강세였으나 2013년에 혜성같이 나타난 AngularJS가 시장을 평정한 상태입니다.

AngularJS의 가장 큰 특징은 양방향 바인딩입니다. 양방향 바인딩은 모델과 뷰를 실시간으로 감지해 동기화를 자동으로 해준다는 의미입니다. AngularJS는 약간의 시간만 투자하면 굉장히 생산성이 증가될 수 있으므로 화면 업데이트가 빈번하게 필요한 경우에는 적극 추천하는 프레임워크입니다. 그렇지만 모바일용 뷰를 구성하는 일은 양방향 바인딩과는 전혀 다른 문제이므로 우리의 요구사항에 알맞지는 않습니다.

이 책에서는 AngularJS에 대해서는 다루지 않고 핸들바(HandleBars)를 다루고 있습니다. 그 이유는 센차 터치를 쓰지 않고 제이쿼리 모바일을 쓰는 이유와 일맥상통합니다. AngularJS는 개발자가 접근하기에는 무리가 없습니다만 자바스크립트를 자유롭게 쓸 수 있어야 합니다. 그에 반해 핸들바는 출발점 자체가 약간 다릅니다. HTML 퍼블리셔도 HTML을 만들면서 로직을 수정할 수 있는 요구사항에서 출발했기 때문에 좀 더 접근성이 좋고 친화적입니다.

제이쿼리 모바일 vs. 센차 터치

이번 절에서는 간단하게 여러 가지 웹 프레임워크를 살펴봤습니다만 제이쿼리 모바일과 가장 유사한 위치를 차지하고 있는 센차 터치와 상세히 비교해 보겠습니다.

조금 시일은 지났지만 두 프레임워크를 잘 비교한 자료가 있어서 참고합니다.

	제이쿼리 모바일	센차 터치
개발사	jQuery 진영에서 개발	ExtJS 개발사에서 개발
개발자 풀	125 contributor, 9 company supporter	11 Sencha Employer
개발 스크립트	jQuery 기반	ExtJS 기반
개발 방식	마크업 기반(웹 디자이너 친화적)	스크립트 기반(JS 프로그래머 친화적)
테마 특징	CSS3 활용, 테마롤러 도구 지원	Sass 기반
핵심 라이브러리	jquery-mobile-1.0.js(210KB) jquery.mobile-1.0.css(81KB) jquery.mobile-1.0.min.js(80KB) - 경량화 버전 jquery.mobile-1.0.min.css(48KB) - 경량화 버전	(1.1.1 기준) sencha-touch.js(367KB) sencha-touch.css(144KB) sencha-touch-debug.js(746KB) - 개발 버전 (2.0.0 기준) sencha-touch.js(92KB) sencha-touch.css(143KB) sencha-touch-debug.js(423KB) - 개발 버전
지원 모바일 플랫폼	iOS 3.2-5.0, Android 2.1-2.3/3.0, Windows Phone 7-7.5, Black Berry 6.0+, Palm WebOS (1.4-2.0)/3.0	iOS 3.0+, Android 2.1+, Black Berry 6.0+
공식 홈페이지	http://jquerymobile.com	http://sencha.com/products/touch
개발 버전	1.1.0	2.0
개발 난이도	중	상
특이사항	개방성: 순수 오픈소스 프로젝트로 운영 제품 개발 지원을 위한 외부 전문 컨설팅 업체 운영 중	Sencha Touch Charts 유료 버전 제공 AT&T의 브라우저 기반 HTML5 앱스토어
라이선스	MIT(jQuery 프로젝트와 동일) GPL(jQuery 프로젝트와 동일)	Commercial S/W License(현재 무료) Commercial OEM License(유료) Open Source License(GPL v3)

[표 1-1] 제이쿼리 모바일과 센차 터치 비교[2]

---

2 출처: 'Web App 개발 방법론'(임상석), http://www.slideshare.net/infect2/web-app-201205

센차 터치는 ExtJS 기반으로 돼 있어서 센차 터치를 잘 활용하려면 당연히 ExtJS를 알아야 합니다. 그에 반해 제이쿼리 모바일은 친숙한 제이쿼리 기반이라는 장점이 있으며, HTML 마크업으로 대부분의 개발이 가능하다는 장점이 있습니다. 백문이 불여일견이니 헤더와 본문 영역에 Hello world라고 표시하는 간단한 예제 코드로 둘을 비교해 보겠습니다.

[센차 터치를 이용한 Hello world 예제]

```
//head의 앞 부분은 생략
<script>
Ext.setup({
   onReady : function(){
     var toolbar = new Ext.Toolbar({
         dock:'top',
         title:'Hello world'
     });
     var panel = new Ext.Panel({
        fullscreen:true,
        dockedItems:[toolbar],
        html:'Hello world'
     });
   }
});
</script>
```

[제이쿼리 모바일을 이용한 Hello world 예제]

```
<!-- head 생략 -->
<body>
<div data-role="header">
<h1>Hello world</h1>
</div>
<div data-role="header">
Hello world
</div>
</body>
```

위 예제 코드를 보면 사용자가 얼마나 자바스크립트와 ExtJS에 친숙한지, HTML 마크업에 친숙한지에 따라 선호도가 다를 것임을 알 수 있습니다.

1.3. 제이쿼리 모바일 설치

이번에는 제이쿼리 모바일을 설치하는 방법을 알아보겠습니다. 제이쿼리 모바일을 내려받는 방법은 다음 페이지에 자세히 설명돼 있습니다.

- http://jquerymobile.com/download/

제이쿼리 모바일을 설치하는 방법은 여러 가지가 있지만 공식 홈페이지에서 설명하는 세 가지 방법을 설명하겠습니다.

빌더를 이용하는 방법

제이쿼리 모바일 홈페이지에 있는 다운로드 빌더[3]를 이용해 필요한 모듈만 선택해 내려받는 방법입니다. 버전도 선택할 수 있고, 사용하는 위젯 및 이벤트를 개발자가 원하는 대로 선택해서 내려받을 수 있습니다.

하지만 해당 기능은 제이쿼리 모바일의 일부 기능만 필요하거나 숙련된 개발자가 사용하는 것을 권장합니다.

이 책에서는 모든 위젯과 이벤트를 설명하므로 모든 기능을 선택해서 내려받는 것을 권장합니다.

압축 파일을 통째로 내려받는 방법

다음 방법은 제이쿼리 모바일의 모든 파일이 압축돼 있는 ZIP 파일을 내려받아 압축을 푼 후 사용하는 방법입니다. 이 방법은 항상 안정된 최신 버전만 제공하므로 하위 버전을 사용하려면 빌더를 이용하거나 CDN 또는 깃허브(GitHub)의 브랜치를 이용해야 합니다.

https://github.com/jquery/jquery-mobile에서는 각 브랜치별로 1.x 버전의 안정 버전을 찾을 수 있습니다.

CDN을 이용하는 방법

가장 간편한 방법입니다. 제이쿼리 모바일도 전용 CDN을 지원하며, 구글이나 마이크로소프트에서 제공하는 CDN도 있습니다. 압축된 버전과 압축되지 않은 버전이 있으므로 용도에 맞게 사용할 수

---

3 http://jquerymobile.com/download-builder/

있습니다. 또한 공식 CDN은 버전이 명시된 부분만 바꾸면 이전 버전의 제이쿼리 모바일도 사용할 수 있습니다

```
http://code.jquery.com/mobile/1.4.3/jquery.mobile-1.4.3.js
http://code.jquery.com/mobile/1.3.0/jquery.mobile-1.3.0.js
http://code.jquery.com/mobile/1.4.3/jquery.mobile-1.4.3.css
http://code.jquery.com/mobile/1.3.0/jquery.mobile-1.3.0.css
위와 같이 버전만 바꿔서 사용할 수 있습니다.
```

이 책에서는 예제 및 프로젝트에 1.4.3 버전의 제이쿼리 모바일을 사용하고 있으므로 앞에서 설명한 CDN 또는 빌더를 이용해 1.4.3 버전의 제이쿼리 모바일을 내려받아 실습에 사용하면 됩니다. CDN을 통해 제공되는 1.4.3 버전의 제이쿼리 모바일은 앞 페이지에 있는 URL을 사용하면 되고, 빌더를 이용할 경우 아래 그림처럼 1.4.3을 선택한 후 Select All 체크박스를 체크한 후 내려받으면 됩니다.

- **다운로드 빌더:** http://jquerymobile.com/download-builder/

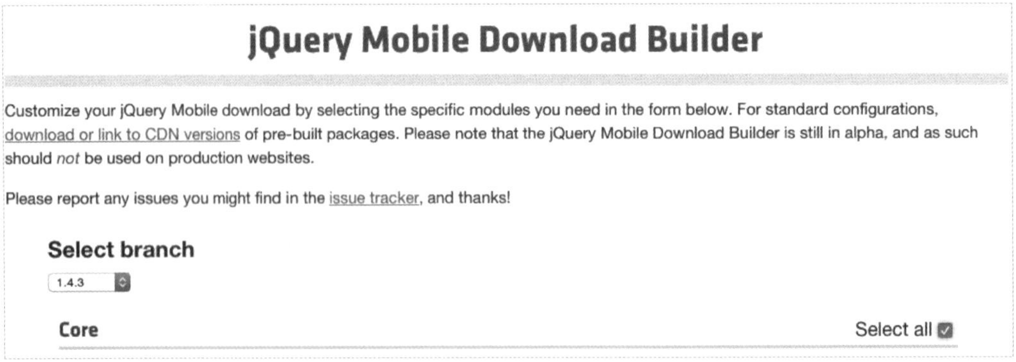

[그림 1-2] 빌더를 이용한 1.4.3 버전의 제이쿼리 모바일 다운로드

1.4. 예제 코드 빌드와 실행

이번에는 제이쿼리 모바일 예제를 다운로드하고 빌드하는 방법을 살펴보겠습니다. 제이쿼리 모바일 예제와 소스 파일은 기본적으로 제이쿼리 모바일의 공식 깃허브 저장소에서 배포되고 있습니다. 해당 깃허브 저장소에서 언제든지 최신 버전의 제이쿼리 모바일 예제와 소스코드를 구할 수 있으며, 그런트(Grunt)를 이용하면 맞춤제작한 소스코드도 이용할 수 있습니다.

제이쿼리 모바일 깃허브 저장소: https://github.com/jquery/jquery-mobile

하지만 이 책에서는 좀 더 쉽고 체계적으로 제이쿼리 모바일을 설명하기 위한 예제 파일을 따로 작성했습니다. 모든 소스코드 및 예제는 깃허브를 통해 공개돼 있으며, 아래의 설명에 따라 예제를 실행할 수 있습니다.

우선 예제를 원활하게 실행할 수 있게 클라이언트 파일을 설치해야 합니다.

먼저 git을 설치하고, Node.js도 설치합니다. 이때 git은 최신 버전을 설치하면 되고, Node.js는 0.10 버전이나 0.12 버전을 설치하면 됩니다. 운영체제에 적합한 클라이언트를 내려받아 설치하면 됩니다.

Git: https://git-scm.com/

Node.js: https://nodejs.org/

Node.js의 설치 및 사용법은 뒷부분에서 다룰 예정입니다.
윈도우 사용자의 경우에는 git-scm.com에서 설치한 git bash를 실행해 진행하면 됩니다.

git과 Node.js를 모두 설치한 후 아래의 명령어로 이 책에서 다룰 예제 파일을 내려받습니다.

```
$ git clone https://github.com/kazikai/jqm-example-project
```

위 명령어를 실행하면 해당 깃허브 프로젝트가 jqm-example-project라는 디렉터리에 생성됩니다. 그다음 해당 디렉터리에서 다음 명령어를 실행합니다.

```
$ npm install
```

이 명령어는 예제를 실행하는 데 필요한 node 패키지 모듈을 설치합니다. 모듈 설치가 끝나면 마지막으로 그런트 빌드를 위해 다음 명령어를 실행합니다.

```
$ grunt build
```

이 예제는 그런트와 어셈블(assemble)로 만들어져 있습니다. 그런트와 어셈블에 대한 설명은 프로젝트 2에서 자세히 다룰 예정입니다.

모든 빌드가 정상적으로 수행되면 아래와 같은 화면이 나타납니다.

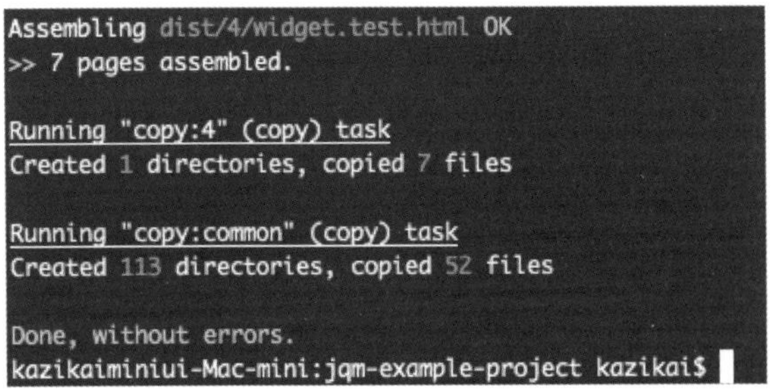

Assembling dist/4/widget.test.html OK
>> 7 pages assembled.
Running "copy:4" (copy) task
Created 1 directories, copied 7 files
Running "copy:common" (copy) task
Created 113 directories, copied 52 files
Done, without errors.
kazikaiminiui-Mac-mini:jqm-example-project kazikai$

[그림 1-3] grunt build를 수행한 결과

> 빌드가 정상적으로 수행되지 않으면 git이나 Node.js 설치 및 npm install 실행 여부를 확인합니다.

위 과정을 마치면 dist 디렉터리에서 이 책의 2장, 3장, 4장에서 사용하는 예제 파일을 확인할 수 있습니다. 이어서 아래와 같은 명령어를 실행하면 예제가 원활하게 동작하는지 확인하기 위한 로컬 서버가 실행되고, 웹 브라우저로 127.0.0.1:8000/dist/에 접속했을 때 예제 파일을 확인할 수 있습니다.

```
$ grunt server
```

/ dist /
..
2
3
4
common

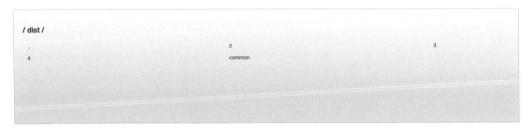

[그림 1-4] 2장, 3장, 4장의 예제 폴더

위 화면에서 번호를 누르면 각 장의 예제를 확인할 수 있습니다.

제이쿼리 모바일
사용법

2.1. Page 위젯

Page 위젯은 제이쿼리 모바일에서 가장 기본이 되고 맨 먼저 쓰는 위젯입니다. 제이쿼리 모바일로 작성되는 웹앱은 크게 이 페이지 단위로 나눌 수 있습니다. 하나의 페이지로 이뤄진 웹앱을 단일 페이지 애플리케이션(Single Page Application)이라 하며, 여러 개의 페이지로 이뤄진 웹앱을 다중 페이지 애플리케이션(Multiple Page Application)이라고 합니다.

Page 위젯을 사용하려면 아래와 같이 〈div〉 요소에 data-role="page"라고 정의하면 됩니다.

```
<div data-role="page">
    ...
</div>
```

그러나 Page 위젯만 정의했다고 해서 동작하진 않습니다. 다음과 같이 head 부분도 작성해야 합니다. 전체 소스코드는 page1.html 파일을 참고하세요.

[예제 2-1] 제이쿼리 모바일을 위한 기본 환경

```
<head>
  <title>Page Title</title>
  <meta charset="utf-8" />
  <meta name="viewport" content="width=device-width, initial-scale=1">
  <link rel="stylesheet" href="../common/jquery.mobile-1.4.3.css" />
  <script src="../common/jquery-1.9.1.js"></script>
  <script src="../common/jquery.mobile-1.4.3.js"></script>
</head>
```

jquery.mobile-1.4.3.js 파일이 필요한 이유는 이미 알고 계실 것입니다. 제이쿼리 모바일을 사용할 것이므로 당연히 제이쿼리 모바일의 기능이 구현돼 있는 자바스크립트 파일을 포함시켜야 합니다. jquery.mobile-1.4.3.css 파일은 제이쿼리 모바일의 CSS 파일이므로 이 파일 역시 필요합니다. 그런데 jquery-1.9.1.js 파일은 왜 필요할까요? 제이쿼리 모바일은 혼자 동작할 수 없고, 제이쿼리에 의존성을 가지고 있습니다. 그렇기 때문에 제이쿼리도 포함시켜야 합니다. 그리고 아무 버전의 제이쿼리를 가져다 쓰면 안 되고 1.8 버전 이상을 권장하고 있으므로 1.8 버전 이상의 제이쿼리를 사용하는 것이 좋습니다. 다만 제이쿼리 2.x 버전은 인터넷 익스플로러 6, 7, 8에 대한 호환성을 포기하고 경량화된 버전이므로 이 점을 잘 고려해서 사용해야 합니다.

이번에는 〈meta〉 요소에 대해 알아보겠습니다. 〈meta〉는 HTML 문서의 내용을 설명하는 요소입니다. 예를 들어, 문서의 주제는 무엇이고, 제목, 저자, 키워드는 무엇인지 등의 내용을 요약할 수도 있습니다. 그러나 위의 예제 코드에서는 그러한 내용이 아닌 다른 기능적인 면을 가지고 있습니다. charset 속성을 정의해 현재 작성 중인 문서의 텍스트 인코딩을 명시했습니다. 일반적으로 utf-8로 지정하면 됩니다만 국내에서는 euc-kr로 쓰는 경우도 일부 있습니다.

이제 viewport가 남았습니다. viewport는 웹킷 기반 모바일 브라우저가 지원하는 기능입니다. viewport는 사용자에게 보여지는 영역을 의미합니다. 모바일 디바이스의 경우 데스크톱보다는 화면 영역이 매우 협소합니다. 데스크톱과 같이 모든 내용을 1:1 비율로 모바일 브라우저상에 표현하면 글씨가 너무 작아서 가독성이 크게 떨어질 것입니다. 그래서 viewport의 width, height 등의 속성을 조절해 얼마만큼 보여줄 것인지 지정할 수 있습니다.

viewport의 속성을 정리하면 다음과 같습니다.

- **width**: 생략하면 기본값이 980px이며, device-width로 디바이스에 따라 다르게 설정할 수 있습니다.
- **height**: 기본값은 980px 대비 화면 비율에 따라 다르며, device-width로도 설정할 수 있습니다.
- **initial-scale**: 초기 비율을 임의로 지정할 수 있습니다.
- **minimum-scale, maximum-scale**: 최소, 최대 비율을 지정할 수 있습니다.
- **user-scalable**: 사용자가 확대/축소할 수 있는지 여부를 설정할 수 있습니다.

이제 이 내용을 바탕으로 아래와 같은 소스코드를 해석할 수 있습니다.

```
<meta name="viewport" content="width=device-width, initial-scale=1">
```

즉, 가로 너비는 디바이스의 너비를 그대로 지정하고, 초기 비율은 1로서 원래 크기를 그대로 사용하는 것을 의미합니다.

meta 태그에 대한 자세한 설명은 다음 링크를 참고하세요.

https://developer.apple.com/library/safari/documentation/appleapplications/reference/SafariHTMLRef/Articles/MetaTags.html

Page 위젯은 header, content, footer 영역으로 구성돼 있으며, 경우에 따라 header, footer가 없을 수도 있습니다.

다중 페이지 애플리케이션은 말 그대로 여러 개의 페이지로 구성되는 앱을 말합니다. 즉, 아래 코드와 같이 다수의 페이지로 구성된 앱이라고 보면 됩니다. 전체 코드는 page2.html을 참고하세요.

[예제 2-2] 여러 개의 페이지

```
<div data-role="page" id="page1"> ... </div>
<div data-role="page" id="page2"> ... </div>
```

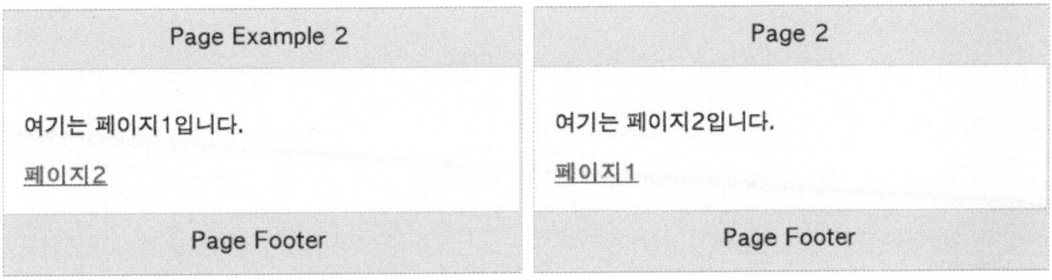

Page Example 2	Page 2
여기는 페이지1입니다.	여기는 페이지2입니다.
페이지2	페이지1
Page Footer	Page Footer

[그림 2-1] 여러 개의 페이지로 구성된 모습

각 페이지를 구분하기 위해 ID를 부여합니다. 위 예제 코드의 경우 page1, page2로 ID를 부여해서 구분하고 있습니다. 이 ID는 나중에 Page 위젯을 자바스크립트로 선택하거나 조작할 때 이용할 수도 있고, <a href="#page2">...</a>처럼 다른 Page 위젯으로 이동할때 사용됩니다.

2.2. 페이지 전환

앞에서 페이지 간의 이동을 정의할 수 있다는 사실을 배웠습니다. 어느 페이지에서 어느 페이지로 이동할지를 정하는 것 외에도 페이지 이동에 대한 효과를 지정할 수도 있습니다. 제이쿼리 모바일의 페이지 전환 효과는 CSS 기반으로 동작합니다. <head> 요소에 지정돼 있는 CSS 파일을 열어보면

keyframe으로 정의돼 있는 것을 확인할 수 있으며, 지원되는 전환 효과로 무엇이 있는지도 확인할 수 있습니다. 제이쿼리 모바일에서 지원하는 전환 효과의 종류는 다음과 같습니다.

- fade
- pop
- flip
- turn
- flow
- slidefade
- slide
- slideup
- slidedown
- none

이러한 효과를 적용하려면 아래와 같이 한 줄만 추가하면 됩니다.

```
<a href="#page2" data-transition="fade">go to page2</a>
```

data-transition 속성에 위의 10가지 값 중 마음에 드는 효과를 지정하면 됩니다. data-direction="reverse"를 정의해 효과를 거꾸로 넣을 수도 있습니다.

그러나 위에 나열한 효과를 항상 사용할 수 있는 것은 아닙니다. 사용 중인 단말기가 구형인 경우, 더 정확히는 안드로이드 2.x이 탑재된 경우에는 효과를 지정해도 모두 fade로 바뀌어서 적용(fallback)됩니다. 그 이유는 각각 전환 효과를 정의하고 있는 keyframe이 안드로이드 2.x에서는 지원하지 않는 transform 함수를 사용하기 때문입니다.

[예제 2-3] 페이지 전환 효과

```
<div data-role="page" id="page1">
  ...
  <div data-role="content">
    <p>여기는 페이지1입니다.</p>
    <p><a href="#page2" data-transition="fade">fade</a></p>
    <p><a href="#page2" data-transition="pop">pop</a></p>
    <p><a href="#page2" data-transition="flip">flip</a></p>
    <p><a href="#page2" data-transition="turn">turn</a></p>
```

```
    <p><a href="#page2" data-transition="flow">flow</a></p>
    <p><a href="#page2" data-transition="slidefade">slidefade</a></p>
    <p><a href="#page2" data-transition="slide">slide</a></p>
    <p><a href="#page2" data-transition="slideup">slideup</a></p>
    <p><a href="#page2" data-transition="slidedown">slidedown</a></p>
    <p><a href="#page2" data-transition="none">none</a></p>
  </div><!-- /content -->
...
</div><!-- /page1 -->

<div data-role="page" id="page2">
...
</div><!-- /page2 -->
```

예제 코드를 보면 page1과 page2가 존재합니다. page1 안에는 다수의 링크가 있으며, 이러한 링크는 모두 page2를 가리키고 있으나 data-transition만 다르므로 페이지 전환 효과만 다른 것을 알 수 있습니다.

2.3. Form 위젯

웹 서비스에서 가장 많이 쓰이는 요소 중 하나는 Form 요소라고 할 수 있습니다. 제이쿼리 모바일 역시 주로 Form 관련 위젯으로 구성돼 있습니다. 우선 어떤 Form 위젯이 있는지 살펴보겠습니다.

> 여기서 말하는 Form 요소란 〈form〉 요소를 뜻하는 것이 아니라 〈form〉, 〈input〉, 〈textarea〉, 〈select〉, 〈label〉, 〈button〉, 〈option〉 등과 같이 HTML 문서에서 사용자가 제어할 수 있는 요소를 말합니다. 이러한 요소를 제이쿼리 모바일 스타일로 위젯화한 위젯을 통틀어 Form 위젯이라고 합니다.

2.4. Button 위젯

Button 위젯은 제이쿼리 모바일에서 가장 핵심적인 위젯입니다. 보통 사용자가 클릭했을 때 동작하는 기능을 제공하는 위젯입니다. 제이쿼리 모바일에서 Button 위젯의 마크업을 구성하는 방법은 다양하며, 주로 〈a〉 요소와 〈button〉 요소로 만들어집니다.

2.5. Slider 위젯

Slider 위젯은 숫자를 입력하거나 슬라이더를 움직여 숫자와 슬라이더의 위치가 변화하는 위젯입니다. 비슷한 종류의 위젯으로는 Range Slider 위젯과 Flip Switch 위젯 등이 있습니다.

2.6. Range Slider 위젯

Range Slider 위젯의 경우 슬라이더에 비해 최솟값과 최댓값으로 범위를 설정할수 있습니다. 슬라이더에 비해 핸들링하는 슬라이더가 2개라고 보면 됩니다.

2.7. Flip Switch 위젯

Flip Switch 위젯은 간단한 UI 요소를 이용해 참/거짓, 켬/끔 같이 스타일 입력을 제공할 수 있습니다.

2.8. Checkbox 위젯

Checkbox 위젯은 리스트 가운데 1개 이상을 선택할 수 있는 옵션 리스트를 제공합니다. 선택한 옵션은 UI 상에서 사용자가 쉽게 인지할 수 있게 표현됩니다.

2.9. RadioButton 위젯

RadioButton 위젯의 경우 Checkbox 위젯과 유사한 옵션 리스트를 제공합니다. 하지만 오직 1개의 옵션만 선택할 수 있습니다.

2.10. Select 위젯

Select 위젯은 〈select〉 요소와 〈option〉 요소로 구성돼 있습니다. 이 위젯은 선택할 수 있는 리스트를 표현할 때 유용합니다. 기본적으로 Select 위젯은 Native의 〈select〉 요소를 기본으로 하며, 다른 제이쿼리 모바일 위젯과 유사하게 스타일이 적용된 Select 위젯도 제공합니다.

> Native 선택 요소란 각 단말이 자체적으로 지원하는 Select UI를 의미합니다. 제이쿼리 모바일을 사용하지 않고 또는 아무런 스타일도 입히지 않은 채 〈select〉, 〈option〉 요소를 이용해 만들면 각 단말의 운영체제에서 지원하는 Select UI를 사용할 수 있습니다.

2.11. Textinput 위젯과 Textarea 위젯

〈input〉 요소로 만들어지는 Text 위젯과 〈textarea〉 요소로 만들어지는 Textarea 위젯 또한 제이쿼리 모바일 스타일을 지원합니다.

2.12. Form 위젯의 특성

<label> 요소 숨기기

웹 접근성을 위해 제이쿼리 모바일의 모든 폼 요소는 의미있는 label과 쌍을 이뤄야 합니다. 〈label〉 요소는 폼 요소를 설명하는 용도 및 다른 요소와의 연관성을 위해 사용하는데, 사용자가 이 〈label〉 요소를 숨기고자 한다면 placeholder 속성으로 해당 역할을 대체하고 〈label〉 요소에 "ui-hidden-accessible" helper 클래스를 적용하면 됩니다. 〈label〉 요소가 가지고 있는 폼 요소에 대한 정보는 placeholder 속성이 보조하고 웹 접근성에도 맞게끔 HTML 코드를 작성하기 위한 방법입니다. data-role이 fieldcontain인 경우에는 해당 요소에 ui-hide-label 클래스를 적용해 label 요소를 숨길 수 있습니다.

폼 요소 비활성화하기

Form 관련 제이쿼리 모바일 위젯은 요소에 disabled 속성을 추가해 해당 위젯을 비활성화할 수 있습니다.

한 가지 명심해야 할 점은 button 또는 input 기반의 마크업을 만들 때 disabled를 사용할 수 있다는 것입니다. 하지만 링크 역할을 하는 버튼은 disabled 기능을 link 기능과 동시에 가질 수 없습니다. 그렇지만 개발자가 link 기반 버튼을 비활성화하고 싶다면 "ui-disabled"라는 클래스를 적용해 비활성화할 수 있습니다. link 기반의 버튼은 ⟨a⟩ 요소를 사용한 것입니다.

폼 요소 그룹화하기

넓은 화면에 있는 ⟨label⟩ 요소와 ⟨form⟩ 요소를 ⟨div⟩ 또는 ⟨fieldset⟩으로 감싸서 스타일을 적용하고 싶을 때는 data-role="filedcontain" 속성을 지정한 래퍼(wrapper)로 label과 form 요소를 감싸면 됩니다. 이렇게 하면 input과 연관된 label 요소가 나란히 배치됩니다. 여기서 한 가지 주의해야 할 점은 블록의 width가 448px 이상일 때만 나란히 배치된다는 것입니다. 블록의 width가 448px보다 작아지면 label 요소와 input 요소가 다른 단락으로 배치됩니다.

폼 요소 자동 초기화하기

기본적으로 제이쿼리 모바일은 자동으로 모바일에 적합하고 터치에 친화적인 위젯으로 enhance됩니다. 이것은 내부적으로 태그명으로 폼 요소를 찾고 해당 요소의 플러그인 메서드를 실행하는 방식으로 처리됩니다. 예를 들어, select 요소는 selectmenu 플러그인으로 초기화되고 type="checkbox"인 input 요소는 checkboxradio 플러그인으로 enhance될 것입니다. 처음 초기화할 때 개발자는 해당 요소에 포함된 제이쿼리 UI 위젯 API 메서드를 통해 enhance된 위젯을 처리할 수 있습니다. 더 자세한 사항은 각 form 플러그인의 문서에 있는 options, methods, events를 참고합니다.

http://api.jqueryui.com/

동적으로 삽입된 폼 요소 초기화하기

만약 새로운 마크업을 클라이언트 측에서 생성하고, Ajax를 통해 콘텐츠 안에 로딩하는 것이 필요하다면 create 이벤트를 트리거해서 제이쿼리 모바일 위젯을 생성할 수 있습니다. 이 경우 새 마크업 안에 있는 모든 플러그인이 자동으로 초기화되는데 해당 이벤트에 여러 개의 요소에 트리거할 수 있기 때문에 각 플러그인을 수동적으로 초기화하는 작업을 간소화할 수 있습니다.

예를 들어, 마크업 블록이 Ajax를 통해 로딩됐다면 create 이벤트가 트리거되어 자동으로 모든 마크업이 enhance된 위젯으로 바뀝니다. 이를 보여주는 코드는 다음과 같습니다.

[예제 2-4] 동적으로 삽입된 마크업 enhance하기

```
$("새로운마크업").appendTo(".ui-page").trigger(" create");
```

2.13. 폼 요소 갱신하기

폼 요소를 자바스크립트로 선택하거나 체크하는 경우에는 각 위젯을 갱신해야 합니다. 갱신 방법은 아래와 같습니다.

Checkbox 위젯

[예제 2-5] Checkbox 위젯 갱신

```
$( "input[type='checkbox']" ).prop( "checked", true ).checkboxradio( "refresh" );
```

RadioButton 위젯

[예제 2-6] RadioButton 위젯 갱신

```
$( "input[type='radio']" ).prop( "checked", true ).checkboxradio( "refresh" );
```

Select 위젯

[예제 2-7] Select 위젯 갱신

```
var $select = $( "#select1" );
$select[0].selectIndex = 3;
$select.selectmenu( "refresh" );
```

Slider 위젯

[예제 2-8] Slider 위젯 갱신

```
$( "input[type='range']" ).val( 60 ).slider( "refresh" );
```

Flip switch 위젯

[예제 2-9] FlipSwitch 위젯 갱신

```
var $flipSwitch = $("#flipSwitch1" );
$flipSwitch[0].selectedIndex = 1;
$flipSwitch.slider( "refresh" );
```

2.14. 폼 요소의 자동 초기화 방지

제이쿼리 모바일로 웹 페이지를 개발할 경우 특정 요소만 제이쿼리 모바일로 enhance하고 싶지 않을 때가 있을 것입니다. 이 경우 몇 가지 방법으로 해결할 수 있습니다.

1. data-role="none"

제일 간단한 방법은 data-role 속성을 이용하는 방법으로, 요소의 속성에 data-role="none"을 추가하면 제이쿼리 모바일에 의해 enhance되지 않습니다. 이는 가장 간단하게 enhance를 막는 방법입니다.

[예제 2-10] data-role을 이용한 초기화 방지

```
<label for="preventInit">
<select name="preventInit" id="preventInit" data-role="none">
  <option value="1">1</option>
  <option value="2">2</option>
  <option value="3">3</option>
</select>
```

2. keepNative 옵션

위의 예제처럼 표현할 수 있지만 추가적인 속성 없이 일괄적으로 자동 초기화를 막고 싶다면 page 플러그인의 keepNative 옵션을 이용할 수 있습니다. 이 옵션은 mobileinit 이벤트 핸들러에 바인딩되어 첫 페이지뿐만 아니라 다음 페이지가 로드될 때도 적용됩니다.

[예제 2-11] keepNative 옵션을 이용한 초기화 방지

```
$( document ).bind( "mobileinit", function( ){
```

```
    $.mobile.page.prototype.options.keepNative = "select, input.ex1, textarea.ex2";
});
```

3. data-enhance="false"

또한 data-enhance="false" 속성을 부모 요소에 추가한 다음 아래와 같이

```
    $.mobile.ignoreContentEnabled = true;
```

로 설정하는 방법으로도 초기화를 막을 수도 있습니다. 하지만 이 방법은 조심해서 사용해야 합니다. 왜냐하면 제이쿼리 모바일이 각 요소들을 enhance하기 전에 부모들을 탐색하기 때문에 페이지 안의 모든 요소에 성능 저하가 일어날 수 있습니다.

만약 제이쿼리 모바일에서 select 위젯을 네이티브 위젯으로 표현하고 싶은 것이 목적이라면 다음과 같이 설정하면 됩니다.

[예제 2-12] data-enhance="false"를 이용한 초기화 방지

```
$( document ).bind( "mobileinit", function( ){
    $.mobile.selectmenu.prototype.options.nativeMenu = true;
});
```

위와 같이 스크립트를 추가하거나 data-native ="true" 속성을 추가하면 됩니다.

2.15. Form 관련 위젯

지금까지 제이쿼리 모바일의 Form 요소에 대해 간단하게 살펴봤습니다. 지금부터 제이쿼리 모바일의 Form 관련 위젯들을 자세하게 설명하겠습니다.

2.16. Button 위젯

앞에서 Form 위젯을 통해 Form 위젯의 종류에 대해 살펴봤습니다. 이번에는 해당 위젯들을 좀 더 상세히 살펴보겠습니다. 우선 Button 위젯부터 살펴보겠습니다. 이 위젯은 제이쿼리 모바일에서 가장 많이 사용되는 가장 핵심적인 위젯입니다. 그러므로 이 Button 위젯을 이해하고 나면 다른 위젯을 이해하는 것도 좀 더 쉬워질 것입니다.

제이쿼리 모바일에서의 Button 위젯은 다양한 방식으로 만들 수 있습니다. 〈a〉 요소를 이용하는 방법과 〈input〉 또는 〈button〉 요소와 같은 기본 버튼 관련 마크업을 이용해 만드는 법이 있는데 모든 버튼들은 블록 모양으로 스타일이 적용되어 스크린 너비 크기에 맞춰집니다.

일반적으로도 웹 서비스 개발 시 링크를 포함하는 버튼은 〈a〉 요소, 동작을 포함하는 버튼은 〈button〉 요소로 마크업을 진행합니다. 제이쿼리 모바일에서도 이런 철학을 반영했다고도 볼 수 있습니다.

기본 마크업은 아래와 같습니다.

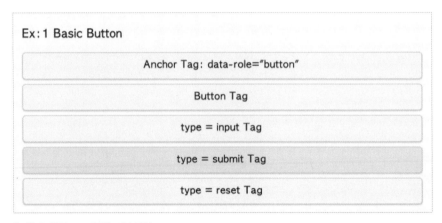

[그림 2-2] Button 위젯: 기본 버튼

[예제 2-13] 버튼 위젯에 대한 기본 마크업

```
<a href="#" data-role="button">Anchor Tag: data-role="button"</a>
<form>
    <button>Button Tag</button>
    <input type="button" value="type = input Tag">
    <input type="submit" value="type = submit Tag">
    <input type="reset" value="type = reset Tag">
</form>
```

위 예제와 같이 링크 속성을 가진 〈a〉 요소에 data-role="button" 속성을 포함하는 것으로 Button 위젯의 기본적인 구조가 완성됩니다. 그리고 버튼 특성을 가진 〈button〉 요소, 〈input〉 요소 가운데 type이 "button", "submit", "reset"일 경우 Button 위젯으로 표현됩니다.

기본적인 Button 위젯은 스크린 너비와 맞춰지지만 여러 개의 Button 위젯을 같은 줄에 표현하고 싶을 때는 data-inline="true"라는 속성을 추가하면 됩니다.

[그림 2-3] Button 위젯: 인라인 버튼

[예제 2-14] 인라인 버튼

```
<a href="#" data-role="button" data-inline="true">Inline Button</a>
<a href="#" data-role="button" data-inline="true">data-inline="true"</a>
```

Button 위젯의 테마를 변경할 경우에는 버튼 역할을 하는 요소에 data-theme 속성을 추가하고 swatch 문자를 명시하는 식으로 변경할 수 있습니다.

> swatch란 제이쿼리 모바일에서 테마를 의미하는 알파벳을 말합니다. a, b가 기본 swatch이며 알파벳 숫자만큼 추가해서 사용할 수있습니다. 해당 부분은 나중에 제이쿼리 모바일 ThemeRoller 부분에서 자세히 다루겠습니다.

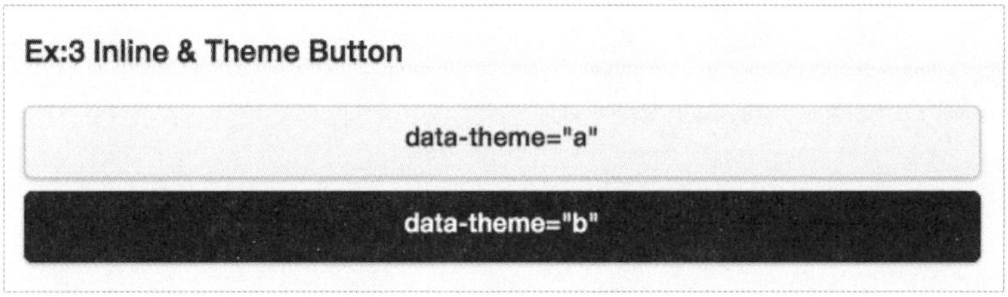

Ex:3 Inline & Theme Button

data-theme="a"

data-theme="b"

[그림 2-4] Button 위젯: 버튼 테마

[예제 2-15] 버튼 테마

```
<a href="#" data-role="button" data-theme="a">data-theme="a"</a>
<a href="#" data-role="button" data-theme="b">data-theme="b"</a>
```

Button 위젯은 툴바 및 작은 공간에서 유용하게 사용될수 있도록 작게 만들 수도 있습니다. 이러한 경우에는 간단하게 data-mini="true" 속성을 마크업에 추가하면 됩니다.

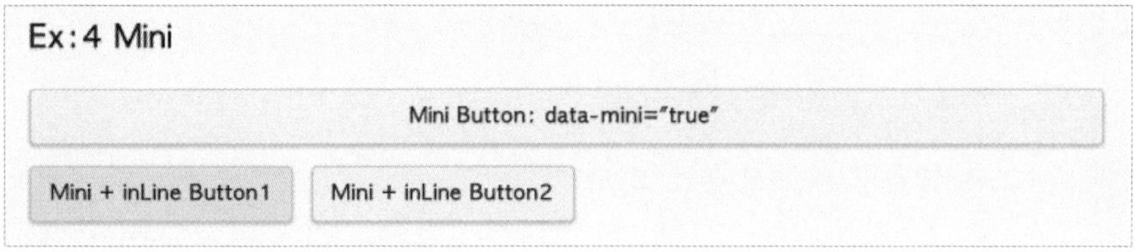

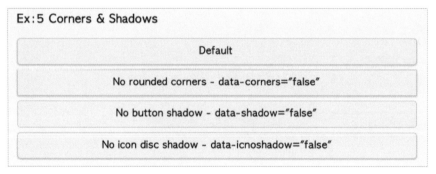

[그림 2-5] Button 위젯: 작은 크기 버튼

[예제 2-16] 작은 크기 버튼

```
<a href="#" data-role="button" data-mini="true">Mini Button: data-mini="true"</a>
<a href="#" data-role="button" data-mini="true" data-inline="true">Mini + inLine Button1</a>
<a href="#" data-role="button" data-mini="true" data-inline="true">Mini + inLine Button2</a>
```

위 예제와 같이 inline 버튼과 기본 버튼 모두 작은 크기로 표현되는 것을 확인할 수 있습니다.

기본적으로 Button 위젯은 라운드 처리가 돼 있습니다. 또한 그림자 효과가 적용돼 있는데, 이러한 효과를 제거하고 싶다면 data-corners, data-shadow, data-iconshadow 속성을 false로 지정하면 됩니다.

[그림 2-6] Button 위젯: 코너 및 그림자 효과

[예제 2-17] 코너 및 그림자 효과

```
<a href="#" data-role="button">Default</a>
<ahref="#" data-role="button" data-corners="false">No rounded corners - data-corners="false"</a>
<a href="#" data-role="button" data-shadow="false">No button shadow - data-shadow="false"</a>
<a href="#" data-role="button" data-iconshadow="false">No icon disc shadow - data-icnoshadow="false"</a>
```

HTML5에서 Form의 ⟨input⟩, ⟨button⟩ 요소는 disabled 속성으로 비활성화할 수 있습니다. 그리고 제이쿼리 모바일에서도 disabled 속성을 추가하는 것으로 해당 버튼을 비활성화할 수 있습니다. 하지만 이 방법은 Form 요소로 작성된 방식만 유효하고 다른 요소로 작성된 방식에서는 사용할 수 없습니다. 만약 개발자가 동일한 효과를 원한다면 해당 태그에 ui-disabled라는 클래스를 추가해서 제이쿼리 모바일에서 동일한 효과를 얻을 수 있습니다.

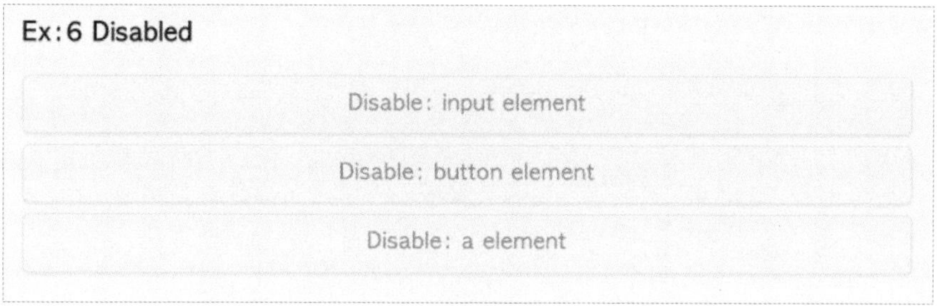

```
Ex:6 Disabled

          Disable: input element

          Disable: button element

          Disable: a element
```

[그림 2-7] Button 위젯: 버튼에 disabled를 적용한 결과

[예제 2-18] 버튼에 disabled 속성 적용

```
<form>
  <input type="button" value="Disable: input element" disabled>
  <button disabled>Disable: button element</button>
</form>
<a href="#" class="ui-disabled" data-role="button">Disable: a element</a>
```

2.17. Icon

제이쿼리 모바일에 내장된 아이콘은 박스 형태의 위젯(button, collapsible, list 등)의 좌우에 표시되어 해당 위젯을 사용자에게 조금 더 직관적으로 보일 수 있게 합니다.

아이콘을 표시하려면 해당 위젯에 data-icons 속성을 작성하고 연관된 아이콘 이름을 지정하면 됩니다.

Ex : 1 Icons- Basic

Bars : data-icon="bars"

| ☰ | Bars |

Edit : data-icon="edit"

| ✎ | Edit |

Left Arrow : data-icon="arrow-l"

| ◀ | Left Arrow |

Right Arrow : data-icon="arrow-r"

| ▶ | Right Arrow |

Up arrow : data-icon="arrow-u"

| ▲ | Up Arrow |

Down arrow : data-icon="arrow-d"

| ▼ | My button |

Edit : data-icon="edit"

Delete - data-icon="delete"

| ✖ | My button |

Edit : data-icon="edit"

Minus - data-icon="minus"

| ⊖ | My button |

Check - data-icon="check"

| ✔ | My button |

Gear - data-icon="gear"

| ⚙ | My button |

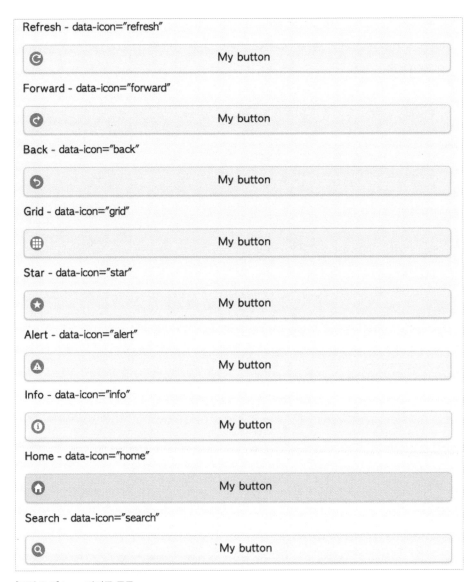

[그림 2-8] Icon: 아이콘 종류

[예제 2-19] 아이콘

```
<div><h4>Bars: data-icon="bars"</h4></div>
<a href="index.html" data-role="button" data-icon="bars">Bars</a>

...
<div><h4>Search: data-icon="search"</h4></div>
<a href="index.html" data-role="button" data-icon="search">Search</a>
```

아이콘의 위치는 변경할 수 있으며, 제이쿼리 모바일에서는 상/하/좌/우의 4가지 위치를 지원합니다. 위치를 변경하는 속성은 data-iconpos 속성입니다. 상/하/좌/우에 맞춰 top/bottom/left/right 값을 설정하면 됩니다.

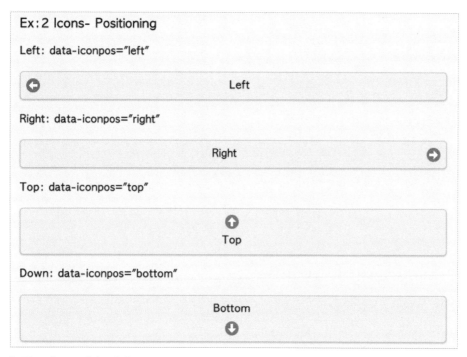

[그림 2-9] Icon: 아이콘 위치

[예제 2-20] 아이콘 위치

```
<div><h4>Left: data-iconpos="left"</h4></div>
<a href="index.html" data-role="button" data-icon="arrow-l" data-iconpos="left">Left</a>
<div><h4>Right: data-iconpos="right"</h4></div>
<a href="index.html" data-role="button" data-icon="arrow-r" data-iconpos="right">Right</a>
<div><h4>Top: data-iconpos="top"</h4></div>
<a href="index.html" data-role="button" data-icon="arrow-u" data-iconpos="top">Top</a>
<div><h4>Down: data-iconpos="bottom"</h4></div>
<ahref="index.html" data-role="button" data-icon="arrow-d" data-iconpos="bottom">Bottom</a>
```

또한 아이콘만 화면에 표현하고 싶다면 data-iconpos="notext" 속성을 추가하면 됩니다.

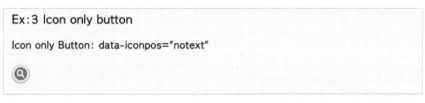

[그림 2-10] Icon: 아이콘만 표시한 모습

[예제 2-21] 아이콘만 표시하기

```
<div><h4>Icon only Button: data-iconpos="notext"</h4></div>
<a href="index.html" data-role="button" data-icon="search" data-iconpos="notext">Search</a>
```

그 밖에 아이콘의 그림자를 제거하거나 아이콘 안의 디스크를 제거할 수 있습니다(기본적으로 제이쿼리 모바일의 아이콘은 디스크 안에 표현됩니다).

다음은 아이콘의 기본적인 모습과 디스크를 제거한 모습, 그리고 그림자 영역까지 제거한 아이콘을 순차적으로 나타낸 것입니다.

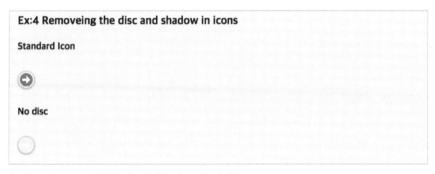

[그림 2-11] Icon: 아이콘 안에 그림자와 디스크를 제거한 모습

[예제 2-22] 아이콘 안의 그림자와 디스크 제거하기

```
<div><h4>Standard Icon</h4></div>
<a href="index.html" data-role="button" data-theme="b" data-icon="arrow-r" data-iconpos="notext"
data-inline="true">Standard</a>
<div><h4>No disc</h4></div>
<a href="index.html" class="ui-nodisc-icon" data-role="button" data-theme="b" data-icon="arrow-r"
data-iconpos="notext" data-inline="true">No disc</a>
```

예제에서는 더 정확하게 비교하기 위해 data-iconpos="notext" 속성을 추가해 아이콘만 표현했습니다. 위 예제를 보면 ui-icon-nodisc라는 클래스를 추가해 아이콘의 디스크를 제거하는 것을 볼 수 있습니다.

아이콘은 기본적으로 흰색으로 표현되지만 이를 검정색으로 변경할 수 있습니다. ui-alt-icon 클래스를 이용하는 것인데, 아이콘이 있는 요소 안에 해당 클래스를 추가하면 됩니다.

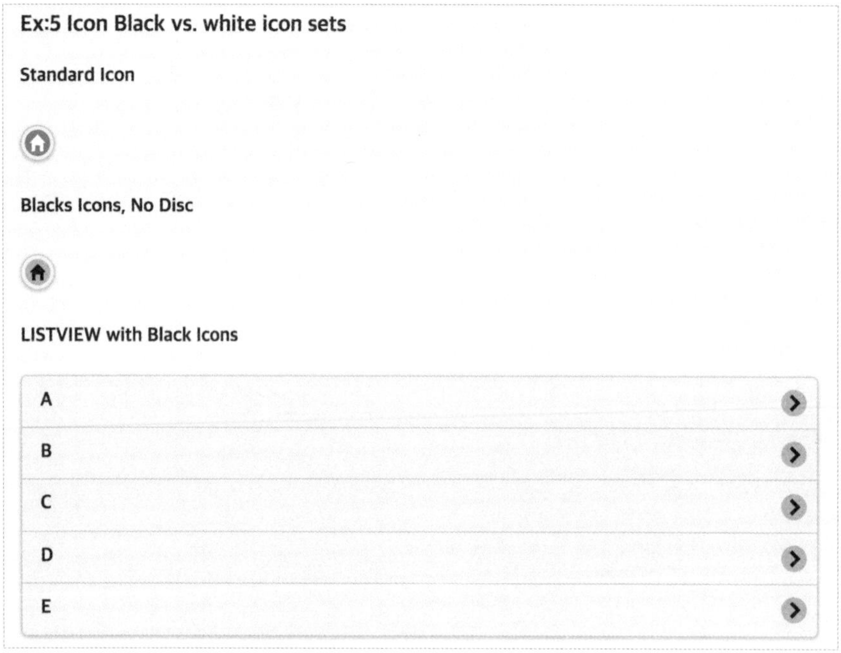

Ex:5 Icon Black vs. white icon sets

Standard Icon

Blacks Icons, No Disc

LISTVIEW with Black Icons

A	
B	
C	
D	
E	

[그림 2-12] Icon: 검정색 아이콘과 흰색 아이콘 비교

[예제 2-23] 검정색으로 아이콘 표현하기

```
<div><h4>Standard Icon</h4></div>
<a href="index.html" data-role="button" data-icon="home" data-iconpos="notext" data-
inline="true">Home - Standard</a>
<div><h4>Blacks Icons, No Disc</h4></div>
<a href="index.html" class="ui-alt-icon" data-role="button" data-icon="home" data-
iconpos="notext" data-inline="true">Home - Black icons, no disc</a>
<div><h4> LISTVIEW with Black Icons</h4></div>
<ul data-role="listview" data-inset="true" class="ui-alt-icon">
  <li><a href="#">A</a></li>
  <li><a href="#">B</a></li>
```

```
<li><a href="#">C</a></li>
<li><a href="#">D</a></li>
<li><a href="#">E</a></li>
</ul>
```

단순히 아이콘 안의 표시만 검정색이 되는 것이 아니라 디스크도 제거되어 조금 더 깔끔한 느낌의 아이콘을 표현할 수 있습니다.

2.18. Single Slider 위젯

Single Slider 위젯은 유효 숫자를 입력하거나 슬라이더를 드래그해서 값을 입력하는 방식입니다. 또한 이 슬라이더를 이용해 Range Slider 위젯과 Flip Switch 위젯으로 표현할 수 있습니다. 기본적인 Single Slider 위젯을 작성하는 방법은 다음과 같습니다.

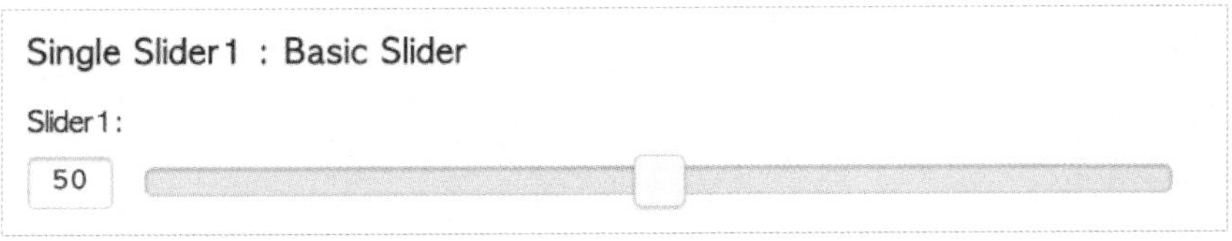

[그림 2-13] SingleSlider 위젯: 기본 Single Slider

[예제 2-24] Single Slider 기본 마크업

```
<form>
  <label for="slider1">Slider1:</label>
  <input type="range" name="slider-1" id="slider1" min="0" max="100" value="50">
</form>
```

슬라이더는 〈form〉 요소로 감싸져 있고 〈label〉 요소와 〈input〉 요소로 이뤄져 있습니다. 여기서 〈label〉 요소는 생략 가능합니다. 하지만 〈form〉 요소의 컨트롤에 문구를 붙이기 위해서는 〈label〉 요소를 포함하는 것이 좋으며, 웹 접근성을 위해서는 〈label〉 요소가 있어야 합니다.

그럼 〈input〉 요소에 있는 속성을 살펴보겠습니다. Slider 위젯을 Range Slider 위젯으로 표현하기 위해서는 우선 〈input〉 요소의 type 속성값을 range로 정의해야 합니다. 또한 min/max/step/value 값으로 전체적인 범위 및 초깃값을 설정할 수 있습니다.

- **min**: 최솟값

- **max**: 최댓값

- **step**: slider를 이동시켰을 때 증가/감소하는 최소 단위

- **value**: 초깃값

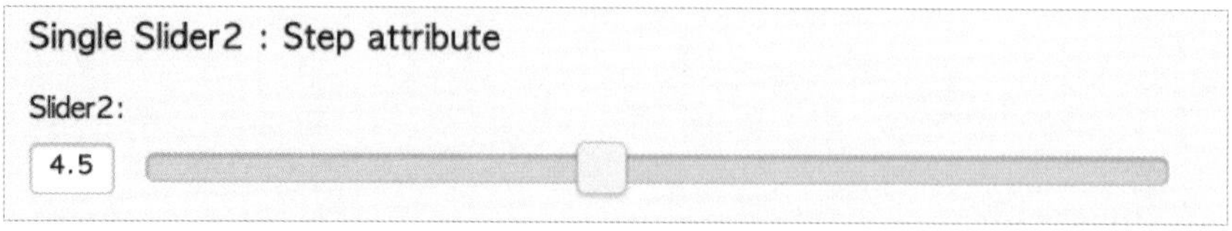

[그림 2-14] SingleSlider 위젯: step을 0.1로, 초깃값을 4.5로 설정한 모습

[예제 2-25] 슬라이더 step 설정하기

```
<form>
  <label for="slider2">Slider2:</label>
  <input type="range" name="slider2" id="slider2" min="0" max="10" step=".1" value="4.5">
</form>
```

위 예제는 step 속성을 이용해 Slider 위젯을 조절한 예제입니다. 만약 Slider 위젯의 다른 한면에 하이라이트 속성을 주고 싶다면 〈input〉 요소에 data-highlight="true" 속성을 추가하면 됩니다. 적용된 디자인은 다음과 같습니다.

Single Slider3 : Highlight

Slider3: (default is "false")

50

[그림 2-15] SingleSlider 위젯: 하이라이트를 적용한 모습

[예제 2-26] 하이라이트 적용

```
<form>
  <label for="slider3">Slider3: (default is "false")</label>
  <input type="range" name="slider3" id="slider3" data-highlight="true" min="0" max="100"
value="50">
</form>
```

highlight의 기본값은 data-highlight="false"이고 만약 해당 속성을 마크업에 포함시키지 않는다면 false로 동작합니다.

제이쿼리 모바일에서 제공하는 대부분의 위젯이 그렇듯이 Slider 위젯 또한 테마를 가지고 있습니다. 다만 한 가지 다른 점은 테마에 관련된 속성을 두 가지 포함하고 있다는 것이며, 바로 data-track-theme와 data-theme입니다. 이름이 나타내듯이 data-track-theme는 슬라이더의 뒷배경을, data-theme는 슬라이더의 테마를 나타냅니다.

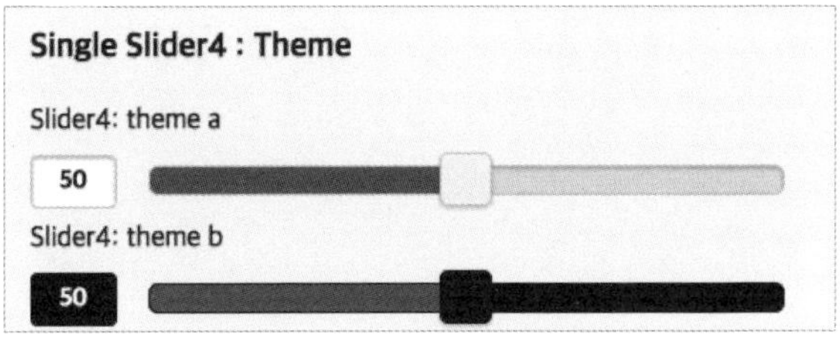

[그림 2-16] SingleSlider 위젯: 테마를 적용한 모습

[예제 2-27] 슬라이더 테마

```
<form>
  <label for="slider4">Slider4: theme a </label>
  <input type="range" name="slider4" id="slider4" data-track-theme="a" data-highlight="true"
data-theme="a" min="0" max="100" value="50">
</form>
<form>
  <label for="slider4">Slider4: theme b </label>
  <input type="range" name="slider4" id="slider4" data-track-theme="b" data-highlight="true"
data-theme="b" min="0" max="100" value="50">
</form>
```

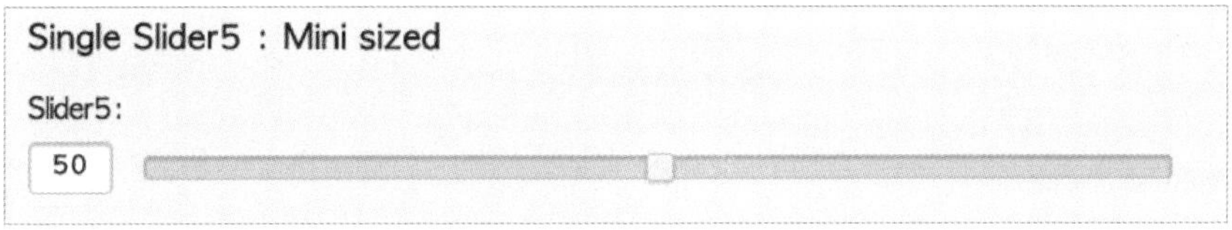

[그림 2-17] SingleSlider 위젯: 작은 크기

[예제 2-28] Single Slider 작은 크기

Slider 위젯의 슬라이더를 작은 크기로 표현하고 싶다면 data-mini 속성을 true로 설정하면 됩니다.

```
<form>
  <label for="slider5">Slider5:</label>
  <input type="range" name="slider5" id="slider5" data-mini="true" min="0" max="100" value="50">
</form>
```

⟨form⟩ 위젯에 disabled 속성이 있는 것처럼 Slider 위젯만 비활성화할 수 있습니다. 이 경우에도 disabled 속성을 추가하면 됩니다.

> disabled="disabled"로 표현하는 방식은 XHTML에서 사용되는 방식입니다. HTML5에서는 간단히 disabled만 추가해도 됩니다.

Single Slider6 : Disabled

Slider6:

50

[그림 2-18] SingleSlider 위젯: Disabled

[예제: 2-29] Disabled

```
<form>
  <label for="slider6">Slider6:</label>
  <input type="range" name="slider6" id="slider6" min="0" max="100" value="50"disabled>
</form>
```

⟨slider⟩ 요소와 한쌍으로 표현되는 ⟨label⟩ 요소에 ui-hidden-accessible이라는 클래스를 추가해 ⟨label⟩ 요소를 보이지 않게 할 수 있습니다. 웹 접근성 향상을 위해 ⟨label⟩ 요소를 포함시켰지만 ⟨label⟩ 요소를 보여주지 않을 때 유용하게 사용할 수 있습니다.

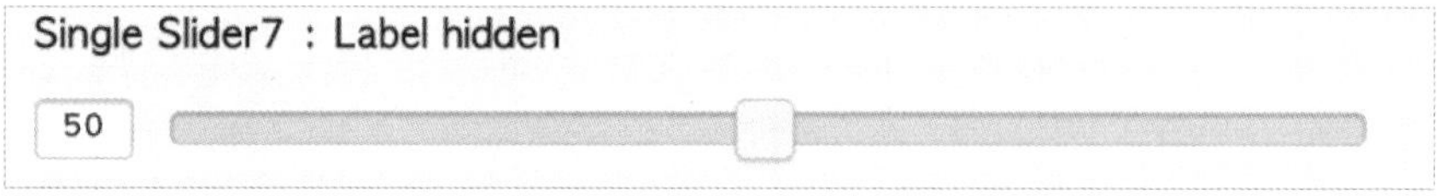

Single Slider7 : Label hidden

50

[그림 2-19] SingleSlider 위젯: Label 숨기기

[예제 2-30] Single Slider Label 숨기기

```
<form>
  <label for="slider7" class="ui-hidden-accessible">Slider7:</label>
  <input type="range" name="slider7" id="slider7" min="0" max="100" value="50">
</form>
```

Slider 위젯 또한 fieldcontain 속성을 이용해 그룹화할 수 있습니다. 이 방법은 〈label〉 요소와 〈input〉 요소를 함께 스타일링할 때 유용하고, 〈label〉 요소의 텍스트와 Slider 위젯을 같은 행에서 표현할 수 있습니다.

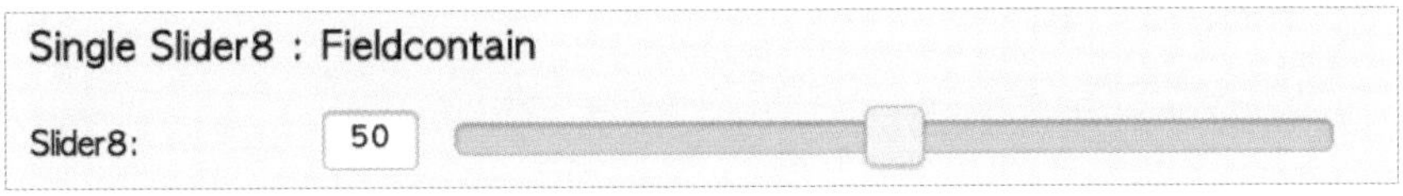

Single Slider8 : Fieldcontain

Slider8:　50

[그림 2-20] SingleSlider 위젯: Single Slider Field Contain

[예제 2-31] Single Slider Field Contain

```
<form>
  <div data-role="fieldcontain">
    <label for="slider8">Slider8:</label>
    <input type="range" name="slider8" id="slider8" min="0" max="100" value="50">
  </div>
</form>
```

위 예제 코드가 정확히 이해되지 않는다면 〈div data-role="fieldcontain"〉 태그에 style="border: 1px solid"를 추가해보면 차이점을 알 수 있습니다.

fieldcontain이 선언된 요소의 border를 확인해볼 수 있습니다.

Single Slider8 : Fieldcontain

Slider8:　50

Slider8: border 1px solid　50

[그림 2-21] SingleSlider 위젯: Field Contain. border 1px solid를 적용한 모습

[예제 2-32] Field Contain. border 1px solid

```
<form>
  <div data-role="fieldcontain"style="border: 1px solid">
    <label for="slider8">Slider8:</label>
    <input type="range" name="slider8" id="slider8" min="0" max="100" value="50">
  </div>
</form>
```

또한 fieldcontain을 적용한 Slider 위젯은 작은 크기, label 숨기기 등도 표현할 수 있습니다.

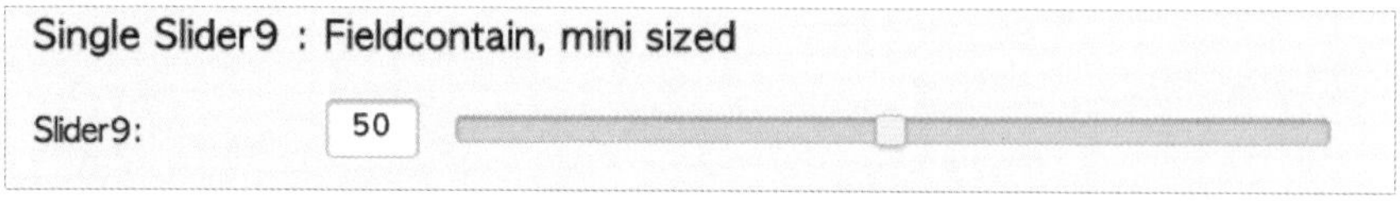

Single Slider9 : Fieldcontain, mini sized

Slider9:   [50] ━━━━━━━━━○━━━━━━━━━

[그림 2-22] SingleSlider 위젯: Field Contain, 작은 크기를 적용한 모습

[예제 2-33] Field Contain, 작은 크기 적용

```
<form>
  <div data-role="fieldcontain">
    <label for="slider-9">Slider:</label>
    <input type="range" name="slider-9" id="slider-9" data-mini="true" min="0" max="100"
value="50">
  </div>
</form>
```

Single Slider10 : Fieldcontain, hide label

[50] ━━━━━━━━━━○━━━━━━━━━

[그림 2-23] SingleSlider 위젯: Field Contain, Label 숨기기

[예제 2-34] singleSlider: Field Contain, Label 숨기기

```
<form>
  <div data-role="fieldcontain" class="ui-hide-label">
    <label for="slider10">Slider10:</label>
    <input type="range" name="slider10" id="slider10" min="0" max="100" value="50">
  </div>
</form>
```

Single Slider11 : Fieldcontain, hide label, mini sized

| 50 |

[그림 2-24] SingleSlider 위젯: Field Contain, 작은 크기 적용, Label 숨기기

[예제 2-35] Field Contain, 작은 크기 적용, Label 숨기기

```
<form>
  <div data-role="fieldcontain" class="ui-hide-label">
    <label for="slider11">Slider11:</label>
    <input type="range" name="slider11" id="slider11" data-mini="true" min="0" max="100"
value="50">
  </div>
</form>
```

마지막으로 Single Slider 위젯과 제이쿼리 모바일의 Grid를 이용해 다양한 슬라이더를 만들어
보겠습니다. 각 Grid 영역의〈div〉 요소 안에 Single Slider 위젯을 포함시키면 grid 속성에 맞춰
레이아웃이 배치되며, 창에 따라 반응적으로 변화하는 Single Slider 위젯이 만들어집니다.

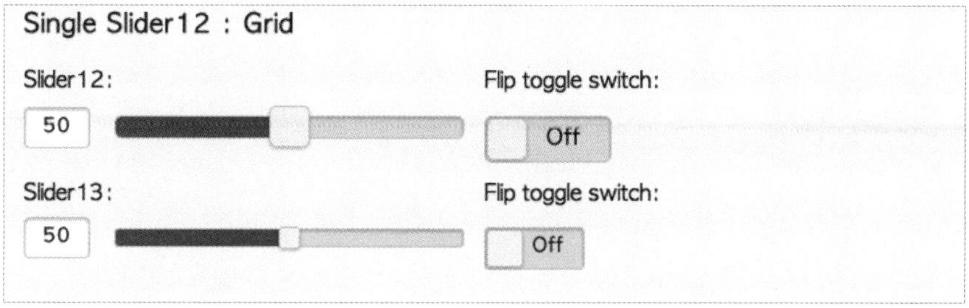

Single Slider12 : Grid

Slider12:
| 50 | Flip toggle switch:
                         | Off |

Slider13:
| 50 | Flip toggle switch:
                         | Off |

[그림 2-25] SingleSlider 위젯: Grid

[예제 2-36] Grid

```
<form>
  <div class="ui-grid-a">
    <div class="ui-block-a">
      <label for="slider12">Slider12:</label>
      <input type="range" name="slider12" id="slider12" data-highlight="true" min="0" max="100"
value="50">
    </div><!-- /ui-block -->
    <div class="ui-block-b">
```

```
      <label for="flip-10">Flip toggle switch:</label>
      <select name="flip-10" id="flip-10" data-role="slider">
        <option value="off">Off</option>
        <option value="on">On</option>
      </select>
    </div><!-- /ui-block -->
    <div class="ui-block-a">
      <label for="slider13">Slider13:</label>
      <input type="range" name="slider13" id="slider13" data-mini="true" data-highlight="true"
min="0" max="100" value="50">
    </div><!-- /ui-block -->
    <div class="ui-block-b">
      <label for="flip-11">Flip toggle switch:</label>
      <select name="flip-11" id="flip-11" data-role="slider" data-mini="true">
        <option value="off">Off</option>
        <option value="on">On</option>
      </select>
    </div><!-- /ui-block -->
  </div><!-- /ui-grid -->
</form>
```

2.19. Range Slider 위젯

이번에는 Range Slider 위젯을 살펴보겠습니다. 이 위젯은 앞부분에 설명했던 Single Slider 위젯과 형태가 비슷합니다. 기본적인 Range Slider 위젯을 작성하는 방법은 다음과 같습니다.

[그림 2-26] RangeSlider 위젯

[예제 2-37] Range Slider의 기본 마크업

```
<form>
  <div data-role="rangeslider">
    <label for="range1A">Rangeslider1A:</label>
```

```
      <input type="range" name="range1A" id="range1A" min="0" max="100" value="40">
      <label for="range1B">Rangeslider1B:</label>
      <input type="range" name="range1B" id="range1B" min="0" max="100" value="80">
   </div>
 </form>
```

Range Slider 위젯과 Single Slider 위젯의 다른 점은 슬라이더가 2개로 표현된다는 점입니다. 기본 구조는 Single Slider 위젯과 동일하지만 〈input〉 요소를 2개 만들고 div 요소로 감싸고 있습니다. 그리고 대부분의 공통 속성인 mini, highlight, theme 등은 div 요소에서 추가됩니다.

〈input〉 요소의 속성 구조는 Single Slider 위젯과 동일합니다. min/max/step/value 값을 가지고 있는데 이 정보들은 각각 슬라이더에 대한 정보는 좌측과 우측에 표시되며, 동작 또한 Single Slider 위젯과 동일합니다.

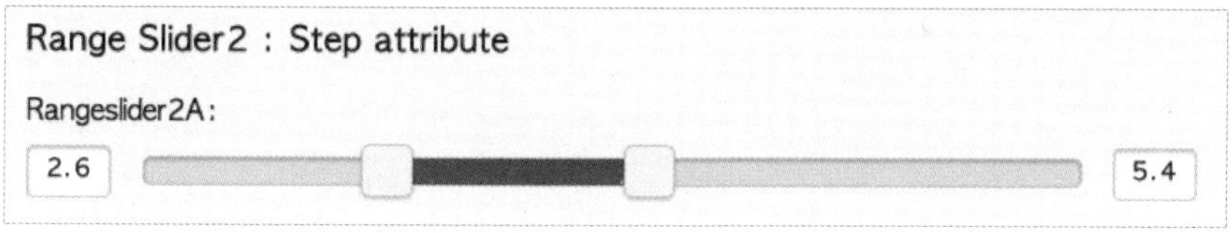

[그림 2-27] RangeSlider 위젯: step에 0.1을 적용하고 최솟값/최댓값을 적용한 모습

[예제 2-38] step에 0.1을 적용하고 최솟값/최댓값을 적용

```
 <form>
   <div data-role="rangeslider">
      <label for="range2A">Rangeslider2A:</label>
      <input type="range" name="range2A" id="range2A" min="0" max="10" step=".1" value="2.6">
      <label for="range2B">Rangeslider2B:</label>
      <input type="range" name="range2B" id="range2B" min="0" max="10" step=".1" value="5.4">
   </div>
 </form>
```

Range Slider 위젯에서는 슬라이더의 사이의 색상이 강조되어 표현됩니다. Single Slider 위젯과 다르게 기본값이 하이라이트로 설정돼 있는데, 이를 제거하려면 rangeslider라는 data-role 속성을 가진 div 요소에 data-highlight="false"라고 추가하면 됩니다. 다시 말하자면 이 속성의 기본값은 true입니다.

Range Slider3 : No highlight

Rangeslider3A (default is "true") :

| 20 | | 80 |

[그림 2-28] RangeSlider 위젯: 하이라이트 지우기

[예제 2-39] 하이라이트 지우기

```
<form>
  <div data-role="rangeslider" data-highlight="false">
    <label for="range3A">Rangeslider3A (default is "true"):</label>
    <input type="range" name="range3A" id="range3A" min="0" max="100" value="20">
    <label for="range3B">Rangeslider3B:</label>
    <input type="range" name="range3B" id="range3B" min="0" max="100" value="80">
  </div>
</form>
```

Range Slider 위젯의 테마는 여러 형태로 변경할 수 있습니다. 슬라이더의 테마를 변경하고 싶다면 data-theme="a" 속성을 추가하면 되고 뒷배경을 변경하고 싶다면 data-track-theme="b"와 같은 속성을 추가하면 됩니다. 이 방식은 Single Slider 위젯과 동일합니다. 단 각 슬라이더 사이의 track theme는 data-highlight 속성에 의해 변경됩니다.

swatch는 제이쿼리 모바일에서 테마 변경을 담당하고 있는 속성입니다. 기본 테마는 a, b로 이뤄져 있고, http://themeroller.jquerymobile.com/을 이용해 확장할 수 있습니다.

테마는 뒷 장에서 자세히 다루겠습니다.

Range Slider4 : Theme

Rangeslider4A:

| 20 | | 100 |

Rangeslider4C:

| 20 | | 100 |

[그림 2-29] RangeSlider 위젯: 테마

[예제 2-40] 테마

```
<form>
  <div data-role="rangeslider" data-track-theme="b" data-theme="a">
```

```
    <label for="range4A">Rangeslider4A:</label>
    <input type="range" name="range4A" id="range4A" min="0" max="100" value="20">
    <label for="range4B">Rangeslider4B:</label>
    <input type="range" name="range4B" id="range4B" min="0" max="100" value="100">
  </div>
</form>
<form>
  <div data-role="rangeslider" data-track-theme="c" data-theme="b">
    <label for="range4C">Rangeslider4C:</label>
    <input type="range" name="range4C" id="range4C" min="0" max="100" value="20">
    <label for="range4D">Rangeslider4D:</label>
    <input type="range" name="range4D" id="range4D" min="0" max="100" value="100">
  </div>
</form>
```

Range Slider 위젯에서도 data-mini="true"를 추가해 슬라이더를 작은 크기로 표현할 수 있습니다. Single Slider 위젯과 다른 점은 〈div〉 요소에 추가된다는 점입니다.

> Single Slider 위젯은 〈input〉 요소에 추가합니다.

Range Slider5 : Mini sized

Rangeslider5A:

| 0 |==| 100 |

[그림 2-30] RangeSlider 위젯: 작은 크기

[예제 2-41] Range Slider 작은 크기

```
<form>
  <div data-role="rangeslider" data-mini="true">
    <label for="range5A">Rangeslider5A:</label>
    <input type="range" name="range5A" id="range5A" min="0" max="100" value="0">
    <label for="range5B">Rangeslider5B:</label>
    <input type="range" name="range5B" id="range5B" min="0" max="100" value="100">
  </div>
</form>
```

Range Slider 위젯을 비활성화하려면 각 〈input〉 요소에 disabled 속성을 추가해야 합니다. 각 〈input〉 요소를 비활성화하는 개념이기 때문에 div 요소가 아닌 〈input〉 요소에 추가해야 합니다.

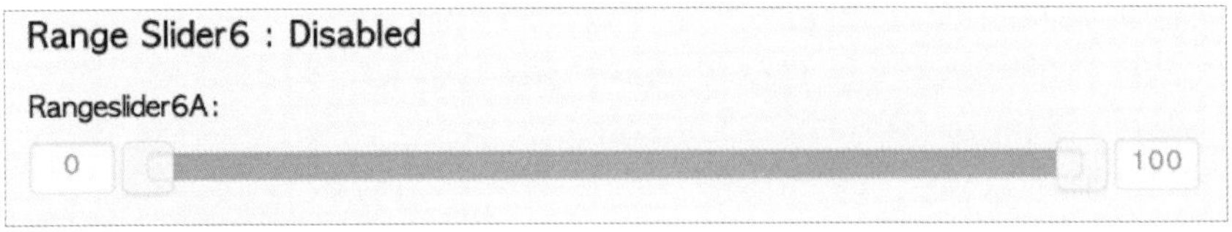

[그림 2-31] RangeSlider 위젯: Disabled

[예제 2-42] Disabled

```
<form>
  <div data-role="rangeslider">
    <label for="range6A">Rangeslider6A:</label>
    <input type="range" name="range6A" id="range6A" min="0" max="100" value="0"disabled>
    <label for="range6B">Rangeslider6B:</label>
    <input type="range" name="range6B" id="range6B"min="0" max="100" value="100"disabled>
  </div>
</form>
```

〈label〉 요소도 보이지 않게 설정할 수 있습니다. 이 경우 각 〈label〉 요소에 ui-hidden-accessible 클래스를 추가하면 됩니다. 웹 접근성 향상을 위해 〈label〉이 필요하지 않아도 마크업을 할 때 이와 같이 처리하는 것이 좋습니다.

Range Slider7 : Label hidden

[그림 2-32] RangeSlider 위젯: Label 숨기기

[예제 2-43] Label 숨기기

```
<form>
  <div data-role="rangeslider">
    <label for="range7A" class="ui-hidden-accessible">Rangeslider7A:</label>
    <input type="range" name="range7A" id="range7A" min="0" max="100" value="0">
    <label for="range7B">Rangeslider7B:</label>
    <input type="range" name="range7B" id="range7B" min="0" max="100" value="100">
  </div>
</form>
```

fieldcontain 속성을 이용해 그룹화하려면 〈div〉 요소를 data-role="fieldcontain" 속성이 지정된 〈div〉 요소로 다시 감싸면 됩니다.

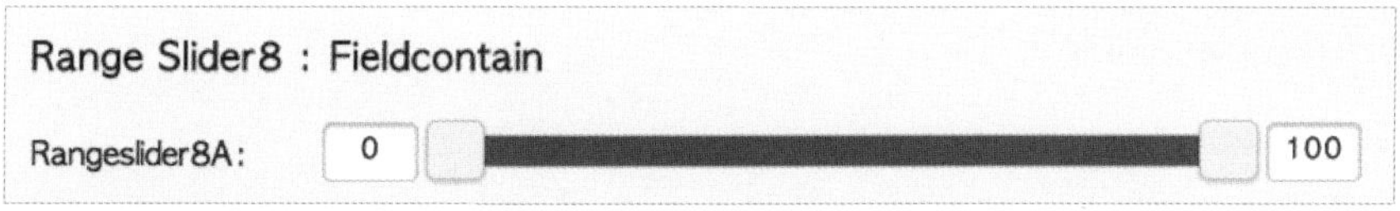

Range Slider8 : Fieldcontain

Rangeslider8A: [0] ███████████████████ [100]

[그림 2-33] RangeSlider: Field Contain

[예제 2-44] Field Contain

```
<form>
  <div data-role="fieldcontain">
    <div data-role="rangeslider">
      <label for="range8A">Rangeslider8A:</label>
      <input type="range" name="range8A" id="range8A" min="0" max="100" value="0">
      <label for="range8B">Rangeslider8B:</label>
      <input type="range" name="range8B" id="range8B" min="0" max="100" value="100">
    </div>
  </div>
</form>
```

다른 위젯과 같이 Range Slider 위젯 역시 fieldcontain 속성에서 Mini, hidden lable 속성을
함께 사용할 수 있습니다.

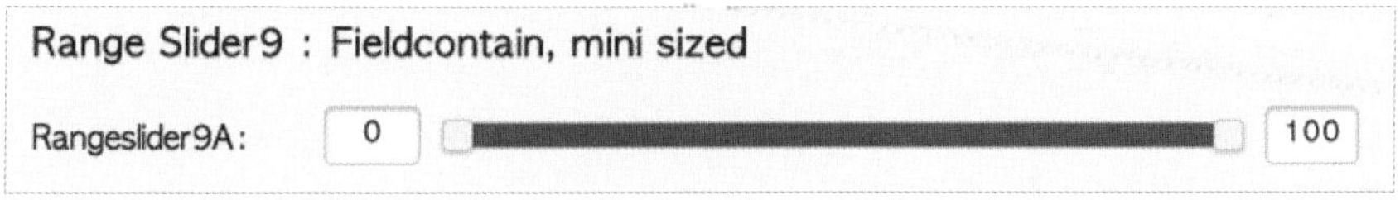

Range Slider9 : Fieldcontain, mini sized

Rangeslider9A : [0] ███████████████████ [100]

[그림 2-34] RangeSlider 위젯: Field Contain, 작은 크기

[예제 2-45] Field Contain, 작은 크기

```
<form>
  <div data-role="fieldcontain">
    <div data-role="rangeslider" data-mini="true">
      <label for="range9A">Rangeslider9A:</label>
      <input type="range" name="range9A" id="range9A" min="0" max="100" value="0">
      <label for="range9B">Rangeslider9B:</label>
      <input type="range" name="range9B" id="range9B" min="0" max="100" value="100">
    </div>
  </div>
</form>
```

[그림 2-35] RangeSlider: Field Contain, Label 숨기기

[예제 2-46] Field Contain, Label 숨기기

```
<form>
  <div data-role="fieldcontain"class="ui-hide-label">
    <div data-role="rangeslider">
      <label for="range10A">Rangeslider10A:</label>
      <input type="range" name="range10A" id="range10A" min="0" max="100" value="0">
      <label for="range10B">Rangeslider10B:</label>
      <input type="range" name="range10B" id="range10B" min="0" max="100" value="100">
    </div>
  </div>
</form>
```

Range Slider11 : Fieldcontain, hide label, mini sized

[그림 2-36] RangeSlider 위젯: Field Contain, Label 숨기기, 작은 크기

[예제 2-47] Field Contain, Label 숨기기, 작은 크기

```
<form>
  <div data-role="fieldcontain" class="ui-hide-label">
    <div data-role="rangeslider" data-mini="true">
      <label for="range11A">Rangeslider11A:</label>
      <input type="range" name="range11A" id="range11A" min="0" max="100" value="0">
      <label for="range11B">Rangeslider11B:</label>
      <input type="range" name="range11B" id="range11B" min="0" max="100" value="100">
    </div>
  </div>
</form>
```

마지막으로 Range Slider 위젯 또한 제이쿼리 모바일의 Grid를 이용할 수 있습니다.

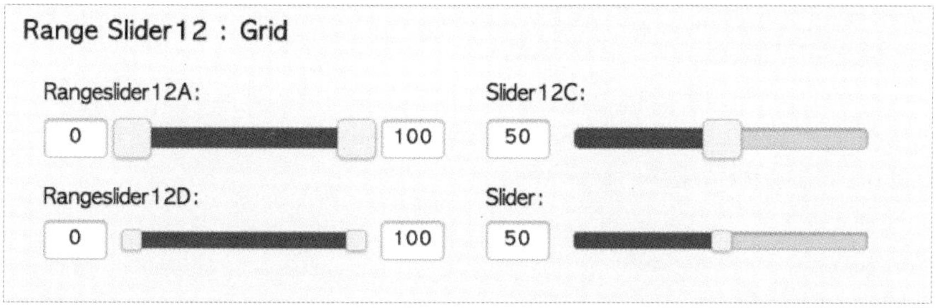

Range Slider12 : Grid

Rangeslider12A:

[0] ━━━━━━━━━━━ [100]

Slider12C:

[50] ━━━━━━━━━━━

Rangeslider12D:

[0] ━━━━━━━━━━━ [100]

Slider:

[50] ━━━━━━━━━━━

[그림 2-37] RangeSlider 위젯: Grid

[예제 2-48] Grid

```
<form>
  <div class="ui-grid-a">
    <div class="ui-block-a">
      <div class="ui-bar ui-bar-c">
        <div data-role="rangeslider">
          <label for="range12A">Rangeslider12A:</label>
          <input type="range" name="range12A" id="range12A" min="0" max="100" value="0">
          <label for="range12B">Rangeslider12B:</label>
          <input type="range" name="range12B" id="range12B" min="0" max="100" value="100">
        </div>
      </div><!-- /ui-bar -->
    </div><!-- /ui-block -->
    <div class="ui-block-b">
      <div class="ui-bar ui-bar-c">
        <label for="slider12C">Slider12C:</label>
        <input type="range" name="slider12C" id="slider12C" data-highlight="true" min="0"
max="100" value="50">
      </div><!-- /ui-bar -->
    </div><!-- /ui-block -->
    <div class="ui-block-a">
      <div class="ui-bar ui-bar-c">
        <div data-role="rangeslider" data-mini="true">
          <label for="range12D">Rangeslider12D:</label>
          <input type="range" name="range12D" id="range12D" min="0" max="100" value="0">
          <label for="range12E">Rangeslider12E:</label>
          <input type="range" name="range12E" id="range12E" min="0" max="100" value="100">
        </div>
      </div><!-- /ui-bar -->
    </div><!-- /ui-block -->
```

```
    <div class="ui-block-b">
      <div class="ui-bar ui-bar-c">
        <label for="slider12F">Slider:</label>
        <input type="range" name="slider12F" id="slider12F" data-mini="true" data-
highlight="true" min="0" max="100" value="50">
      </div><!-- /ui-bar -->
    </div><!-- /ui-block -->
  </div><!-- /ui-grid -->
</form>
```

2.20. Flip Switch 위젯

Flip Switch 위젯은 간단한 UI 요소를 이용해 참/거짓, 켬/끔 같은 스타일 입력을 제공하는 위젯입니다. 특이한 점은 Flip Switch 위젯의 data-role은 slider 값을 가지고 있다는 점입니다.

기본적인 마크업 구조는 ⟨select⟩ 요소와 그에 대응하는 ⟨label⟩ 요소가 ⟨form⟩ 요소로 감싸져 있는 형태이고, ⟨select⟩ 요소의 data-role 속성은 slider로 지정돼 있습니다. (다른 슬라이더 위젯과의 차이점은 ⟨input⟩ 요소가 아니고 ⟨select⟩ 요소라는 점입니다.)

[그림 2-38] Flip Switch 위젯: 기본 Flip Switch

[예제 2-49] 기본 마크업

```
<form>
  <label for="basicSwitch">Basic Switch label</label>
  <select name="flip-1" id="basicSwitch" data-role="slider">
    <option value="off">Off</option>
    <option value="on">On</option>
  </select>
</form>
```

그리고 〈select〉 요소 안에 on/off 또는 true/false를 표현할 수 있는 〈option〉 요소가 포함돼 있습니다. 두 가지 옵션만 선택할 수 있기 때문에 〈option〉 요소는 2개로만 표현해야 합니다. 그리고 form의 공통적인 속성인 theme/mini/disabled와 같은 기능은 〈select〉 요소에 해당 속성을 추가해서 표현할 수 있습니다.

Flip Switch 위젯의 다른 슬라이더 위젯처럼 data-track과 data-theme라는 두 가지로 테마를 표현할 수 있습니다.

```
Ex:2 Theme

Ex:2 Theme label

[   ] Off
```

[그림 2-39] Flip Switch 위젯: 테마

[예제 2-50] 테마

```
<form>
  <label for="theme">Ex:2 Theme label</label>
  <select name="flip-2" id="theme" data-role="slider" data-track-theme="a" data-theme="c">
    <option value="off">Off</option>
    <option value="on">On</option>
  </select>
</form>
```

Flip Switch 위젯의 슬라이더 테마는 data-theme이며, 기본 배경을 변경하려면 data-track 속성을 적정한 swatch 값으로 변경해야 합니다. a부터 e까지 있는 기본 swatch로 다양한 테마를 구성할 수 있습니다.

Flip Switch 위젯은 적절하게 제이쿼리 모바일에서 모바일 화면에 맞춰서 표현되지만 사용자가 조금 더 작게 표현하려면 〈select〉 요소에 data-mini="true"라는 속성을 추가해서 위젯 크기를 작게 표현할 수 있습니다.

```
Ex:3 Mini

Mini label

[   ] Off
```

[그림 2-40] Flip Switch 위젯: 작은 크기

[예제 2-51] Flip Switch 작은 크기

```
<form>
  <label for="mini">Mini label</label>
  <select name="flip-3" id="mini" data-role="slider" data-mini="true">
    <option value="off">Off</option>
    <option value="on">On</option>
  </select>
</form>
```

또한 요소에 `disabled` 속성을 추가해 위젯을 비활성화할 수 있습니다.

[그림 2-41] Flip Switch 위젯: Disabled

[예제 2-52] Disabled

```
<form>
  <label for="disabled">Disabled label</label>
  <select name="flip-4" id="disabled" data-role="slider" disabled>
    <option value="off">Off</option>
    <option value="on">On</option>
  </select>
</form>
```

〈label〉 요소를 숨기기 위한 기본적인 방법인 〈label〉 요소에 `ui-hidden-accessible`을 추가하면 〈label〉 요소를 숨길 수 있습니다.

Ex:5 Hidden label

```
        ┌──────────┐
        │   Off    │
        └──────────┘
```

[그림 2-42] Flip Switch 위젯: Label 숨기기

[예제 2-53] Label 숨기기

```
<form>
  <label for="hiddenLabel" class="ui-hidden-accessible">hidden label</label>
  <select name="flip-5" id="hiddenLabel" data-role="slider">
    <option value="off">Off</option>
    <option value="on">On</option>
  </select>
</form>
```

Flip Switch 위젯도 data-role="fieldcontain" 속성을 지닌 〈div〉 요소를 이용해 hidden label을 한 번에 변경할 수 있습니다. 위젯을 작게 만들려면 위에 설명한 바와 같이 〈select〉 요소에 추가하며, ui-hide-label이라는 클래스를 fieldcontain 〈div〉 요소에 추가해서 〈label〉 요소를 숨길 수 있습니다.

Ex:6 Fieldcontain

Fieldcontain label   Off

[그림 2-43] Flip Switch 위젯: Fieldcontain

[예제 2-54] Fieldcontain

```
<form>
  <div data-role="fieldcontain">
    <label for="fieldContain" >Fieldcontain label</label>
    <select name="flip-6" id="fieldContain" data-role="slider">
      <option value="off">Off</option>
      <option value="on">On</option>
    </select>
  </div>
</form>
```

Ex:7 Fieldcontain, Mini

Fieldcontain Mini   Off
label

[그림 2-44] Flip Switch 위젯: Fieldcontain, 작은 크기

[예제 2-55] Fieldcontain, 작은 크기

```html
<form>
  <div data-role="fieldcontain">
    <label for="fieldContainMini" >Fieldcontain Mini label</label>
    <select name="flip-7" id="fieldContainMini" data-role="slider" data-mini="true">
      <option value="off">Off</option>
      <option value="on">On</option>
    </select>
  </div>
</form>
```

Ex:8 Fieldcontain, hidden label

Off

[그림 2-45] Flip Switch 위젯: Fieldcontain, Label 숨기기

[예제 2-56] Fieldcontain, Label 숨기기

```html
<form>
  <div data-role="fieldcontain"class="ui-hide-label">
    <label for="fieldContainHidden" >Fieldcontain hidden label</label>
    <select name="flip-8" id="fieldContainHidden" data-role="slider">
      <option value="off">Off</option>
      <option value="on">On</option>
    </select>
  </div>
</form>
```

Ex:9 Fieldcontain, hidden label, Mini

Off

[그림 2-46] Flip Switch: Fieldcontain, Label 숨기기, 작은 크기

[예제 2-57] Fieldcontain, Label 숨기기, 작은 크기

```html
<form>
  <div data-role="fieldcontain" class="ui-hide-label">
    <label for="fieldContainHiddenMini" >Fieldcontain hidden, Mini label</label>
    <select name="flip-9" id="fieldContainHiddenMini" data-role="slider" data-mini="true">
```

```
        <option value="off">Off</option>
        <option value="on">On</option>
      </select>
    </div>
  </form>
```

Flip Switch 위젯 또한 Grid를 이용해 다양한 효과를 표현할 수 있습니다. Grid를 사용하면 아래와 같은 형태의 컴포넌트를 만들 수도 있습니다.

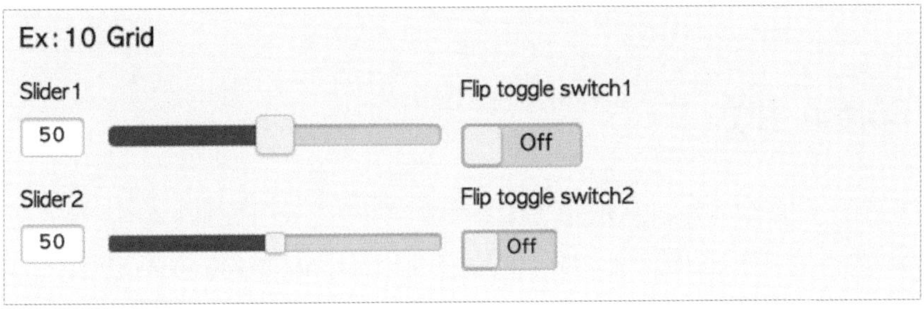

[그림 2-47] Flip Switch 위젯: Grid

[예제 2-58] Grid

```
<form>
  <div class="ui-grid-a">
    <div class="ui-block-a">
      <label for="slider1">Slider1</label>
      <input type="range" name="slider-1" id="slider1" data-highlight="true" min="0" max="100"
value="50">
    </div><!-- /ui-block -->
    <div class="ui-block-b">
      <label for="flipTogle">Flip toggle switch1</label>
      <select name="flip-10" id="flipTogle" data-role="slider">
        <option value="off">Off</option>
        <option value="on">On</option>
      </select>
    </div><!-- /ui-block -->
    <div class="ui-block-a">
      <label for="slider2">Slider2</label>
      <input type="range" name="slider-2" id="slider2" data-mini="true" data-highlight="true"
min="0" max="100" value="50">
    </div><!-- /ui-block -->
```

```
    <div class="ui-block-b">
      <label for="flipTogle2">Flip toggle switch2</label>
      <select name="flip-11" id="flipTogle2" data-role="slider" data-mini="true">
        <option value="off">Off</option>
        <option value="on">On</option>
      </select>
    </div><!-- /ui-block -->
  </div><!-- /ui-grid -->
</form>
```

2.21. Radio Button 위젯

Radio Button 위젯은 기본적으로 Checkbox 위젯과 유사한 디자인을 보여주지만 결정적으로 단한 가지 옵션만 선택할 수 있는 리스트를 제공합니다. 그렇기 때문에 Radio Button 위젯은 2개이상의 요소로 구성돼 있는 경우가 대부분입니다.

제이쿼리 모바일에서 Radio Button 위젯의 집합을 만들려면 〈input〉 요소에 type="radio" 속성을 추가하고 해당 요소에 상응하는 〈label〉 요소를 만들면 됩니다. 〈label〉 요소의 for 속성은 〈input〉 요소의 id와 동일하게 만들어야 의미상으로 두 요소가 연결됩니다.

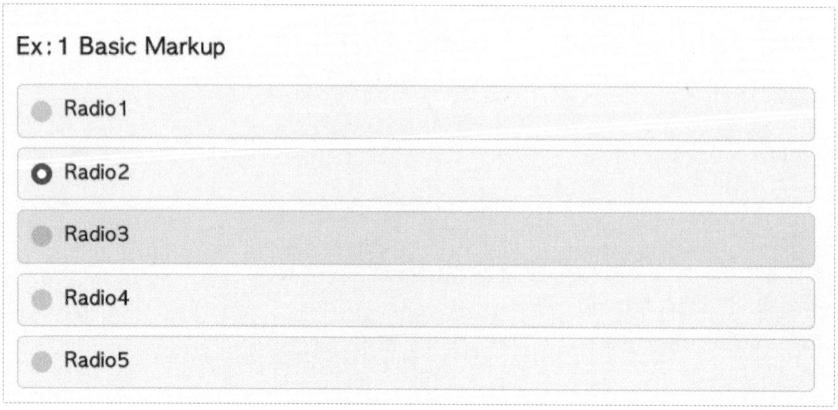

[그림 2-48] Radio Button 위젯: 기본 마크업

[예제 2-59] Range Slider 기본 마크업

```
<form>
  <label>
```

```
    <input type="radio" name="radio0" id="radio0a">Radio1
  </label>
  <label for ="radio2">Radio2</label><input type="radio" name="radio0" id="radio2" class="custom"
checked>
  <label for="radio0c">Radio3</label>
  <input type="radio" name="radio0" id="radio0c" class="custom">
  <label for="radio0d">Radio4</label>
  <input type="radio" name="radio0" id="radio0d" class="custom">
  <label for="radio0e">Radio5</label>
  <input type="radio" name="radio0" id="radio0e" class="custom">
</form>
```

기본적인 마크업은 다음과 같습니다. 〈form〉 요소로 감싸고 첫 번째 〈input〉 요소는 〈label〉 요소로 감쌉니다. 그리고 두 번째 〈input〉 요소부터는 그에 상응하는 〈label〉 요소를 선언하면 됩니다. 각 〈label〉 요소의 for 속성과 〈input〉 요소의 id 속성은 동일한 값으로 설정해야 하며, 꼭 지켜야 할 부분은 모든 〈input〉 요소의 name은 동일한 값으로 지정해야 한다는 것입니다. 만약 동일한 값으로 지정하지 않을 경우 같은 그룹의 Radio Button 위젯으로 표현되지 않습니다. (명심해야 할 부분은 Radio Button 위젯은 한 그룹에서 한 가지만 선택될 수 있다는 것입니다. 라디오 주파수를 생각하면 더 이해하기 쉽습니다.)

앞에서 표현한 형태와는 달리 그룹화된 버튼 집합처럼 라디오 버튼을 수직으로 보여주고 싶다면 제이쿼리 모바일의 controlgroup을 이용하면 됩니다.

[그림 2-49] Radio Button 위젯: Vertical Group

[예제 2-60] Vertical Group

```
<form>
  <fieldset data-role="controlgroup">
    <legend>Vertical Group Example</legend>
```

```
      <input type="radio" name="radio1" id="radio1f" value="on" checked="checked">
      <label for="radio1f">Radio6</label>
      <input type="radio" name="radio1" id="radio1g" value="off">
      <label for="radio1g">Radio7</label>
      <input type="radio" name="radio1" id="radio1h" value="other">
      <label for="radio1h">Radio8</label>
      <input type="radio" name="radio1" id="radio1i" value="other">
      <label for="radio1i">Radio9</label>
    </fieldset>
  </form>
```

위 예제와 같이 〈form〉 요소 안에 있는 Radio Button 위젯은 data-role="controlgroup" 속성을 가진 filedset 요소로 감싸면 됩니다. 순수한 HTML과 동일하게 checked 속성을 활용해 미리 선택돼 있는 라디오 버튼을 보여줄 수도 있습니다. 주의할 점은 checked 속성이 여러 개의 요소에 추가돼 있다면 맨 아래의 요소가 선택되어 보여진다는 점입니다.

> checked 속성도 disabled 속성과 같이 checked="checked"라고 지정할 수도 있지만 일반적으로 checked만 지정해도 됩니다.

수직적으로 표현되는 Radio Button 위젯을 수평으로도 표현할 수 있습니다. 다음과 같이 수평으로 위치된 버튼 집합을 만들고 싶을 때는 data-type="horizontal"을 〈fieldset〉 요소에 지정하면 됩니다.

[그림 2-50] Radio Button 위젯: Horizontal Group

[예제 2-61] Horizontal Group

```
  <form>
    <fieldset data-role="controlgroup" data-type="horizontal">
      <legend>Horizontal Group Example</legend>
      <input type="radio" name="radio2" id="radio2j" value="on" checked="checked">
      <label for="radio2j">Radio10</label>
      <input type="radio" name="radio2" id="radio2k" value="off">
      <label for="radio2k">Radio11</label>
```

```
    <input type="radio" name="radio2" id="radio2l" value="other">
    <label for="radio2l">Radio12</label>
    <input type="radio" name="radio2" id="radio2m" value="other">
    <label for="radio2m">Radio13</label>
  </fieldset>
</form>
```

Radio Button 위젯도 data-mini="true"라는 속성을 〈fieldset〉 요소에 지정해 툴바나 한정된 공간을 가진 곳에서 작은 버전의 위젯을 만드는 데 유용하게 사용할 수 있습니다.

아래의 두 가지 위젯은 mini 사이즈를 vertical 형태와 horizontal 형태로 각각 표현한 예제입니다.

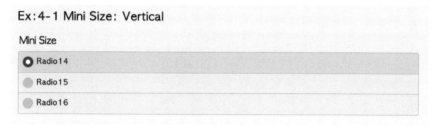

[그림 2-51] RadioButton 위젯: 작은 크기 화면, Vertical 방식

[예제 2-62] 작은 크기, Vertical 방식

```
<form>
  <fieldset data-role="controlgroup" data-mini="true">
    <legend>Mini Size</legend>
    <input type="radio" name="radio3" id="radio3o" value="on" checked="checked">
    <label for="radio3o">Radio14</label>
    <input type="radio" name="radio3" id="radio3p" value="off">
    <label for="radio3p">Radio15</label>
    <input type="radio" name="radio3" id="radio3q" value="other">
    <label for="radio3q">Radio16</label>
  </fieldset>
</form>
```

Ex:4-2 Mini Size: Horizontal

Mini Size

| Radio17 | Radio18 | Radio19 |

[그림 2-52] Radio Button 위젯: 작은 크기, Horizontal 방식

[예제 2-63] 작은 크기, Horizontal 방식

```
<form>
  <fieldset data-role="controlgroup" data-mini="true" data-type="horizontal">
    <legend>Mini Size</legend>
    <input type="radio" name="radio1" id="radio4r" value="on" checked="checked">
    <label for="radio4r">Radio17</label>
    <input type="radio" name="radio1" id="radio4s" value="off">
    <label for="radio4s">Radio18</label>
    <input type="radio" name="radio1" id="radio4t" value="other">
    <label for="radio4t">Radio19</label>
  </fieldset>
</form>
```

Radio Button 위젯에서 라디오 아이콘의 위치를 좌측에서 우측으로 변경하려면 data-iconpos="right" 속성을 〈fieldset〉 요소에 추가하면 됩니다.

[그림 2-53] Radio Button 위젯: Icon 위치 변경

[예제 2-64] Icon 위치 변경

```
<form>
  <fieldset data-role="controlgroup" data-mini="true" data-iconpos="right">
    <legend>Icon Position Right: Ex 4-1( left position ) </legend>
    <input type="radio" name="radio1" id="radio5u" value="on" checked="checked">
    <label for="radio5u">Radio20</label>
    <input type="radio" name="radio1" id="radio5v" value="off">
    <label for="radio5v">Radio21</label>
    <input type="radio" name="radio1" id="radio5w" value="other">
    <label for="radio5w">Radio22</label>
  </fieldset>
</form>
```

마지막으로 Radio Button 위젯의 테마를 변경하는 방법을 알아보겠습니다. 제이쿼리 모바일에 포함된 테마를 적용하려면 ⟨fieldset⟩ 요소 안의 ⟨input⟩ 요소에 data-theme 속성을 원하는 테마에 맞춰서 추가하면 됩니다. 이때 반드시 각 ⟨input⟩ 요소 안에 테마를 반영해야 합니다(Checkbox 위젯과 동일).

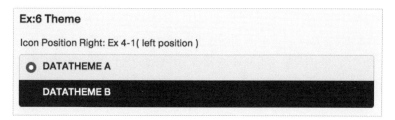

[그림 2-54] Radio Button 위젯: 테마

[예제 2-65] 테마

```
<form>
  <fieldset data-role="controlgroup">
    <legend>Icon Position Right: Ex 4-1( left position ) </legend>
    <input type="radio" data-theme="a" name="radio1" id="radio6u" value="on" checked="checked">
    <label for="radio6u">DATATHEME A</label>
    <input type="radio" data-theme="b" name="radio1" id="radio6v" value="off">
    <label for="radio6v">DATATHEME B</label>
  </fieldset>
</form>
```

2.22. Checkbox 위젯

Checkbox 위젯은 리스트 중에서 1개 이상을 선택할 수 있는 옵션 리스트를 제공합니다. 주로 설문조사나 체크한 결괏값을 전송할 때 유용하게 사용되는 위젯입니다. 제이쿼리 모바일에서 단일로 구성된 Checkbox 위젯을 만들려면 ⟨input⟩ 요소에 type="checkbox" 속성과 그에 상응하는 ⟨label⟩ 요소를 추가하면 됩니다.

[그림 2-55] Checkbox 위젯: 기본 마크업 화면 1

[예제 2-66] Checkbox 기본 마크업 1

```
<form>
  <label>
    <input type="checkbox" name="checkbox0">Check me
  </label>
</form>
```

위와 같이 〈input〉 요소가 대응되는 〈label〉 요소로 감싸져 있는 것이 아니라면 〈input〉 요소의 id와 〈label〉 요소의 for 속성을 동일하게 설정해야 합니다. 아래와 같이 구성해야 〈form〉 요소들이 의미적으로 관련된 요소로 표현됩니다.

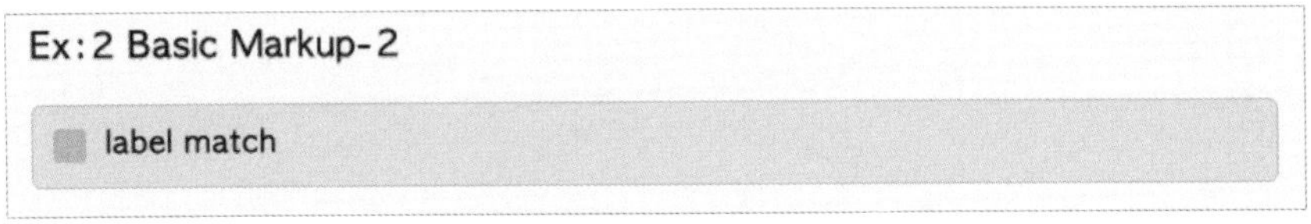

Ex : 2 Basic Markup-2

▢ label match

[그림 2-56] Checkbox 위젯: 기본 마크업 화면 2

[예제 2-67] Checkbox 기본 마크업 2

```
<form>
  <label for="checkbox0">label match</label>
  <input type="checkbox" name="checkbox0" id="checkbox0">
</form>
```

Checkbox 위젯도 다른 위젯과 마찬가지로 data-mini="true"라는 속성을 〈input〉 요소에 지정하는 식으로 툴바나 한정된 공간을 가진 곳에서 작은 버전의 위젯을 만드는 데 유용하게 사용할 수 있습니다

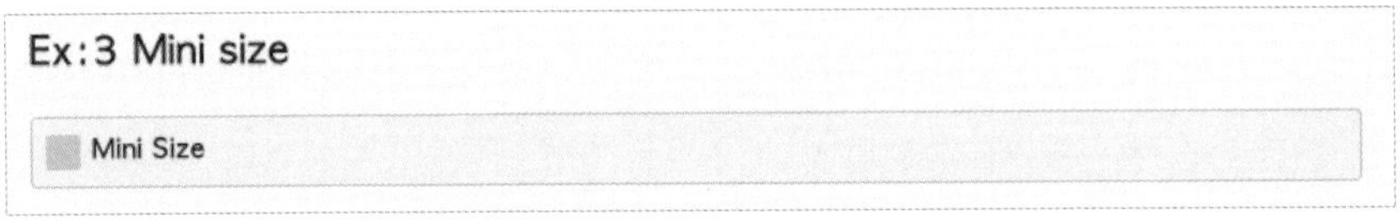

Ex : 3 Mini size

▢ Mini Size

[그림 2-57] Checkbox 위젯: 작은 크기

[예제 2-68] 작은 크기

```
<form>
  <label>
    <input type="checkbox" name="mini" class="custom" data-mini="true">Mini Size
  </label>
</form>
```

보통 여러 개의 Checkbox 위젯은 리스트를 질문 표제 밑에 넣는 경우가 있습니다. 이는 주로 설문 조사 및 문제 풀이 같은 페이지에서 많이 사용되는 방법이며, 이 경우 〈fieldset〉 요소에 data-role="controlgroup" 속성을 지정하는 식으로 여러 개의 체크박스를 마치 한 개의 그룹화된 형태로 표현할 수 있습니다.

Ex:4 Vertical group

Vertical Group Checkbox

- ☐ First
- ☑ Second
- ☐ Third

[그림 2-58] Checkbox 위젯: Vertical Group

[예제 2-69] Vertical Group

```
<form>
  <fieldset data-role="controlgroup">
    <legend>Vetical group checkbox</legend>
    <input type="checkbox" name="checkbox1" id="checkbox1">
    <label for="checkbox1">First</label>
    <input type="checkbox" name="checkbox2" id="checkbox2">
    <label for="checkbox3">Second</label>
    <input type="checkbox" name="checkbox3" id="checkbox3">
    <label for="checkbox3">Third</label>
  </fieldset>
</form>
```

앞에서는 수직적으로 Checkbox 위젯을 표현했습니다. 하지만 Checkbox 위젯을 수평적으로도 표현할 수 있는 방법이 있습니다. 간단히 〈fieldset〉 요소에 data-type="horizontal" 속성을 추가하기만 하면 됩니다(물론 data-role="controlgroup"이 있어야 합니다).

Ex:5 Horizontal group

Horizontal Group Checkbox

First	Second	Third

[그림 2-59] Checkbox 위젯: Horizontal Group

[예제 2-70] Horizontal Group

```
<form>
  <fieldset data-role="controlgroup" data-type="horizontal">
    <legend>Vetical group checkbox</legend>
    <input type="checkbox" name="checkbox1" id="checkbox1">
    <label for="checkbox1">First</label>
    <input type="checkbox" name="checkbox2" id="checkbox2">
    <label for="checkbox3">Second</label>
    <input type="checkbox" name="checkbox3" id="checkbox3">
    <label for="checkbox3">Third</label>
  </fieldset>
</form>
```

제이쿼리 모바일에서 Checkbox 위젯의 아이콘은 기본적으로 위젯의 좌측에 위치해 있습니다. 하지만 data-iconpos="right" 속성을 추가하면 해당 아이콘의 위치를 우측으로 지정할 수 있습니다.

[그림 2-60] Checkbox 위젯: Icon 위치 변경

[예제 2-71] Icon 위치 변경

```
<form>
  <fieldset data-role="controlgroup" data-iconpos="right">
    <legend>Vetical group checkbox</legend>
    <input type="checkbox" name="checkbox1" id="checkbox1">
    <label for="checkbox1">First</label>
    <input type="checkbox" name="checkbox2" id="checkbox2">
    <label for="checkbox3">Second</label>
    <input type="checkbox" name="checkbox3" id="checkbox3">
    <label for="checkbox3">Third</label>
  </fieldset>
</form>
```

Checkbox 위젯의 마지막 부분인 테마입니다. 제이쿼리 모바일에서 제공하는 테마를 적용하려면 ⟨fieldset⟩ 요소로 감싼 ⟨input⟩ 요소에 data-theme 속성을 원하는 테마에 맞춰서 추가하면 됩니다. 이때 반드시 각 ⟨input⟩ 요소 안에 테마를 반영해야 합니다.

[그림 2-61] Checkbox 위젯: 테마

[예제 2-72] 테마

```
<form>
  <fieldset data-role="controlgroup">
    <legend>Swatch E:</legend>
    <input type="checkbox" name="checkbox7" id="checkbox7" data-theme="a">
    <label for="checkbox7">First</label>
    <input type="checkbox" name="checkbox8" id="checkbox8" data-theme="b">
    <label for="checkbox8">Second</label>
  </fieldset>
</form>
```

2.23. Select 위젯

Select 위젯은 네이티브의 ⟨select⟩ 요소의 디자인을 기본으로 하고 있으며, 선택하는 화면은 클릭하기 전까지 숨겨져 있습니다. Select 위젯을 클릭하면 네이티브 메뉴가 나타납니다.

Select 위젯의 기본 마크업 구조는 다음과 같습니다. 즉, ⟨form⟩ 요소 안의 ⟨select⟩ 요소에 그에 대응되는 ⟨label⟩ 요소로 이뤄져 있습니다. 아래의 예제 코드를 보면 기본적으로 ⟨select⟩ 요소 안에 ⟨option⟩ 요소가 존재하며, ⟨option⟩ 요소는 각 요소가 선택됐을 때 활용할 수 있는 정보인 value 속성이 포함돼 있습니다. 이 구조는 순수한 ⟨select⟩ 요소 마크업과 동일합니다.

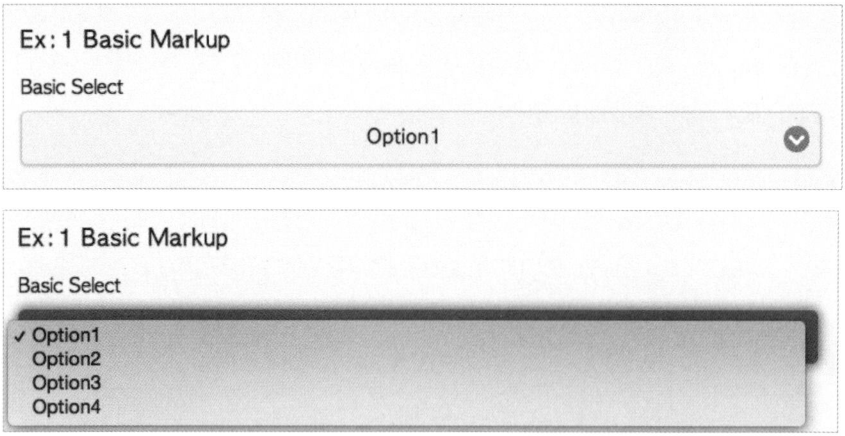

[그림 2-62] Select 위젯: Select 기본

[예제 2-73] Select 기본 마크업

```
<form>
  <label for="select1">Basic select</label>
  <select name="select1" id="select1">
    <option value="1">Option1</option>
    <option value="2">Option2</option>
    <option value="3">Option3</option>
    <option value="4">Option4</option>
  </select>
</form>
```

이러한 Select 위젯을 조금 더 작게 표현하고 싶다면 〈select〉 요소에 data-mini="true" 속성을 추가하면 됩니다. 아래 예제는 바로 위 예제에 비해 Select 위젯이 조금 더 작게 표현됩니다.

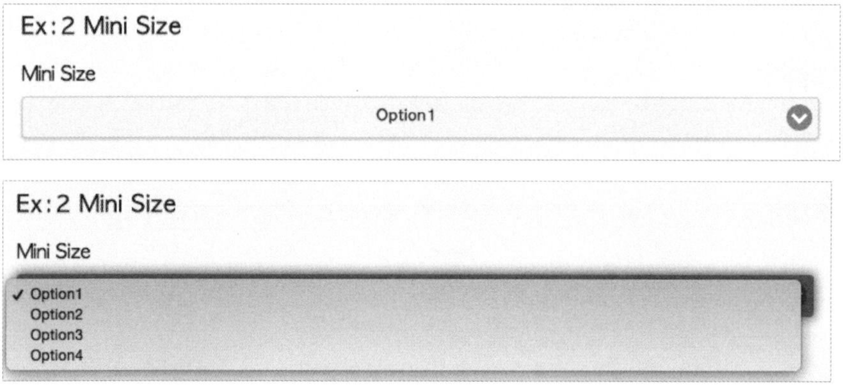

[그림 2-63] Select 위젯: 작은 크기

[예제 2-74] 작은 크기

```
<form>
  <label for="select2">Mini Size</label>
  <select name="select2" id="select2" data-mini="true">
    <option value="1">Option1</option>
    <option value="2">Option2</option>
    <option value="3">Option3</option>
    <option value="4">Option4</option>
  </select>
</form>
```

제이쿼리 모바일의 Select 위젯 또한 기본적으로 우측에 아이콘이 표시됩니다. 이처럼 우측으로
표시된 아이콘을 좌측으로 옮기고 싶다면 〈select〉 요소에 data-iconpos="left" 속성을 추가하면
됩니다.

[그림 2-64] Select 위젯: 아이콘 위치 변경

[예제 2-75] 아이콘 위치 변경

```
<form>
  <label for="select3">Icon Postion</label>
  <select name="select3" id="select3" data-iconpos="left">
    <option value="1">Option1</option>
    <option value="2">Option2</option>
    <option value="3">Option3</option>
    <option value="4">Option4</option>
  </select>
</form>
```

Select 위젯은 항상 기본값으로 〈select〉 요소의 자식 요소 중 첫 번째 〈option〉 요소를 선택해서
보여줍니다. 하지만 첫 번째 〈option〉 요소 이외의 〈option〉 요소를 Select 위젯에서 초기
화면에 보여주고 싶다면 해당 〈option〉 요소에 selected를 추가하면 됩니다. 또는 특정 요소를
비활성화하고 싶을 때도 있을 것입니다. 이러한 경우에는 해당 option 요소에 disabled 속성을

추가하면 됩니다. 아래 그림을 보면 선택됐을 때와 비활성화됐을 경우 제이쿼리 모바일의 디자인을
확인할 수 있습니다.

[그림 2-65] Select 위젯: Option3에 selected를 적용한 모습

[예제 2-76] Option3에 selected를 적용

```
<form>
  <label for="select4">Option Select</label>
  <select name="select4" id="select4">
    <option value="1">Option1</option>
    <option value="2">Option2</option>
    <option value="3" selected>Option3</option>
    <option value="4">Option4</option>
  </select>
</form>
```

[그림 2-66] Select 위젯: Disabled

[예제 2-77] Disabled

```
<form>
  <label for="select5">Option Disable</label>
  <select name="select5" id="select5">
```

```
    <option value="1">Option1</option>
    <option value="2">Option2</option>
    <option value="3" disabled>Option3</option>
    <option value="4">Option4</option>
  </select>
</form>
```

마크업에서 〈select〉 요소를 이용해 다양한 선택지를 만들 때 각 선택지를 그룹화하려면
〈optgroup〉 요소를 이용하면 됩니다. 이때 그룹화할 〈option〉 요소를 〈optgroup〉 요소로 감싸고
label 속성을 선언하면 됩니다.

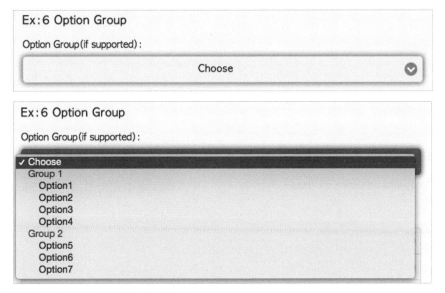

[그림 2-67] Select 위젯: 선택 세분화하기

[예제 2-78] 선택 세분화하기

```
<form>
  <label for="select6">Option Group(if supported):</label>
  <select name="select6" id="select6">
    <option>Choose</option>
    <optgroup label="Group 1">
      <option value="1">Option1</option>
      <option value="2">Option2</option>
      <option value="3">Option3</option>
      <option value="4">Option4</option>
    </optgroup>
```

```
      <optgroup label="Group 2">
        <option value="5">Option5</option>
        <option value="6">Option6</option>
        <option value="7">Option7</option>
      </optgroup>
    </select>
  </form>
```

2.24. Textinput 위젯

Textinput 위젯은 〈input〉 요소로 만들어진 입력을 받을 수 있는 위젯을 말하며 Textarea 위젯은 〈textarea〉 요소로 만들어진 위젯을 말합니다. 지금부터 이러한 Textinput 위젯과 textarea 위젯을 제이쿼리 모바일에서 어떻게 조작하는지 알아보겠습니다.

우선 가장 기본적인 타입인 text부터 알아보겠습니다. 표준 마크업 규칙에 맞춰서 〈label〉 요소와 〈input〉 요소로 이뤄지며 type="text" 속성을 포함합니다.

웹 폼으로 만들어진 요소는 반드시 form 요소 안에 포함돼야 하기 때문에 〈form〉 요소를 감싸고 그에 대응하는 〈label〉 요소와 〈input〉 요소가 포함돼야 합니다.

Ex: 1 Text input

Text input: Basic

| data |

Text input: Clear Button

| data ⊗ |

[그림 2-68] Text input: input type text 기본

[예제 2-79] input type="text" 기본 마크업

```
  <form>
    <label for="text1">Text input: Basic</label>
    <input type="text" name="text1" id="text1" value="data">
  </form>
```

위 예제와 같이 마크업이 작성되면 제이쿼리 모바일에서는 적절한 웹 폼으로 인식하며, 모바일에 적합한 디자인으로 표현됩니다. 이제 위의 위젯을 이용해 적절한 텍스트를 입력하고 서버와 통신할 수 있습니다.

제이쿼리 모바일의 텍스트 인풋 관련 위젯은 디자인만 변할뿐 아니라 몇 가지 모바일에 적합한 기능을 갖게 됩니다. 그중 대표적인 속성은 data-clear-btn인데, 해당 기능을 이용해 사용자가 〈input〉 요소에 텍스트를 입력하게 된다면 우측에 텍스트를 한 번에 삭제할 수 있는 버튼을 자동으로 생성할 수 있습니다. 물론, 입력된 텍스트가 없다면 해당 버튼은 사라집니다. 〈input〉 요소 안에 단지 data-clear-btn="true" 속성을 추가하면 됩니다.

Ex: 1 Text input

Text input: Basic

data

Text input: Clear Button

data   ⊗

[그림 2-69] Text input 위젯: Clear Button

[예제 2-80] Clear Button

```
<form>
  <label for="text2">Text input: Clear Button</label>
  <input type="text" data-clear-btn="true" name="text2" id="text2" value="data">
</form>
```

type이 search인 Textinput 위젯 또한 동일하게 사용할 수 있습니다. text와의 차이점은 위젯의 왼쪽 부분에 직관적으로 사용자가 검색할 수 있는 input임을 알 수 있게 검색 아이콘이 만들어진다는 것입니다.

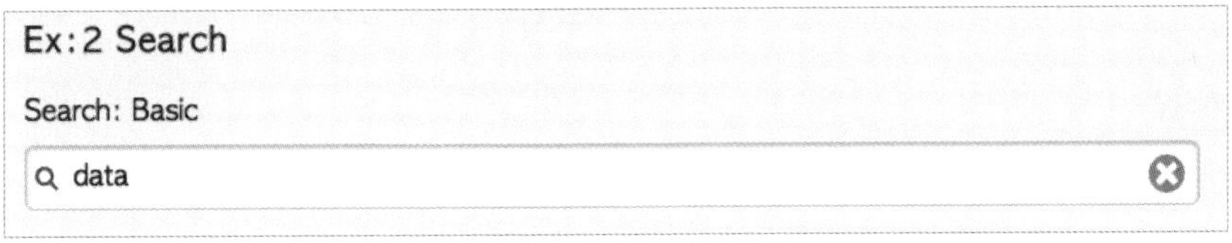

Ex: 2 Search

Search: Basic

🔍 data   ⊗

[그림 2-70] Text input 위젯: type="search"

[예제 2-81] type="search"

```
<form>
  <label for="search1">Search: Basic</label>
  <input type="search" name="search1" id="search1" value="data">
</form>
```

⟨input⟩ 요소로 표현하기 힘든 문자열을 입력받아야 할 경우에는 ⟨textarea⟩ 요소를 사용합니다. 해당 요소는 입력칸을 조절할 수 있으므로 많은 문자열을 입력받기에 좋습니다. ⟨textarea⟩ 요소도 제이쿼리 모바일에서 지원하며, ⟨input⟩ 요소의 number, date, month, week, time, datetime, telephone, email, url, password, color, file 타입(type)을 지원합니다. 각 타입의 예는 다음과 같습니다.

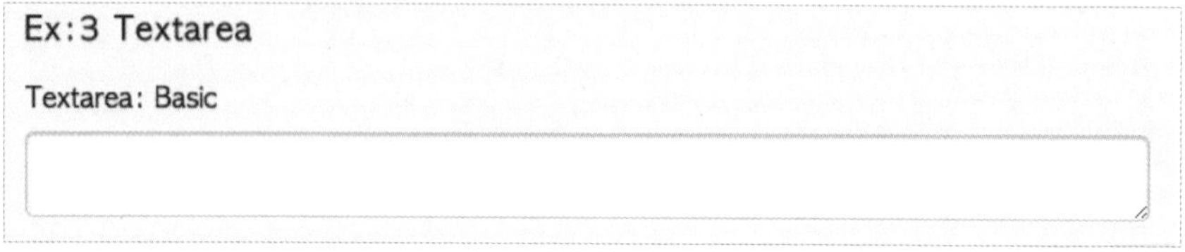

Ex:3 Textarea

Textarea: Basic

[그림 2-71] Text input 위젯: textarea

[예제 2-82] textarea

```
<form>
  <label for="textarea1">Textarea: Basic</label>
  <textarea name="textarea" id="textarea1"></textarea>
</form>
```

Ex:4 Number

Number: Basic

1

Number: Clear Button

1

Number + pattern: Basic

1

Number + pattern: Clear Button

1

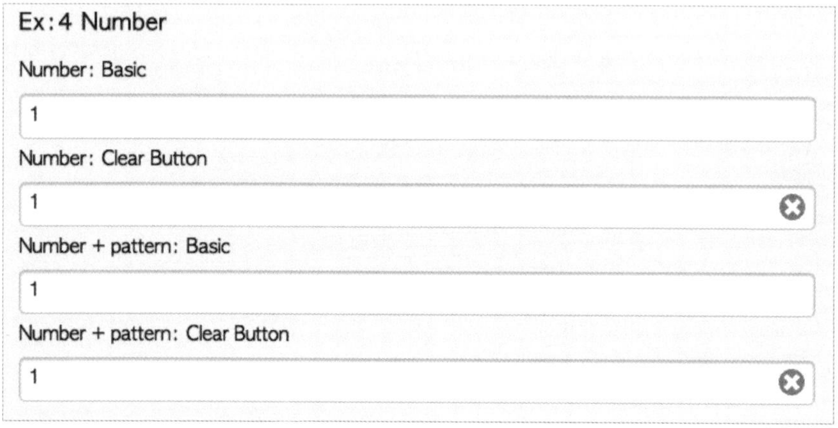

[그림 2-72] Text input 위젯: type="number"

[예제 2-83] type="number"

```
<form>
  <label for="number1">Number: Basic</label>
  <input type="number" data-clear-btn="false" name="number1" id="number1" value="1">
  <label for="number2">Number: Clear Button</label>
  <input type="number" data-clear-btn="true" name="number2" id="number2" value="1">
  <label for="number3">Number + pattern: Basic</label>
  <input type="number" data-clear-btn="false" name="number3" pattern="[0-9]*" id="number-3"
value="1">
  <label for="number4">Number + pattern: Clear Button</label>
  <input type="number"data-clear-btn="true" name="number4" pattern="[0-9]*" id="number-4"
value="1">
</form>
```

Textinput 위젯의 특성 중 하나는 초기화(clear) 버튼 속성을 활용하기 위해서는 value에 정확한 값을 입력해야 한다는 것입니다. 각 value에 해당 〈input〉 요소의 type에 해당하는 정확한 값이 입력돼야만 초기화 버튼이 생성됩니다.

아래 예제는 type이 date인 경우를 보여줍니다. date는 기본적으로 YYYYMMDD 형식뿐만 아니라 연도, 월, 주차, 시간 등을 나타낼 수 있는 타입으로 이뤄져 있습니다.

Ex:5 Date

Date: Basic

| 연도. 월. 일.   ▲▼ |

Date: Clear Button

| 연도. 월. 일. |

Ex:5 Date

Date: Basic

| 2014. 12. 10.   ⊗ ▲▼ |

Date: Clear Button

| 연도. 월. 일. |

[그림 2-73] Text input 위젯: type="date"

[예제 2-84] type="date"

```
<form>
  <label for="date1">Date: Basic</label>
  <input type="date" data-clear-btn="false" name="date1" id="date1" value="19841111">
  <label for="date2">Date: Clear Button</label>
  <input type="date" data-clear-btn="true" name="date2" id="date2" value="19841111">
</form>
```

월을 나타내는 〈input〉 요소를 표현하기 위해 type="month"를 이용해 표현할 수 있습니다.

[그림 2-74] Text input 위젯: type="month"

[예제 2-85] type="month"

```
<form>
  <label for="month1">Month: Basic</label>
  <input type="month" data-clear-btn="false" name="month1" id="month1" value="198411">
  <label for="month2">Month: Clear Button</label>
  <input type="month" data-clear-btn="true" name="month2" id="month2" value="198411">
</form>
```

주를 표현하기 위해서는 type="week" 속성을 이용하면 됩니다.

[그림 2-75] Text input 위젯: type="week"

[예제 2-86] type="week"

```
<form>
    <label for="week1">Week: Basic</label>
    <input type="week" data-clear-btn="false" name="week1" id="week1" value="2013-W42">
    <label for="week2">Week:Clear Button</label>
    <input type="week" data-clear-btn="true" name="week2" id="week2" value="2013-W42">
</form>
```

시간을 표현하기 위해서는 time과 datetime을 이용해 표현할 수 있습니다.

[그림 2-76] Text input: type="time"

[예제 2-87] type="time"

```
<form>
    <label for="time1">Time: Basic</label>
    <input type="time" data-clear-btn="false" name="time1" id="time1" value="17:39:57">
    <label for="time2">Time: Clear Button</label>
    <input type="time" data-clear-btn="true" name="time2" id="time2" value="17:39:57">
</form>
```

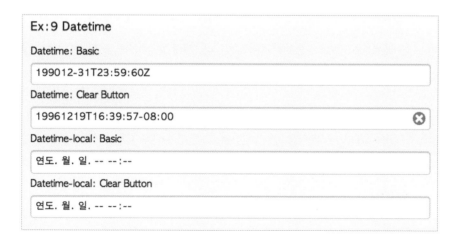

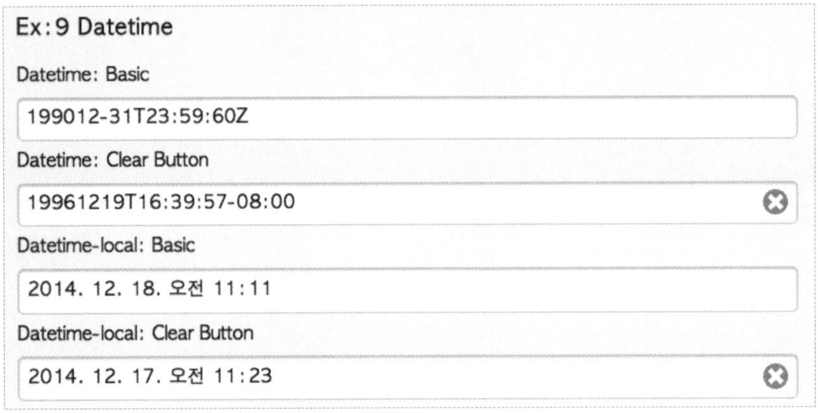

Ex:9 Datetime

Datetime: Basic

199012-31T23:59:60Z

Datetime: Clear Button

19961219T16:39:57-08:00

Datetime-local: Basic

2014. 12. 18. 오전 11:11

Datetime-local: Clear Button

2014. 12. 17. 오전 11:23

[그림 2-77] Text input: type="datetime"

[예제 2-88] type="datetime"

```
<form>
  <label for="datetime1">Datetime: Basic</label>
  <input type="datetime" data-clear-btn="false" name="datetime1" id="datetime1" value="199012-
31T23:59:60Z">
  <label for="datetime2">Datetime: Clear Button</label>
  <input type="datetime" data-clear-btn="true" name="datetime2" id="datetime2" value="1996121
9T16:39:57-08:00">
  <label for="datetime3">Datetime-local: Basic</label>
  <input type="datetime-local" data-clear-btn="false" name="datetime3" id="datetime3" value="199
61219T16:39:57-08:00">
  <label for="datetime4">Datetime-local: Clear Button</label>
  <input type="datetime-local" data-clear-btn="true" name="datetime4" id="datetime4" value="1996
1219T16:39:57-08:00">
</form>
```

전화번호를 나타내는 type도 〈input〉 요소가 지원하며, 이 밖에 다양한 type을 지원하지만 브라우저 특성별로 지원하지 않는 경우도 있습니다.

Ex:10 Telephone

Tel: Basic

01012345678

Tel: Clear Button

01012345678

[그림 2-78] Text input: type="tel"

[예제 2-89] type="tel"

```
<form>
   <label for="tel1">Tel: Basic</label>
   <input type="tel" data-clear-btn="false" name="tel1" id="tel1" value="">
   <label for="tel2">Tel: Clear Button</label>
   <input type="tel" data-clear-btn="true" name="tel2" id="tel2" value="">
</form>
```

Ex : 11 Email

Email: Basic

```
                                                                            
```

Email: Clear Button

```
                                                                            
```

Ex : 11 Email

Email: Basic

```
 kazikai84@gmail.com                                                        
```

Email: Clear Button

```
 kazikai84@gmail.com                                                      ⊗ 
```

[그림 2-79] Text input: type="email"

[예제 2-90] type="email"

```
<form>
   <label for="email1">Email: Basic</label>
   <input type="email" data-clear-btn="false" name="email1" id="email1" value="">
   <label for="email2">Email: Clear Button</label>
   <input type="email" data-clear-btn="true" name="email2" id="email2" value="">
</form>
```

Ex : 12 URL

Url: Basic

```
 http://dev.kazikai.net/jqm/dist                                            
```

Url: Clear Button

```
 http://dev.kazikai.net/jqm/dist                                          ⊗ 
```

[그림 2-80] Text input: type="url"

[예제 2-91] type="url"

```
<form>
    <label for="url1">Url: Basic</label>
    <input type="url" data-clear-btn="false" name="url1" id="url1" value="">
    <label for="url2">Url: Clear Button</label>
    <input type="url" data-clear-btn="true" name="url2" id="url2" value="">
</form>
```

Ex:13 Password

Password: Basic

· · · · ·

Password: Clear Button

· · · · ·   ⊗

[그림 2-81] Text input: type="password"

[예제 2-92] type="password"

```
<form>
    <label for="password1">Password: Basic</label>
    <input type="password" data-clear-btn="false" name="password1" id="password1" value=""
autocomplete="off">
    <label for="password2">Password: Clear Button</label>
    <input type="password" data-clear-btn="true" name="password2" id="password2" value=""
autocomplete="off">
</form>
```

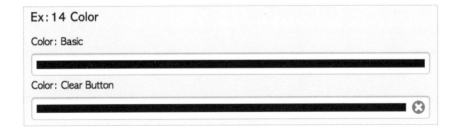

Ex:14 Color

Color: Basic

Color: Clear Button

Ex:14 Color

Color: Basic

Color: Clear Button

Ex:15 Files

File: Basic

파일 선택 선택된 파일 없음

File: Clear Button

파일 선택 선택된 파일 없음

Ex:16 Mini

[그림 2-82] Text input: type="color" 컬러 피커

[예제 2-93] type="color" 컬러 피커

```
<form>
  <label for="color1">Color: Basic</label>
  <input type="color" data-clear-btn="false" name="color1" id="color1" value="">
</form>
<form>
  <label for="color2">Color: Clear Button</label>
  <input type="color" data-clear-btn="true" name="color2" id="color2" value="">
</form>
```

Ex:15 Files

File: Basic

파일 선택 선택된 파일 없음

File: Clear Button

파일 선택 선택된 파일 없음

[그림 2-83] Text input: type="file"

[예제 2-94] type="file"

```
<form>
  <label for="file1">File: Basic</label>
  <input type="file" data-clear-btn="false" name="file1" id="file1" value="">
```

```
<label for="file2">File: Clear Button</label>
<input type="file" data-clear-btn="true" name="file2" id="file2" value="">
</form>
```

마지막으로 Textinput 위젯 또한 fieldcontain 속성을 사용할 수 있으며, mini 속성과 hidden label 속성도 사용할 수 있습니다.

Ex: 16 Mini

Text input: Mini

Text input: Clear Button

Search: Mini

🔍

Textarea:

[그림 2-84] Text input 위젯: Fieldcontain, 작은 크기 적용

[예제 2-95] Fieldcontain, 작은 크기 적용

```
<form>
  <div data-role="fieldcontain">
    <label for="text14">Text input:</label>
    <input type="text" data-mini="true" name="text14" id="text14" value="">
  </div>
  <div data-role="fieldcontain">
    <label for="text15">Text input: Clear Button</label>
    <input type="text" data-clear-btn="true" data-mini="true" name="text15" id="text15"
value="">
  </div>
  <div data-role="fieldcontain">
    <label for="search9">Search:</label>
    <input type="search" data-mini="true" name="search9" id="search9" value="">
  </div>
  <div data-role="fieldcontain">
    <label for="textarea14">Textarea:</label>
    <textarea data-mini="true" cols="40" rows="8" name="textarea14" id="textarea14"></textarea>
  </div>
</form>
```

위 예제에서 볼 수 있듯이 data-role="fieldcontain" 속성을 가진 요소로 감싸서 〈label〉 요소와 한 행에 표현할 수 있으며, data-mini="true" 속성을 추가해 해당 위젯을 좀 더 작은 크기의 위젯으로 표현할 수 있습니다.

2.25. Controlgroup

controlgroup은 여러 개의 위젯을 하나의 그룹으로 보여주는 속성입니다. 제이쿼리 모바일에서는 Form 위젯을 주로 하나의 단일 블록 형태로 보여줄 때 유용하게 사용됩니다. 이어지는 예제에서는 제이쿼리 모바일의 가장 기본적인 Button 위젯들을 주로 설명하겠습니다.

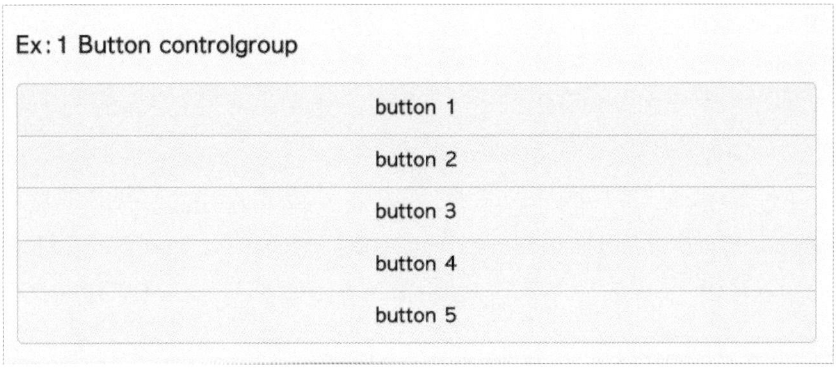

Ex : 1 Button controlgroup
button 1
button 2
button 3
button 4
button 5

[그림 2-85] Controlgroup: Button controlgroup

[예제 2-96] Button controlgroup

```
<div data-role="controlgroup">
  <a href="#" data-role="button">button 1</a>
  <a href="#" data-role="button">button 2</a>
  <a href="#" data-role="button">button 3</a>
  <a href="#" data-role="button">button 4</a>
  <a href="#" data-role="button">button 5</a>
</div>
```

우선 data-role="controlgroup" 속성이 지정된 〈div〉 요소를 이용해 그룹화하고 싶은 위젯을 감쌉니다. 위 예제에서는 가장 기본적인 Button 위젯을 만들었습니다.

이렇게 그룹화된 controlgroup 위젯을 일괄적으로 작게 만들 수 있습니다. 이미 잘 알고 있는 data-mini 속성을 이용하면 됩니다.

Ex:2 Button controlgroup Mini

| button 1 |
| button 2 |
| button 3 |
| button 4 |
| button 5 |

[그림 2-86] Controlgroup: Button controlgroup 작은 크기

[예제 2-97] Button controlgroup 작은 크기

```
<div data-role="controlgroup" data-mini="true">
  <a href="#" data-role="button">button 1</a>
  <a href="#" data-role="button">button 2</a>
  <a href="#" data-role="button">button 3</a>
  <a href="#" data-role="button">button 4</a>
  <a href="#" data-role="button">button 5</a>
</div>
```

간단하게 controlgroup이 적용된 요소에 data-mini="true" 속성을 적용하면 작은 크기의 그룹화된 위젯을 표현할 수 있습니다.

기본적으로 controlgroup 위젯은 수직으로 표현됩니다. 이러한 위젯을 수평으로 표현하고 싶은 경우에는 data-type 속성을 이용하면 됩니다.

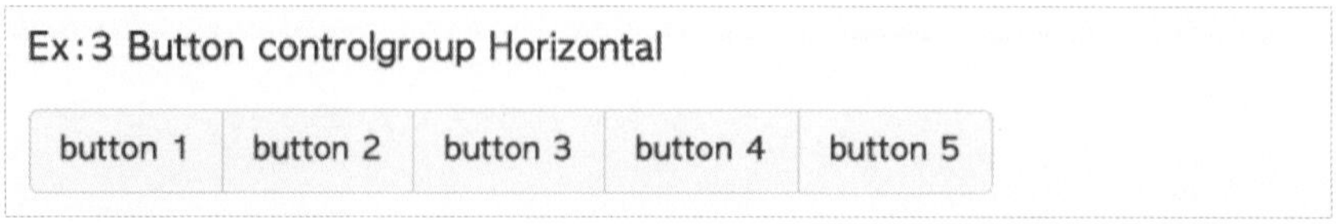

Ex:3 Button controlgroup Horizontal

| button 1 | button 2 | button 3 | button 4 | button 5 |

[그림 2-87] Controlgroup: Button controlgroup Horizontal 방식

[예제 2-98] Button controlgroup Horizontal 방식

```
<div data-role="controlgroup" data-type="horizontal">
  <a href="#" data-role="button">button 1</a>
  <a href="#" data-role="button">button 2</a>
  <a href="#" data-role="button">button 3</a>
  <a href="#" data-role="button">button 4</a>
  <a href="#" data-role="button">button 5</a>
</div>
```

위 예제와 같이 data-type="horizontal" 속성을 controlgroup이 선언된 요소에 지정하면 됩니다. 그리고 mini 속성도 수평적으로 표현한 controlgroup에서 문제 없이 적용됩니다.

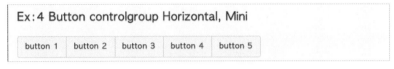

[그림 2-88] Controlgroup: Button controlgroup Horizontal 방식, 작은 크기 적용

[예제 2-99] Button controlgroup Horizontal 방식, 작은 크기 적용

```
<div data-role="controlgroup" data-type="horizontal" data-mini="true">
  <a href="#" data-role="button">button 1</a>
  <a href="#" data-role="button">button 2</a>
  <a href="#" data-role="button">button 3</a>
  <a href="#" data-role="button">button 4</a>
  <a href="#" data-role="button">button 5</a>
</div>
```

> Controlgroup을 활용하는 위젯으로는 Button 위젯 외에도 Radio Button, Checkbox, Select 위젯 등이 있으며, 해당 위젯의 controlgroup은 각 위젯의 예제에서 다루는 것이 더 적합하므로 해당 위젯에 대한 설명을 참고합니다.

원래 controlgroup은 공식적으로는 Textinput 위젯을 지원하지 않습니다. 하지만 간단한 CSS를 이용해 controlgroup을 구현할 수 있습니다. 다음은 제이쿼리 모바일 공식 사이트에서 설명돼 있는 예제입니다.

Ex:5 Control group Textinput

Value

1 ⊙ | dollar

Search

Submit | Reset

[그림 2-89] Controlgroup: Control group Textinput

[예제 2-100] Control group Textinput

```
<label for="currency-controlgroup">Value</label>
<div data-role="controlgroup" data-type="horizontal">
  <select>
    <option>1</option>
    <option>2</option>
    <option>3</option>
    <option>4</option>
    <option>5</option>
    <option>6</option>
  </select>
  <input id="currency-controlgroup" type="text" data-wrapper-class="controlgroup-textinput ui-
btn">
  <button>dollar</button>
</div>
<label for="search-control-group">Search</label>
<div data-role="controlgroup" data-type="horizontal">
  <input type="text" id="search-control-group" data-wrapper-class="controlgroup-textinput ui-
btn">
  <button>Submit</button>
  <button>Reset</button>
</div>
```

위 예제는 제이쿼리 모바일의 1.4.0 이상 버전에서만 동작하며, 하위 버전에서는 제대로 동작하지 않습니다. 사용자는 data-wrapper-class="controlgroup-textinput ui-btn" 속성을 <input> 요소에 포함시켜 controlgroup 위젯을 Textinput 위젯으로 표현할 수 있습니다. 하지만 위와 같은 예제로 표현하면 Textinput 위젯의 높이가 다른 위젯보다 넘칠 수 있으므로 아래와 같은 CSS를 설정해야 합니다.

[예제 2-101] Control group Textinput internal css

```
.controlgroup-textinput{
  padding-top:.22em;
  padding-bottom:.22em;
};
```

2.26. Collapsibles

Collapsible은 탭할 경우 콘텐츠가 확장 또는 줄어드는 효과를 제공하는 기능입니다. 이 기능은 모바일에서 간결한 콘텐츠를 제공할 때 유용합니다.

여기서는 기본적인 Collapsible을 만들어 보겠습니다. Collapsible을 만들기 위해서는 컨테이너 요소를 선언하고(div로 작성돼 있지만 컨테이너로 활용할 다른 요소로 작성해도 동작합니다.) 해당 요소에는 data-role="collapsible" 속성을 추가합니다. 그리고 ⟨h1⟩~⟨h6⟩에 해당하는 header 요소나 legend 요소가 컨테이너 요소의 자식 요소로 들어가게 되는데, 이 요소들은 collapsible에서 항상 노출되는 제목 부분을 담당하게 됩니다. 그 밖의 컨테이너 요소 안의 다른 요소들은 내용 블록에 들어가며, 이 부분은 + 아이콘을 클릭했을 때 보여지고 다시 한 번 클릭했을 때는 가려집니다.

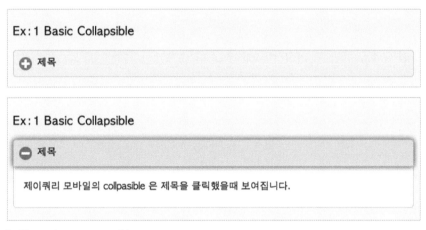

[그림 2-90] Collapsible: 기본 Collapsible

[예제 2-102] 기본 Collapsible

```
<div data-role="collapsible">
    <h4>제목</h4>
    <p>제이쿼리 모바일의 collpasible은 제목을 클릭했을 때 보여집니다.</p>
</div>
```

위 예제는 ⟨h4⟩ 요소로 제목 요소를 만들었고 ⟨p⟩ 요소로 내용을 표현했습니다. 제목 요소에 ⟨h⟩나 ⟨legend⟩ 요소 중 하나만 사용한다면 내용 부분은 다양한 요소로 표현해도 됩니다.

collpasible의 기본 색상은 제목은 옅은 회색, 내용 부분은 흰색으로 돼 있습니다. 이러한 색상을 theme 속성을 이용해 다양하게 표현할 수 있습니다. 제이쿼리 모바일 1.4.0부터는 기본 theme 속성으로 a와 b만 지원하고 있으니 b를 추가해보겠습니다.

[그림 2-91] Collapsible: 테마 적용

[예제 2-103] 테마

```
<div data-role="collapsible" data-theme="b" data-content-theme="b">
    <h4>제목</h4>
    <p>제이쿼리 모바일의 collpasible은 제목을 클릭했을 때 보여집니다.
    data-theme="b"와 data-content-theme="b"를 추가하면 black으로 보여집니다. </p>
</div>
```

collapsible의 컨테이너 블록 요소에 data-theme와 data-content-theme 속성을 추가하면 됩니다.
data-theme는 제목, data-content-theme는 내용 요소의 테마를 표현하게 됩니다. 2개의 값을 b로
설정하고 추가하면 collapsible이 검정색으로 보여집니다. 기본적으로 내용 부분은 기본 테마를
상속받게 되는데, 상속을 막으려면 data-content-theme 속성을 false로 설정하면 됩니다.

[그림 2-92] Collapsible: 콘텐츠 영역에 테마 제거하기

[예제 2-104] 콘텐츠 영역에 테마 제거하기

```
<div data-role="collapsible"  data-theme="b" data-content-theme="false">
  <h4>제목</h4>
  <div>div 요소도 넣어도 됩니다.</div>
  <p>제이쿼리 모바일의 collpasible은 제목을 클릭했을 때 보여집니다. data-content-theme="false"
  입니다.</p>
</div>
```

collapsible 위젯은 페이지가 로드될 때 내용 부분이 가려져 있습니다. 하지만 이것을 펼쳐서 내용 부분이 초기 화면에 보이게 할 수 있습니다.

[그림 2-93] Collapsible: 펼쳐보기

[예제 2-105] 펼쳐보기

```
<div data-role="collapsible" data-collapsed="false">
  <h4>제목</h4>
  <ul data-role="listview">
    <li><a href="#">리스트도 됩니다.1</a></li>
    <li><a href="#">리스트도 됩니다.2</a></li>
    <li><a href="#">리스트도 됩니다.3</a></li>
  </ul>
</div>
```

위 예제에서는 data-collpased="false"라는 속성을 추가해 내용 부분을 페이지 로딩 시 보이게 했습니다. 또한 제이쿼리 모바일의 Listview 위젯을 내용 부분에 추가했습니다. 제목 요소만 규칙을 따르면(h1~h6, legend) 내용 부분은 자유롭게 표현할 수 있습니다.

다음은 이 위젯을 기본 설정으로 시각적으로 변경하는 부분입니다. 제이쿼리 모바일의 다른 위젯처럼 작은 크기로 표현 가능한데, data-mini="true" 속성을 컨테이너 요소에 추가하기만 하면 제목 부분이 작은 크기로 표현됩니다.

Ex:5 Mini Size
제목
Ex:5 Mini Size
제목
작아진 제목 크기.1
작아진 제목 크기.2
작아진 제목 크기.3

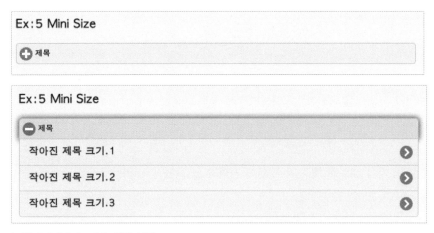

[그림 2-94] Collapsible: 작은 크기

[예제 2-106] 작은 크기

```
<div data-role="collapsible" data-mini="true">
  <h4>제목</h4>
  <ul data-role="listview">
    <li><a href="#">작아진 제목 크기.1</a></li>
    <li><a href="#">작아진 제목 크기.2</a></li>
    <li><a href="#">작아진 제목 크기.3</a></li>
  </ul>
</div>
```

게다가 제목 부분에 표현되는 아이콘 이미지도 변경할 수 있고, 위치도 변경할 수 있습니다. 또한 안의 내용이 보여질 때 보여지는 아이콘 이미지도 변경할 수 있습니다.

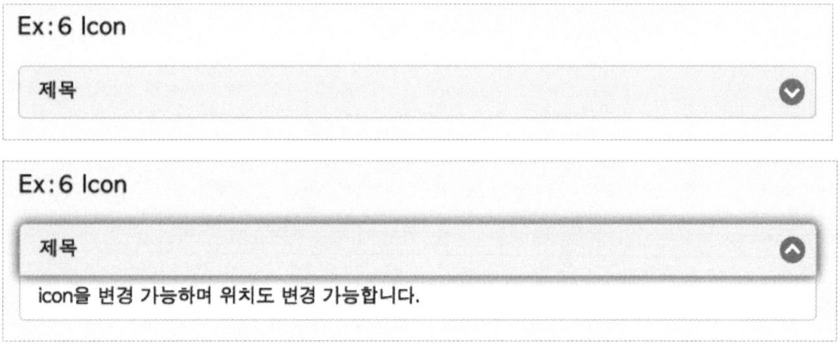

Ex:6 Icon
제목
Ex:6 Icon
제목
icon을 변경 가능하며 위치도 변경 가능합니다.

[그림 2-95] Collapsible: 아이콘 적용하기

[예제 2-107] 아이콘 적용하기

```
<div data-role="collapsible" data-collapsed-icon="carat-d"data-expanded-icon="carat-u"data-
iconpos="right">
    <h4>제목</h4>
    <div>icon을 변경 가능하며 위치도 변경 가능합니다.</div>
</div>
```

위 예제를 보면 data-collpasible-icon 속성은 제목 아이콘을 변경할 때 사용되며, 내용이 보여질 때 변경되는 제목의 아이콘은 data-expanded-icon 속성을 이용하면 됩니다. 또한 data-iconpos 속성도 잘 적용됩니다.

다음으로 non-inset collapsible에 대해 배워보겠습니다. 제이쿼리 모바일에서는 모든 위젯에 코너 스타일링이 적용되는데 data-inset="false"를 컨테이너 블록에 추가하면 코너 스타일링이 없어지고 부모 요소의 전체 너비에 맞춰서 위젯이 확장됩니다.

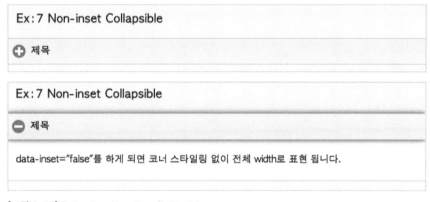

[그림 2-96] Collapsible: Non-inset Collapsible

[예제 2-108] Non-inset Collapsible

```
<div data-role="collapsible" data-inset="false">
    <h4>제목</h4>
    <p>data-inset="false"를 하게 되면 코너 스타일링 없이 전체 width로 표현됩니다. </p>
</div>
```

지금까지 본 예제에서는 모두 제목을 〈h〉 요소로 표현했지만 〈legend〉 요소로도 collapsible을 표현할 수 있습니다. 〈h〉 요소와 다른 점은 〈fieldset〉 요소도 사용해야 한다는 것입니다.

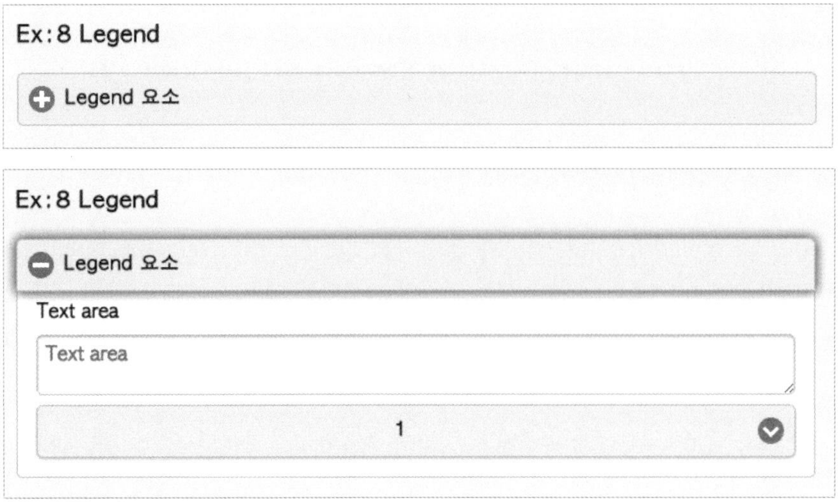

```
Ex:8 Legend

  ⊕ Legend 요소
```

```
Ex:8 Legend

  ⊖ Legend 요소

  Text area

  Text area

  ┌─────────────────────────────────────┐
  │              1                   ⊙  │
  └─────────────────────────────────────┘
```

[그림 2-97] Collapsible: Legend

[예제 2-109] Legend

```html
<form>
  <fieldset data-role="collapsible">
    <legend>Legend 요소</legend>
    <label for="textarea-f">Text area</label>
    <textarea name="textarea-f" id="textarea-f" placeholder="Text area"></textarea>
    <select>
      <option>1</option>
      <option>2</option>
      <option>3</option>
      <option>4</option>
      <opt ion>5</option>
      <option>6</option>
    </select>
  </fieldset>
</form>
```

⟨fieldset⟩ 요소를 컨테이너 블록 요소로 만들고 자식 요소로 ⟨legend⟩ 요소를 사용하면 해당 부분이 제목 요소가 됩니다. 또한 내용 부분은 ⟨form⟩ 요소의 집합으로 표현할 수 있습니다.

마지막으로 제이쿼리 모바일 1.4.0부터 추가된 pre-rendered 마크업을 알아보겠습니다. 이 기법을 이용하면 마크업을 미리 렌더링해서 초기 시작 시간을 절약할 수 있습니다.

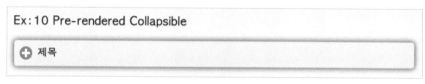

[그림 2-98] Collapsible: Pre-rendered Collapsible

[예제 2-110] Pre-rendered Collapsible

```
<div data-role="collapsible" data-enhanced="true" class="ui-collapsible ui-collapsible-inset ui-
corner-all ui-collapsible-collapsed">
  <h4 class="ui-collapsible-heading ui-collapsible-heading-collapsed">
    <a href="#" class="ui-collapsible-heading-toggle ui-btn ui-btn-icon-left ui-icon-plus">
    제목
    <div class="ui-collapsible-heading-status"> click to expand contents</div>
    </a>
  </h4>
  <div class="ui-collapsible-content ui-collapsible-content-collapsed" aria-hidden="true">
    <p>내용이 들어있는 부분입니다.</p>
  </div>
</div>
```

2.27. Grid

Grid는 제이쿼리 모바일에서 제공하는 CSS 기반의 반응형 열을 만드는 간단한 방법입니다. 이것은 너비가 100%이고, 완벽하게 보이지 않고 패딩(padding)과 마진(margin)도 없습니다. 그래서 Grid 안에 있는 요소에 대해 스타일을 적용할 수도 없습니다. 단지 Grid는 컨테이너일 뿐이고, ui-block-a/b/c/d/e로 자식 요소들이 순차적으로 할당되어 블록 형태로 표현되는 것이라고 생각하면 됩니다.

우선 제일 간단한 두 개의 열을 만드는 것으로 Grid를 배워보겠습니다.

[그림 2-99] Grid : Two Column

[예제 2-111] Two Column

```
<div class="ui-grid-a">
  <div class="ui-block-a"><div class="ui-bar ui-bar-a">Column 1</div></div>
  <div class="ui-block-b"><div class="ui-bar ui-bar-a">Column 2</div></div>
</div>
```

2개의 열로 구성된 레이아웃을 만들기 위해서는 ui-grid-a 클래스를 이용해야 합니다. 이 클래스가 지정된 컨테이너를 만들고 자식 요소로 첫 번째 열과 두 번째 열을 만들어야 합니다. 첫 번째 열에는 ui-block-a라는 클래스를 지정하고, 두 번째 열에는 ui-block-b라는 클래스를 지정해야 합니다. 위 예제에서는 기본적인 bar padding을 추가하는 ui-bar 클래스와 background와 폰트 스타일링을 a 테마로 설정하는 ui-bar-a 클래스를 추가한 <div> 요소를 각각 열에 사용했습니다.

그렇다면 다른 제이쿼리 모바일 위젯을 Grid를 이용해 표현할 수 있는지 알아보겠습니다. 바로 위의 예제를 조금 변경해보겠습니다.

[그림 2-100] Grid: Two Column Button

[예제 2-112] Two Column Button

```
<div class="ui-grid-a">
  <div class="ui-block-a"><input type="button" value="button1"></div>
  <div class="ui-block-b"><input type="button" value="button2"></div>
</div>
```

Two Column 예제에서 ui-block-a와 ui-block-b 클래스가 지정된 요소의 자식에 각각 간단한 Button 위젯이 들어갔습니다. 이 디자인은 브라우저 화면 크기가 변화할 때도 50%/50% 영역을 지키면서 2열의 레이아웃을 표현할 수 있습니다.

2개의 열을 만드는 법을 배웠으니, 이제 3열도 배워보겠습니다. 3열은 너비를 33%씩 차지하는 열입니다. 2열의 경우 ui-grid-a 클래스를 이용하지만 3열은 ui-grid-b 클래스를 이용합니다. 기본적인 마크업 규칙은 Two Column과 유사합니다.

[그림 2-101] Grid : Three Colum

[예제 2-113] Three Colum

```
<div class="ui-grid-b">
    <div class="ui-block-a"><div class="ui-bar ui-bar-a">Column 1</div></div>
    <div class="ui-block-b"><div class="ui-bar ui-bar-a">Column 2</div></div>
    <div class="ui-block-c"><div class="ui-bar ui-bar-a">Column 3</div></div>
</div>
```

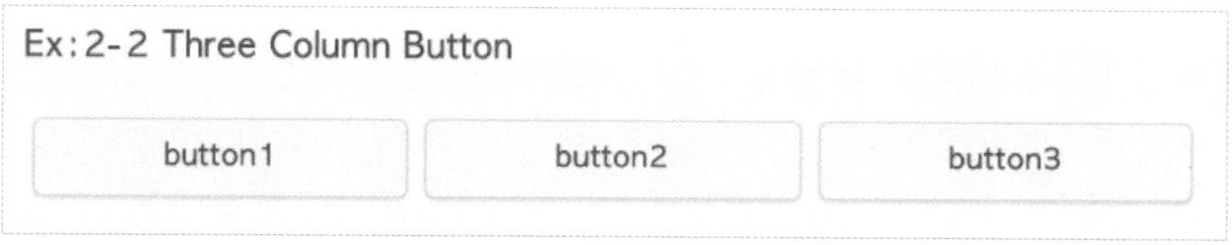

Ex:2-2 Three Column Button

button1　　　　button2　　　　button3

[그림 2-102] Grid : Three Colum Button

[예제 2-114] Three Colum Button

```
<div class="ui-grid-b">
    <div class="ui-block-a"><input type="button" value="button1"></div>
    <div class="ui-block-b"><input type="button" value="button2"></div>
    <div class="ui-block-c"><input type="button" value="button3"></div>
</div>
```

2열로 구성된 Grid와 다른 점은 ui-grid-b 클래스가 지정된 요소로 컨테이너를 만들고, 해당 자식 노드의 첫 번째 열과 두 번째 열은 2열 Grid와 같지만 3번째 열은 ui-block-c라는 클래스를 사용한다는 것입니다. 이처럼 Grid는 2열은 ui-grid-a, 3열은 ui-grid-b, 4열은 ui-grid-c, 5열은 ui-grid-d로 선언된 컨테이너를 순차적으로 사용합니다. 당연히 해당 컨테이너의 자식에 속한 요소는 2개일 경우 ui-block-a/b, 3개일 경우에는 ui-block-a/b/c, 4개일 경우에는 ui-block-a/b/c/d, 5개일 경우에는 ui-block-a/b/c/d/e를 사용합니다. 이 규칙만 기억하면 Grid를 구성하는 것은 아주 쉽습니다. 각 블록 요소 안에는 다양한 요소를 넣어서 표현할 수 있습니다.

다음은 방금 설명한 규칙대로 표현한 4열/5열 Grid입니다. 제이쿼리 모바일은 공식적으로 5열까지 지원합니다.

[그림 2-103] Grid: Four Column

[예제 2-115] Four Column

```
<div class="ui-grid-c">
  <div class="ui-block-a"><div class="ui-bar ui-bar-a">Column 1</div></div>
  <div class="ui-block-b"><div class="ui-bar ui-bar-a">Column 2</div></div>
  <div class="ui-block-c"><div class="ui-bar ui-bar-a">Column 3</div></div>
  <div class="ui-block-d"><div class="ui-bar ui-bar-a">Column 4</div></div>
</div>
```

4열이므로 컨테이너 요소의 클래스는 ui-grid-c입니다. 각 열의 너비는 각각 25%씩 차지합니다.

[그림 2-104] Grid : Four Column Button

[예제 2-116] Four Column Button

```
<div class="ui-grid-c">
  <div class="ui-block-a"><input type="button" value="button1"></div>
  <div class="ui-block-b"><input type="button" value="button2"></div>
  <div class="ui-block-c"><input type="button" value="button3"></div>
  <div class="ui-block-d"><input type="button" value="button4"></div>
</div>
```

Ex:4-1 Five Column

Column 1	Column 2	Column 3	Column 4	Column 5

[그림 2-105] Grid : Five Column

[예제 2-117] Five Column

```
<div class="ui-grid-d">
  <div class="ui-block-a"><div class="ui-bar ui-bar-a">Column 1</div></div>
  <div class="ui-block-b"><div class="ui-bar ui-bar-a">Column 2</div></div>
  <div class="ui-block-c"><div class="ui-bar ui-bar-a">Column 3</div></div>
  <div class="ui-block-d"><div class="ui-bar ui-bar-a">Column 4</div></div>
  <div class="ui-block-e"><div class="ui-bar ui-bar-a">Column 5</div></div>
</div>
```

5열이므로 컨테이너 요소의 클래스는 ui-grid-d입니다. 또한 자식 요소에 있는 블록에는 순서대로 ui-block-a, ui-block-b, ui-block-c, ui-block-d, ui-block-e 클래스가 선언돼 있습니다. 그리고 각 열의 너비는 20%입니다.

[그림 2-106] Grid: Five Column Button

[예제 2-118] Five Column Button

```
<div class="ui-grid-d">
  <div class="ui-block-a"><input type="button" value="button1"></div>
  <div class="ui-block-b"><input type="button" value="button2"></div>
  <div class="ui-block-c"><input type="button" value="button3"></div>
  <div class="ui-block-d"><input type="button" value="button4"></div>
  <div class="ui-block-e"><input type="button" value="button5"></div>
</div>
```

이러한 Grid를 이용해 테이블 형태로 표현할 수도 있습니다. 즉, 여러 행으로 구성된 Grid를 만들면 되는데, 이 경우에는 기존의 열 Grid를 만드는 법에서 자식 요소만 추가하면 됩니다.

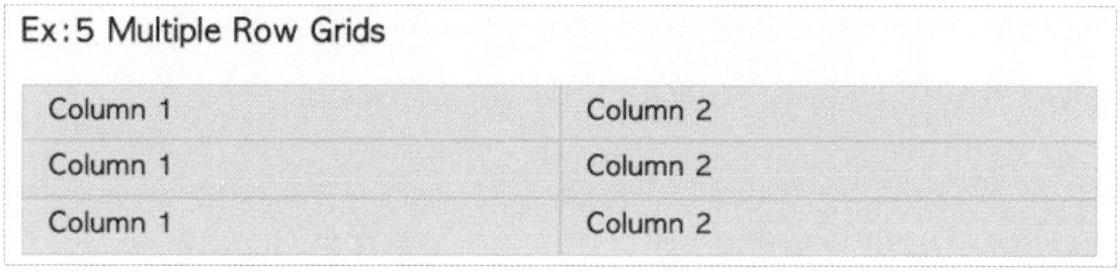

[그림 2-107] Grid : Multiple Row Grids

[예제 2-119] Multiple Row Grids

```
<div class="ui-grid-a">
  <div class="ui-block-a"><div class="ui-bar ui-bar-a">Column 1</div></div>
  <div class="ui-block-b"><div class="ui-bar ui-bar-a">Column 2</div></div>
  <div class="ui-block-a"><div class="ui-bar ui-bar-a">Column 1</div></div>
  <div class="ui-block-b"><div class="ui-bar ui-bar-a">Column 2</div></div>
  <div class="ui-block-a"><div class="ui-bar ui-bar-a">Column 1</div></div>
  <div class="ui-block-b"><div class="ui-bar ui-bar-a">Column 2</div></div>
</div>
```

만약 3행 2열의 Grid를 만들고 싶다면 2열을 뜻하는 ui-grid-a 클래스를 가진 컨테이너로 감싸고 ui-block-a와 ui-block-b 클래스가 지정된 자식 요소를 각각 3번씩 선언하면 됩니다. 위 예제를 보면 쉽게 이해할 수 있습니다.

이처럼 Grid를 이용하면 열 형태의 레이아웃을 쉽게 표현할 수 있습니다. 하지만 Grid 내에서 1열을 표현하고 싶은 경우에는 ui-grid-solo라는 클래스를 지정해야 합니다.

> 1열을 표현할 때는 ui-grid-a/b/c/d가 아닌 ui-grid-solo를 사용합니다.

Ex:6 Solo Grid

Column 1	Column 2
Solo Column	

[그림 2-108] Grid: Solo Grids

[예제 2-120] Solo Grids

```
<div class="ui-grid-a">
  <div class="ui-block-a"><div class="ui-bar ui-bar-a">Column 1</div></div>
  <div class="ui-block-b"><div class="ui-bar ui-bar-a">Column 2</div></div>
</div>
<div class="ui-grid-solo">
  <div class="ui-block-a"><div class="ui-bar ui-bar-a">Solo Column</div></div>
</div>
```

위 예제의 2열 Grid와 다르게 ui-grid-solo 클래스를 이용해 1열을 표현할 수 있습니다.

solo의 column과 2열 column의 너비 값이 다릅니다. 이것은 제이쿼리 모바일 1.4.0 버전에서는 정상적인 동작입니다.

2.28. Toolbar 위젯

이번에는 제이쿼리 모바일에서 가장 최상위나 최하위에 표현되는 Toolbar 위젯에 대해 설명하겠습니다. Toolbar 위젯은 Header와 Footer 위젯이 존재하며, 이 두 위젯은 위치만 다를 뿐 대부분의 동작 및 작성 방법이 유사합니다.

우선 Header Toolbar 위젯부터 살펴보겠습니다. Header 위젯은 페이지의 최상단에 위치하며, 대개 페이지의 제목과 페이지 이동과 옵션 선택을 위한 좌/우에 선택 버튼을 담고 있습니다. 제목 문자는 보통 〈h1〉 요소를 사용하지만 〈h1〉~〈h6〉의 어떤 제목 관련 요소를 사용해도 무방합니다. 제목 요소는 ui-title 클래스가 추가되며 해당 툴바의 자식 요소로 들어가게 됩니다.

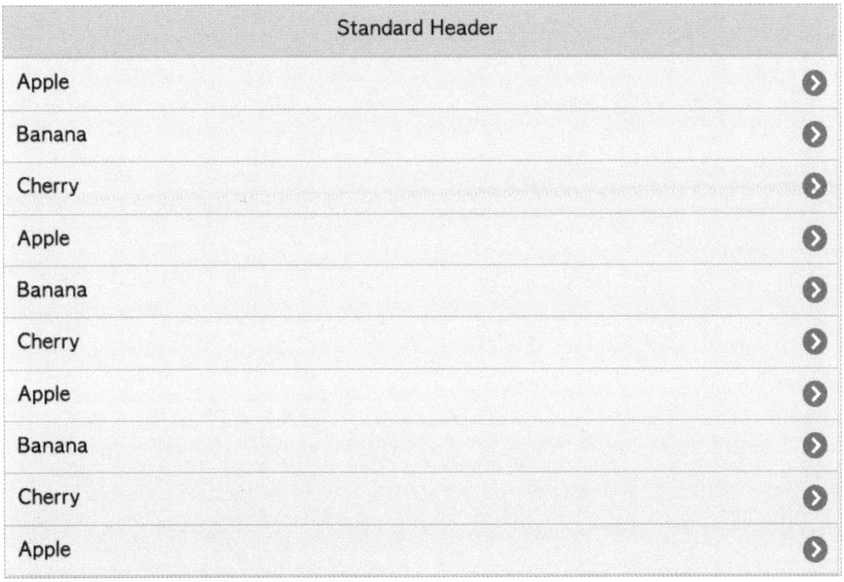

Standard Header	
Apple	❯
Banana	❯
Cherry	❯
Apple	❯
Banana	❯
Cherry	❯
Apple	❯
Banana	❯
Cherry	❯
Apple	❯

[그림 2-109] basictoolbar: Standard Header

다음은 Header Toolbar의 가장 기본적인 마크업입니다.

[예제 2-121] Standard Header

```
<div data-role="header">
  <h3> Standard Header</h3>
</div>
```

위 예제를 보면 data-role="header" 속성이 지정된 〈div〉 컨테이너 안에 〈h3〉 요소가 포함된 것을 볼 수 있습니다. 그렇다면 footer는 어떻게 작성할지 한번 생각해보기 바랍니다. toolbar를 설명하는 초반부에 이 두 위젯은 위치만 다를 뿐 작성 방법이 거의 유사하다고 했는데, data-role 속성을 header에서 footer로 변경하는 부분만 다르고 거의 모든 작성 규칙이 동일합니다.

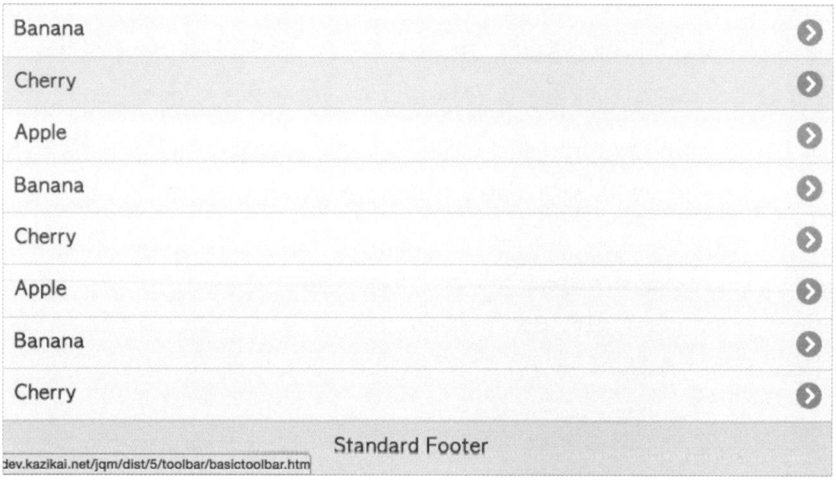

[그림 2-110] basictoolbar: Standard Footer

[예제 2-122] Standard Footer

```
<div data-role="footer">
  <h3>Standard Footer</h3>
</div>
```

이 같은 Header Toolbar 위젯과 Footer Toolbar 위젯은 제이쿼리 모바일 페이지의 머리말과 꼬리말 역할을 하게 됩니다. 그렇기 때문에 전체 페이지의 위와 아래에 위치하게 되지만 만약 페이지 내용이 디바이스 화면 창보다 길다면 Header Toolbar 위젯과 Footer Toolbar 위젯은 스크롤에 포함됩니다.

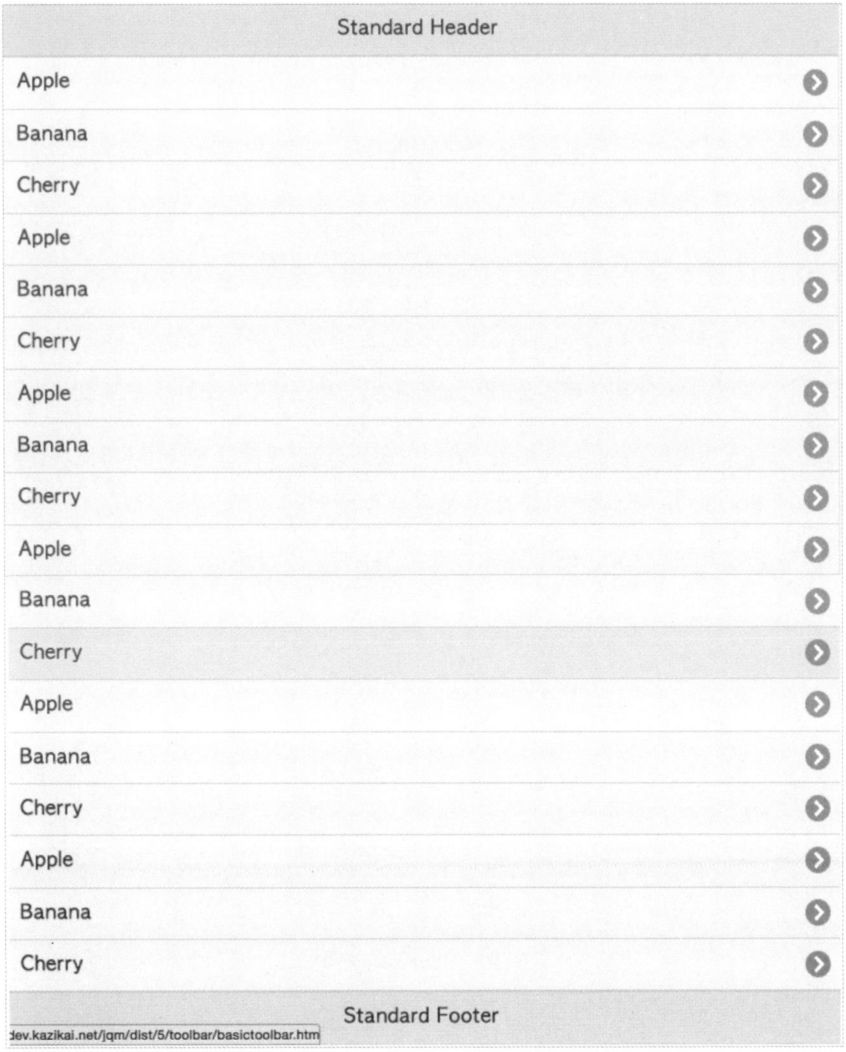

Standard Header	
Apple	❯
Banana	❯
Cherry	❯
Apple	❯
Banana	❯
Cherry	❯
Apple	❯
Banana	❯
Cherry	❯
Apple	❯
Banana	❯
Cherry	❯
Apple	❯
Banana	❯
Cherry	❯
Apple	❯
Banana	❯
Cherry	❯
Standard Footer	

dev.kazikai.net/jqm/dist/5/toolbar/basictoolbar.htm

[그림 2-111] basictoolbar: Standard Toolbar

[예제 2-123] Standard Toolbar

- **basictoolbar.html** - 13~48행

```
<div id="page0" data-role="page" >
  <div data-role="header">
    <h3> Standard Header</h3>
  </div><!-- header -->
  <div data-role="content">
    <ul data-role="listview">
      <li><a href="#">Apple</a></li>
```

```
      ...
      <li><a href="#">Cherry</a></li>
   </ul>
 </div>
 <div data-role="footer">
    <h3>Standard Footer</h3>
 </div>
</div><!-- /page -->
```

위 예제를 모바일 단말에서 실행해보면 Header Toolbar 위젯은 보이지만 Footer Toolbar 위젯은
보이지 않습니다. 또한 스크롤해서 아래로 당겼을 때는 Header는 안 보이고, Footer가 보입니다.

이러한 특성은 제이쿼리 모바일로 애플리케이션 형태의 서비스를 제작할 때 방해가 됩니다.
사용자들은 Header와 Footer를 스크롤 기능에서 분리하고 싶어할 수도 있을 텐데, 이 경우
제이쿼리 모바일의 고정 위치(fixed position)를 사용하면 이러한 문제가 간단하게 해결됩니다.

data-position="fixed"
Apple
Banana
Cherry
Apple
Banana
Cherry
Apple
Banana
Cherry
Apple
Banana
Cherry
Apple

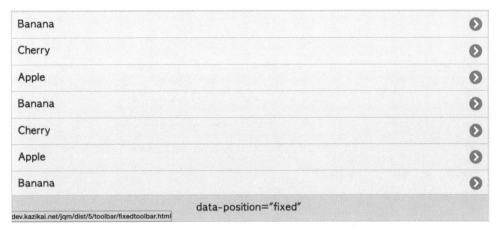

[그림 2-112] fixedtoolbar: Fixed Toolbar

[예제 2-124] Fixed Toolbar

```
- fixedtoolbar.html  - 13~48행
<div id="page0" data-role="page" >
  <div data-role="header" data-position="fixed">
    <h3> data-position="fixed" </h3>
  </div>
  <div data-role="content">
    <ul data-role="listview">
      <li><a href="#">Apple</a></li>
      <li><a href="#">Banana</a></li>

      ...

      <li><a href="#">Banana</a></li>
      <li><a href="#">Cherry</a></li>
    </ul>
  </div>
  <div data-role="footer" data-position="fixed">
    <h3> data-position="fixed"</h3>
  </div>
</div>
```

위 예제와 같이 fixed를 적용하고 싶은 Toolbar에 data-position="fixed" 속성을 추가하면 됩니다.

Toolbar 위젯을 fixed-position과 함께 사용하면 페이지 내용은 Toolbar 위젯 밑이나 위에 표시됩니다. 즉, Toolbar 만큼의 공간을 화면에서 활용하지 못한다고 생각하면 됩니다. 하지만 서비스를 기획할 때 toolbar의 공간도 일부 활용하고 싶다면 data-fullscreen 속성을 활용하면 됩니다. 이 부분은 설명을 읽는 것보다는 예제를 보고 직접 비교해보는 것이 좋습니다.

[그림 2-113] fullscreentoolbar: Fullscreen Toolbar

[예제 2-125] Fullscreen Toolbar

```
- fullscreentoolbar.html - 13~48행
<div id="page0" data-role="page" >
  <div data-role="header" data-fullscreen="true" data-position="fixed">
    <h3> data-fullscreen="true"</h3>
  </div><!-- header -->
  <div data-role="content">
    <ul data-role="listview">
      <li><a href="#">Apple</a></li>
      <li><a href="#">Banana</a></li>
        ...
      <li><a href="#">Banana</a></li>
      <li><a href="#">Cherry</a></li>
    </ul>
  </div>
```

```
<div data-role="footer">
    <h3>Standard Footer</h3>
</div>
</div><!-- /page -->
```

앞에서 배운 fixed-position과 다른 점은 data-fullscreen="true" 속성이 추가된다는 것입니다. 이렇게 하면 toolbar 요소에 opacity가 0.9로 적용됩니다. 구글 크롬 개발자 도구를 통해 확인해보면 opacity가 0.9로 fullscreen 관련 CSS에 적용돼 있음을 확인할 수 있습니다.

[그림 2-114] Fullscreen opacity 확인: Fullscreen Toolbar

다음으로 테마의 경우를 살펴보겠습니다. Toolbar의 테마는 제이쿼리 모바일의 page의 data-theme 속성을 상속받아 사용하게 되는데, 다른 위젯과 마찬가지로 data-theme 속성을 이용해 테마를 표현할 수 있습니다. 아래는 상속받는 header와 data-theme로 테마를 지정한 footer의 차이점을 보여주는 예제입니다.

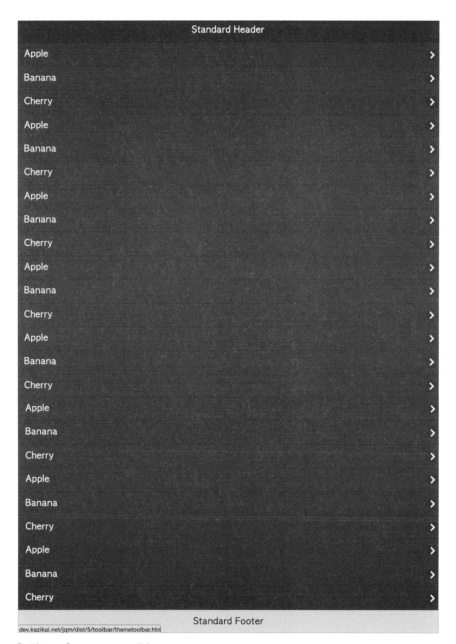

[그림 2-115] themetoolbar: 테마

[예제 2-126] 테마

- **themetoolbar.html** - 13~48행

```
<div id="page0" data-role="page" data-theme="b">
```

```
<div data-role="header" >
  <h3> Standard Header</h3>
</div><!-- header -->
<div data-role="content">
  <ul data-role="listview">
    <li><a href="#">Apple</a></li>
    <li><a href="#">Banana</a></li>
    ...
    <li><a href="#">Banana</a></li>
    <li><a href="#">Cherry</a></li>
  </ul>
</div>
<div data-role="footer" data-theme="a">
  <h3>Standard Footer</h3>
</div>
</div><!-- /page -->
```

또한 page 안에 포함돼 있지 않은 external header와 footer는 테마를 상속해줄 페이지가 없기 때문에 data-theme 속성을 이용해 테마를 지정하는 것이 좋습니다. 앞에서 external이라는 용어를 언급했는데 external toolbar는 말 그대로 page 안에 존재하지 않는 toolbar를 의미하며, 다양한 페이지에서 같은 toolbar를 표현하고 싶을 때 사용하게 됩니다. 이러한 external toolbar는 페이지의 내부 toolbar와는 달리 평소에는 DOM에는 존재하지만 나타나지않기 때문에 별도의 조작이 필요합니다.

툴바가 안 보이는 모습

Apple	›
Banana	›
Cherry	›
Apple	›
Banana	›
Cherry	›
Apple	›
Banana	›
Cherry	›

Apple	❯
Banana	❯
Cherry	❯
Apple	❯
Banana	❯
Cherry	❯
Apple	❯
Banana	❯
Cherry	❯
Apple	❯
Banana	❯
Cherry	❯
Apple	❯
Banana	❯

[그림 2-116] externaltoolbar: External Toolbar

[예제 2-127] External Toolbar

- externaltoolbar.html - 18~56행

```html
<!-- page 외부에 선언돼 있음-->
<!--fixed position은 element에 선언돼 있어야 함-->
<div data-role="header" data-position="fixed">
  <h3> external header </h3>
</div>
<div data-role="footer">
  <h3> external footer </h3>
</div>
<!--page  시작 -->
<div id="page0" data-role="page" >
  <div data-role="content">
    <ul data-role="listview">
      <li><a href="#">Apple</a></li>
      <li><a href="#">Banana</a></li>
      ...
```

```
        <li><a href="#">Banana</a></li>
        <li><a href="#">Cherry</a></li>
      </ul>
    </div>
  </div><!-- /page -->
```

우선 위와 같이 external toolbar는 일반적인 toolbar와 동일하게 작성하면 됩니다. 다만 page의 바깥(전/후)에 위치한다는 것이 다릅니다. 하지만 위 코드를 실행해 보면 toolbar가 보이지 않는 것을 확인할 수 있습니다. 그래서 toolbar를 생성한 page에서 초기화하려면 자체적으로 toolbar 플러그인을 호출하는 과정이 필요합니다. 다시 말해, page 안에 없는 toolbar는 자동 초기화가 되지 않습니다.

자동 초기화란 toolbar가 페이지 안에 보일 수 있게 제이쿼리 모바일에서 만들어주는 과정을 뜻합니다.

자동 초기화하는 코드는 다음과 같습니다.

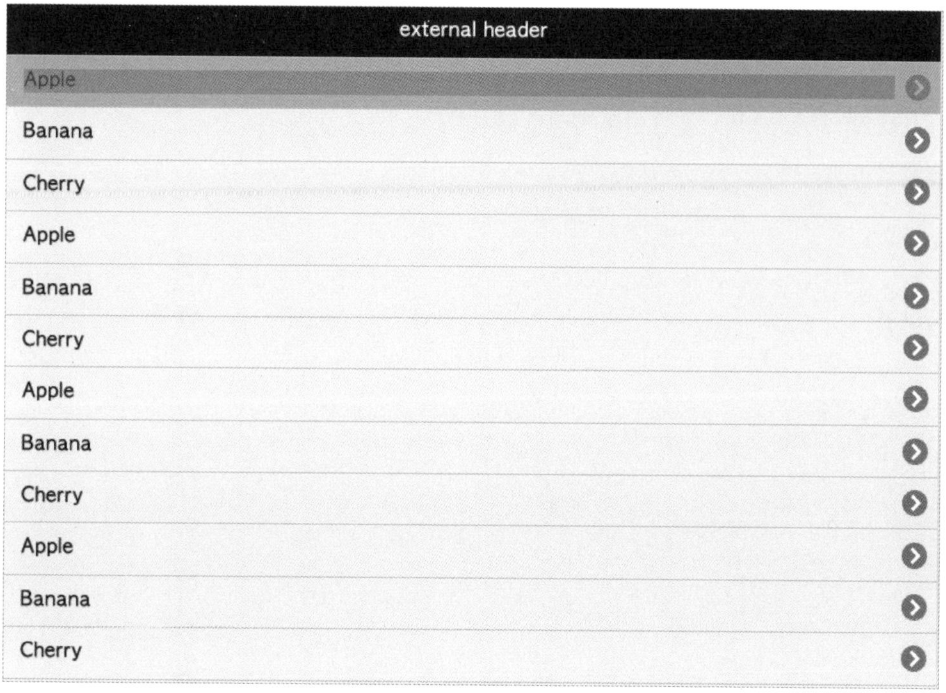

[그림 2-117] externaltoolbar: External Toolbar

[예제 2-128] External Toolbar

- externaltoolbar.html - 10~14행

```
<script>
  $(document).ready(function(){
    $( "[data-role='header'], [data-role='footer']" ).toolbar({ theme: "b" });
  });
</script>
```

위 코드는 DOM이 로드될 때 data-role="header"와 footer 속성을 가진 요소를 찾아 toolbar()를 호출하는 자바스크립트 코드입니다. 또한 함수 인자로 전달한 { theme: "b" } 객체는 toolbar의 테마를 결정하는 역할을 합니다. 위 코드에서 $ 셀렉터는 상황에 따라 변경하면 됩니다.

> 특정 external toolbar만 초기화가 필요하다면 해당 external toolbar가 선언된 요소에 id 값을 추가하고 $("#id").toolbar();와 같이 toolbar()를 호출하면 됩니다.

이제 툴바 안에 링크를 표현하고 싶을 때 어떻게 작성하는지 알아보겠습니다. 기존의 제이쿼리 모바일은 자동으로 toolbar에 inline과 mini 스타일로 버튼을 추가했습니다. 하지만 이 방식은 1.4에서 사라졌습니다. 1.4 버전에서는 ui-btn-left와 ui-btn-right 클래스를 이용해 툴바 안에 button을 표현할 수 있습니다. 우선 아래 예제를 봅시다.

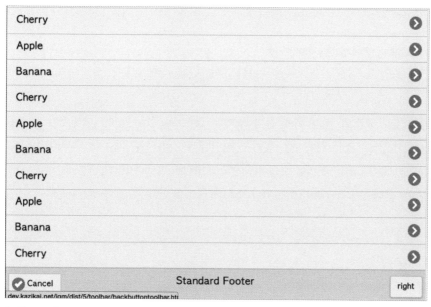

[그림 2-118] buttontoolbar: Button in Toolbar

[예제 2-129] Button in Toolbar

-buttontoolbar.html - 15~56행

```
<div id="page0" data-role="page" >
  <div data-role="header" data-position="fixed" style="height:44px">
    <!-- a 태그-->
    <a href="#" class="ui-btn-left">Cancel</a>
    <h1>Button in Header </h1>
    <!-- button 태그-->
    <button class="ui-btn-right">Save</button>
  </div><!-- header -->
  <div data-role="content">
    <ul data-role="listview">
      <li><a href="#">Apple</a></li>
      <li><a href="#">Banana</a></li>
      ...
      <li><a href="#">Banana</a></li>
      <li><a href="#">Cherry</a></li>
    </ul>
  </div>
  <div data-role="footer" style="height:55px">
```

```
        <a href="#" class="ui-btn-left ui-icon-check ui-btn ui-mini  ui-btn-icon-left">Cancel</a>
        <h3>Standard Footer</h3>
        <a href="#" class="ui-btn-right">right</a>
    </div>
</div><!-- /page -->
```

위 예제를 살펴보면 〈h〉 요소의 앞과 뒤에 각각 ui-btn-left, ui-btn-right 클래스가 지정된
요소가 있는 것을 확인할 수 있습니다. 제이쿼리 모바일에서 Button은 〈a〉 요소와 〈button〉
요소로 표현할 수 있으므로 두 요소 중 어떤 것을 사용해도 무방합니다. 또 이러한 버튼에는 아이콘도
함께 표현할 수 있는데 클래스에 ui-icon-check와 ui-btn 클래스를 함께 추가하면 됩니다.

> Toolbar에 표현된 버튼의 크기를 제대로 잡아주기 위해 위 예제에서는 header와 footer 역할을 하는 〈div〉 요소에
> 인라인 CSS를 선언했습니다.

위의 예제에서 머리말이 없는 header를 만들고 싶을 때는 ui-title 클래스를 활용하면 됩니다.
적절한 요소에 ui-title을 추가해서 기존 〈h〉 요소를 선언한 위치에 추가하면 됩니다.

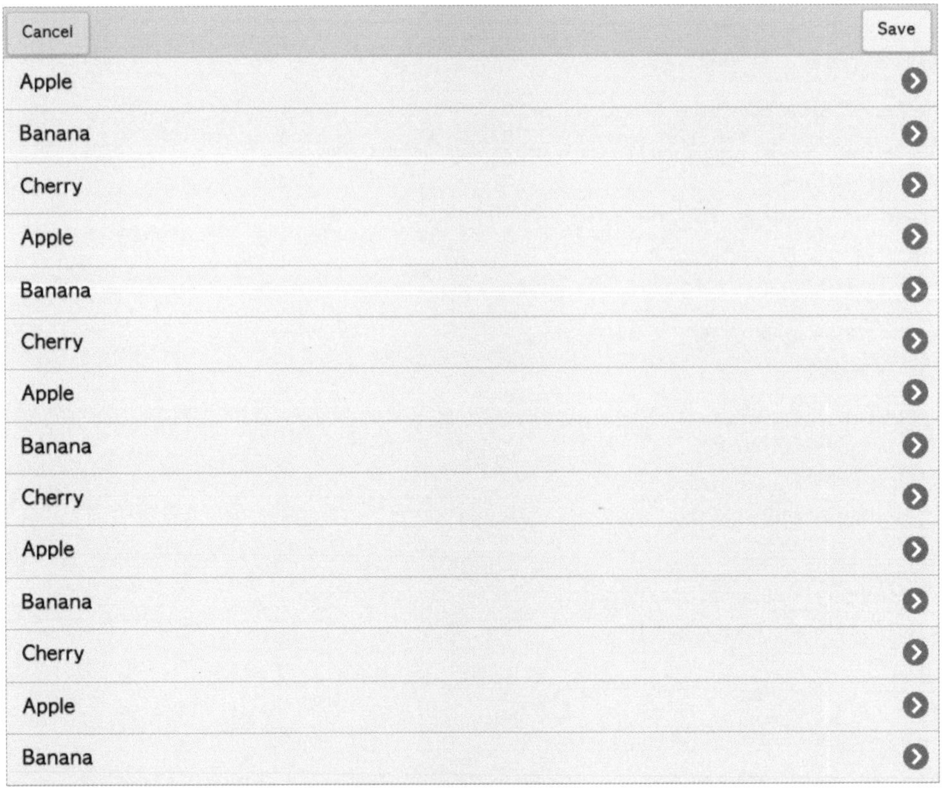

[그림 2-119] buttontoolbar: 제목이 없는 버튼 헤더 툴바

[예제 2-130] 제목이 없는 버튼 헤더 툴바

```
- noheadingtoolbar.html - 15~54행
<div id="page0" data-role="page">
  <div data-role="header" data-position="fixed">
    <a href="#" class="ui-btn-left">Cancel</a>
    <span class="ui-title"><!--no-header--></span>
    <button class="ui-btn-right">Save</button>
  </div><!-- header -->
  <div data-role="content">
    <ul data-role="listview">
      <li><a href="#">Apple</a></li>
      <li><a href="#">Banana</a></li>
      ...
      <li><a href="#">Banana</a></li>
      <li><a href="#">Cherry</a></li>
    </ul>
  </div>
  <div data-role="footer"style="height:55px;>
    <a href="#" class="ui-btn-left ui-icon-check ui-btn ui-mini  ui-btn-icon-left">Cancel</a>
    <span class="ui-title"><!--no header--></span>
    <a href="#" class="ui-btn-right">right</a>
  </div>
</div><!-- /page -->
```

만약 ui-title을 추가하지 않는다면 제이쿼리 모바일에서 header의 역할을 수행할 수 없습니다. 그리고 또한 footer에서는 ui-title 클래스를 추가한다고 해도 동작하지 않습니다.

> Header에서 ui-title 클래스를 추가하지 않으면 제이쿼리 모바일의 header 부분이 보이지 않습니다.

제이쿼리 모바일의 경우 자동으로 header에 뒤로가기(back) 버튼을 추가하고 만드는 기능을 제공합니다. 기본적으로 뒤로가기 버튼은 비활성화돼 있습니다만 이 뒤로가기 버튼을 이용해 제이쿼리 모바일로 만든 애플리케이션의 경우 네이티브 애플리케이션처럼 보이게 될 수 있습니다. 이 뒤로가기 버튼을 추가하려면 제이쿼리 모바일의 플러그인의 addBackBtn 옵션을 true로 지정하면 됩니다. 물론 제이쿼리 모바일에서는 마크업으로 모든 설정을 할 수 있기 때문에 header 역할을 하는 요소에 data-add-back-btn="true"라는 속성을 추가하면 뒤로가기 버튼을 표현할 수 있습니다. 아래의 두 예제를 통해 확인해보길 바랍니다. 자동으로 뒤로가기 버튼이 생성되는 것을 확인할 수 있습니다.

뒤로가기 버튼은 data-rel="back" 속성이 지정된 버튼 요소입니다. 이 버튼은 제이쿼리 모바일의 $.mobile.
back();과 동일한 역할을 합니다. 페이지 뒤로가기 효과라고 생각하면 됩니다. 궁금한 분은 지금 제이쿼리 모바일
페이지에서 $.mobile.back(); 자바스크립트를 콘솔창에서 실행해보기 바랍니다.

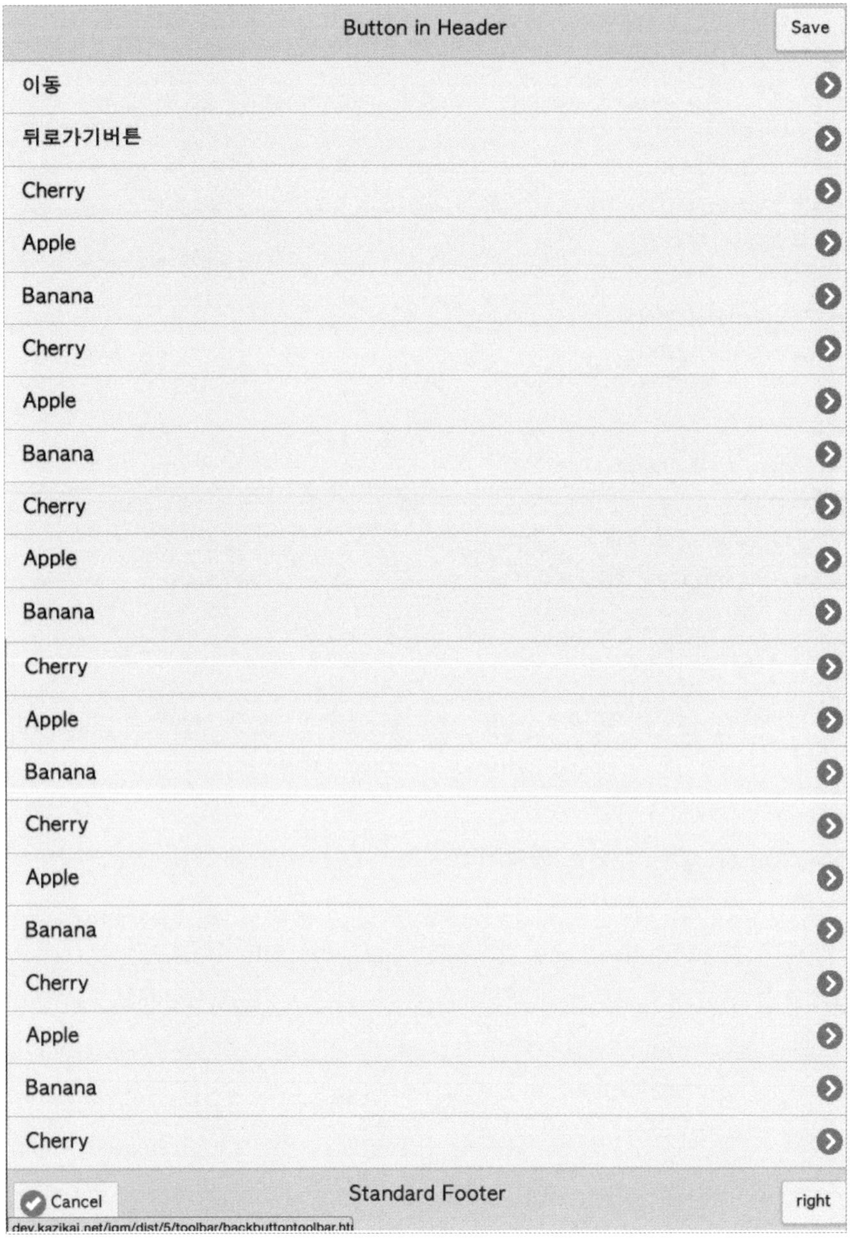

Button in Header	Save
이동	❯
뒤로가기버튼	❯
Cherry	❯
Apple	❯
Banana	❯
Cherry	❯
Apple	❯
Banana	❯
Cherry	❯
Apple	❯
Banana	❯
Cherry	❯
Apple	❯
Banana	❯
Cherry	❯
Apple	❯
Banana	❯
Cherry	❯
Apple	❯
Banana	❯
Cherry	❯

⊘ Cancel	Standard Footer	right

dev.kazikai.net/jqm/dist/5/toolbar/backbuttontoolbar.ht

[그림 2-120] backbuttontoolbar: 툴바 뒤로가기 버튼

[예제 2-131] 툴바 뒤로가기 버튼

- **backbuttontoolbar.html** - 18~56행

```
<div id="page0" data-role="page" >
   <div data-role="header" data-position="fixed" style="height:44px">
      <h1>Button in Header </h1>
      <button class="ui-btn-right">Save</button>
   </div><!-- header -->
   <div data-role="content">
      <ul data-role="listview">
         <li><a href="./backtesttoolbar.html" data-add-back-btn="true">이동</a></li>
         <li><a href="#" data-rel="back">뒤로 가기 버튼</a></li>
         <li><a href="#">Cherry</a></li>
         <li><a href="#">Apple</a></li>
         ...
         <li><a href="#">Banana</a></li>
         <li><a href="#">Cherry</a></li>
      </ul>
   </div>
   <div data-role="footer" style="height:55px">
      <a href="#" class="ui-btn-left ui-icon-check ui-btn ui-mini  ui-btn-icon-left">Cancel</a>
      <h3>Standard Footer</h3>
      <a href="#" class="ui-btn-right">right</a>
   </div>
</div><!-- /page -->
```

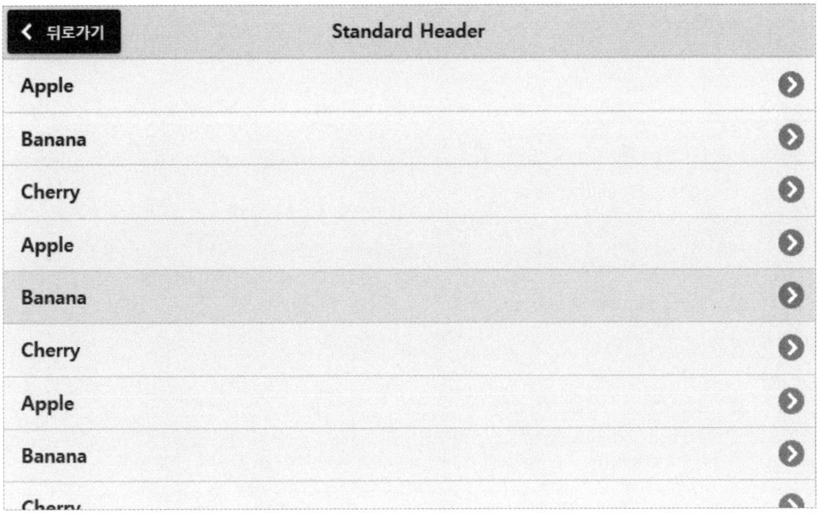

[그림 2-121] backtesttoolbar: 툴바 뒤로가기 버튼

[예제 2-132] 툴바 뒤로가기 버튼

- backtesttoolbar.html - 15~50행

```html
<div id="page0" data-role="page" >
  <div data-role="header" data-add-back-btn="true">
    <h3> Standard Header</h3>
  </div><!-- header -->
  <div data-role="content">
    <ul data-role="listview">
      <li><a href="#">Apple</a></li>
      <li><a href="#">Banana</a></li>
      ...
      <li><a href="#">Banana</a></li>
      <li><a href="#">Cherry</a></li>
    </ul>
  </div>
  <div data-role="footer">
    <h3>Standard Footer</h3>
  </div>
</div><!-- /page -->
```

또한 자바스크립트를 통해 제어하려면 아래 예제처럼 표현할 수 있습니다. 또한 back이라는 텍스트를 특정 문자로 바꾸는 것도 가능합니다. 테마를 변경해 뒤로가기 버튼만의 테마를 적용할 수도 있습니다.

[예제 2-133] Back test toolbar

- back.js - 1~7행

```javascript
back.js
( function( $, window, document, undefined ){
  //addBackBtn을 true로 지정하면 뒤로가기 버튼을 별도의 마크업 없이 활성화할 수 있습니다.
  $.mobile.toolbar.prototype.options.addBackBtn = true;
  //여러 개로 변경할 수 있다.
  $.mobile.toolbar.prototype.options.backBtnText = "뒤로가기";
  $.mobile.toolbar.prototype.options.backBtnTheme = "b"
})( jQuery, window, document );
```

지금까지는 버튼을 표현하는 방법에 대해 알아봤습니다. 제이쿼리 모바일의 Button 위젯은 그룹화해서 표현할 수 있기 때문에 header에 포함된 버튼도 그룹화해서 표현할 수 있습니다.

[그림 2-122] grouptoolbar: 그룹화된 버튼 툴바

[예제 2-134] 그룹화된 버튼 툴바

```
- grouptoolbar.html - 15~58행
<div id="page0" data-role="page" >
  <div data-role="header" data-position="fixed" style="height:44px">
    <div data-role="controlgroup" data-type="horizontal" class="ui-mini ui-btn-left">
      <a href="#" class="ui-btn ui-btn-icon-left ui-icon-minus">minus</a>
      <a href="#" class="ui-btn ui-btn-icon-left ui-icon-plus">plus</a>
      <a href="#" class="ui-btn ui-btn-icon-left ui-icon-gear">gear</a>
    </div>
    <h1>Grouped buttons</h1>
    <button class="ui-btn-right">Save</button>
  </div><!-- header -->
  <div data-role="content">
    <ul data-role="listview">
      <li><a href="#">Apple</a></li>
      <li><a href="#">Banana</a></li>
      ...
      <li><a href="#">Banana</a></li>
      <li><a href="#">Cherry</a></li>
    </ul>
  </div>
  <div data-role="footer" style="height:55px">
    <a href="#" class="ui-btn-left ui-icon-check ui-btn ui-mini  ui-btn-icon-left">Cancel</a>
    <h3>Standard Footer</h3>
    <a href="#" class="ui-btn-right">right</a>
  </div>
</div><!-- /page -->
```

2.29. Table 위젯

일반적으로 마크업에서는 〈table〉 요소를 이용해 정보를 계층적으로 구조화하고 정렬해서 표현합니다. 하지만 이러한 〈table〉 요소를 사용할 경우 모바일 단말에서는 화면 너비를 넘어서거나 각 열과 행간이 너무 작게 나와 〈table〉 요소가 표현하는 정보를 정확히 파악하기 힘들 때가 있습니다. 제이쿼리 모바일에서는 이러한 〈table〉 요소를 토글(toggle) 기능을 추가해 모바일에서도 반응형으로 잘 보여줍니다.

테이블 기본요소

순위	타이틀	가수	가격	발매일
1	신촌을 못가	포스트맨	5,000	2014.01.01
2	독기	아이언	10,000	2014.01.20
3	너를 사랑해	t 윤미래	1,000	2014.02.21
4	연결 고리#힙합	bobby	3,000	2014.03.31
5	예뻐졌다.	박보람	6,000	2014.04.20
6	I Swear	씨스타	7,000	2014.05.11
7	공허해	WINNER	20,000	2014.06.12
8	가드 올리고 Bounce	Bobby	500	2014.06.11
9	Lost Stars	Adam	8,000	2014.07.11
10	I'm Fine Thank You	레이디스코드	100,000	2014.01.01

테이블 기본요소

순위	1
타이틀	신촌을 못가
가수	포스트맨
가격	5,000
발매일	2014.01.01
순위	2
타이틀	독기
가수	아이언
가격	10,000
발매일	2014.01.20
순위	3
타이틀	너를 사랑해
가수	t 윤미래
가격	1,000
발매일	2014.02.21
순위	4
타이틀	연결 고리#힙합
가수	bobby
가격	3,000
발매일	2014.03.31

[그림 2-123] Table: 기본 Table

[예제 2-135] 기본 Table 마크업

-basictable.html - 19~104행

```
<div data-role="content">
  <table data-role="table" id="basic-toggle" class="ui-responsive">
    <thead>
      <tr>
        <th>순위</th>
        <th>타이틀</th>
        <th>가수</th>
        <th>가격</th>
        <th>발매일</th>
      </tr>
    </thead>
    <tbody>
      <tr>
        <th>1</th>
        <td>신촌을못가</td>
        <td>포스트맨</td>
        <td>5,000</td>
        <td>2014.01.01</td>
      </tr>
      <tr>
        <th>2</th>
        <td>독기</td>
        <td>아이언</td>
        <td>10,000</td>
        <td>2014.01.20</td>
      </tr>
      <tr>
        <th>3</th>
        <td>너를사랑해</td>
        <td>t 윤미래</td>
        <td>1,000</td>
        <td>2014.02.21</td>
      </tr>
      <tr>
        <th>4</th>
        <td>연결고리#힙합</td>
        <td>bobby</td>
```

```
    <td>3,000</td>
    <td>2014.03.31</td>
  </tr>
  <tr>
    <th>5</th>
    <td>예뻐졌다.</td>
    <td>박보람</td>
    <td>6,000</td>
    <td>2014.04.20</td>
  </tr>
  <tr>
    <th>6</th>
    <td>I Swear</td>
    <td>씨스타</td>
    <td>7,000</td>
    <td>2014.05.11</td>
  </tr>
  <tr>
    <th>7</th>
    <td>공허해</td>
    <td>WINNER</td>
    <td>20,000</td>
    <td>2014.06.12</td>
  </tr>
  <tr>
    <th>8</th>
    <td>가드올리고 Bounce</td>
    <td>Bobby</td>
    <td>500</td>
    <td>2014.06.11</td>
  </tr>
  <tr>
    <th>9</th>
    <td>Lost Stars</td>
    <td>Adam</td>
    <td>8,000</td>
    <td>2014.07.11</td>
  </tr>
  <tr>
    <th>10</th>
```

```
        <td>I'm Fine Thank You</td>
        <td>레이디스코드</td>
        <td>100,000</td>
        <td>2014.01.01</td>
      </tr>
    </tbody>
  </table>
</div>
```

제이쿼리 모바일에서 Table 위젯을 표현하려면 〈table〉 요소에 data-role 속성을 table로 표시하기만 하면 됩니다. 물론 〈thead〉 요소와 〈tbody〉 요소도 포함돼 있어야 합니다. 그리고 이미 정의된 리플로우(reflow) 로직을 〈table〉 요소에 추가할 수 있습니다. ui-responsive 클래스를 추가하면〈table〉 요소를 반응형으로 멋지게 표현할 수 있습니다.

> 리플로우 로직이란 브라우저의 화면 크기가 변할 경우 table 요소가 반응형으로 변하는 기능을 말합니다

위 예제에서는 이미 정의된 ui-responsive 클래스를 이용해 표현했지만 새롭게 리플로우 규칙을 추가할 수 있습니다. 방법은 아래와 같습니다.

커스톰		
		Columns...
순위	타이틀	가수
1	신촌을 못가	포스트맨
2	독기	아이언
3	너를 사랑해	t 윤미래
4	연결 고리#힙합	bobby
5	예뻐졌다.	박보람
6	I Swear	씨스타
7	공허해	WINNER
8	가드 올리고 Bounce	Bobby
9	Lost Stars	Adam
10	I'm Fine Thank You	레이디스코드

순위	가수
	커스톰
	Columns...
1	포스트맨
2	아이언
3	t 윤미래
4	bobby
5	박보람
6	씨스타
7	WINNER
8	Bobby
9	Adam
10	레이디스코드

[그림 2-124] Custom Table: Custom-table-reflow

[예제 2-136] Custom-table-reflow CSS

-custom-table.css - 1~30행

```
@media screen and ( min-width: 16em) {
  .ui-table-columntoggle.ui-responsive-custom th.ui-table-priority-1,
  .ui-table-columntoggle.ui-responsive-custom td.ui-table-priority-1 {
    display: table-cell
  }
}
@media screen and ( min-width: 26em) {
  .ui-table-columntoggle.ui-responsive-custom th.ui-table-priority-2,
  .ui-table-columntoggle.ui-responsive-custom td.ui-table-priority-2 {
    display: table-cell
  }
}
@media screen and ( min-width: 36em) {
  .ui-table-columntoggle.ui-responsive-custom th.ui-table-priority-3,
  .ui-table-columntoggle.ui-responsive-custom td.ui-table-priority-3 {
    display: table-cell
  }
}
```

```css
@media screen and ( min-width: 46em) {
  .ui-table-columntoggle.ui-responsive-custom th.ui-table-priority-4,
  .ui-table-columntoggle.ui-responsive-custom td.ui-table-priority-4 {
    display: table-cell
  }
}
@media screen and ( min-width: 56em) {
  .ui-table-columntoggle.ui-responsive-custom th.ui-table-priority-5,
  .ui-table-columntoggle.ui-responsive-custom td.ui-table-priority-5 {
    display: table-cell
  }
}
```

[예제 2-137] Custom-table-reflow

- **customtable.html** - 1~111행

```html
<!doctype HTML>
<html>
  <head>
  <meta charset="utf-8">
  <meta name="viewport" content="width=device-width, initial-scale=1">
  <title>column toggle table - 제이쿼리 모바일 Demos</title>
  <link rel="stylesheet" href="http://code.jquery.com/mobile/1.4.3/jquery.mobile-1.4.3.css"/>

  <link rel="stylesheet" href="../resources/css/custom-table.css"/>
  <script src="http://code.jquery.com/jquery-1.9.1.js"></script>
  <script src="http://code.jquery.com/mobile/1.4.3/jquery.mobile-1.4.3.js"></script>

  </head>
  <body>
    <div data-role="page">
      <div data-role="header">
        <h1>커스텀</h1>
      </div>
      <div data-role="content">
      <!-- data-mode="coulumntoggle" 추가 -->
        <table data-role="table" id="custom-toggle" data-mode="columntoggle" class="ui-
responsive-custom">
          <thead>
            <tr>
```

```
          <th data-priority="1">순위</th>
          <th data-priority="3">타이틀</th>
          <th data-priority="2">가수</th>
          <th data-priority="4">가격</th>
          <th data-priority="5">발매일</th>
        </tr>
      </thead>
      <tbody>
        <tr>
          <th>1</th>
          <td>신촌을 못가</td>
          <td>포스트맨</td>
          <td>5,000</td>
          <td>2014.01.01</td>
        </tr>
        ...
          <th>10</th>
          <td>I'm Fine Thank You</td>
          <td>레이디스코드</td>
          <td>100,000</td>
          <td>2014.01.01</td>
        </tr>
      </tbody>
    </lable>
  </div>
  <div data-role="footer">
    <h3>Powered by Hochul shin, Junghyun Han</h3>
  </div>
 </div><!-- /page -->
 </body>
</html>
```

위 예제와 같이 새롭게 클래스를 정의해 예제와 같은 형식으로 작성하면 됩니다. min-width는 해당
Table 위젯이 적용되는 페이지 특성에 따라 변경하면 됩니다. CSS에 있는 ui-table-priority-
1,2,3,4,5의 경우 Table 위젯이 브라우저의 화면 크기가 변경됨에 따라 리플로우되는 중요한 역할을
하기 때문에 꼭 추가해야 합니다. 위와 같이 CSS 파일을 새롭게 작성했으면 제이쿼리 모바일의
CSS를 겹쳐써야 하므로 제이쿼리 모바일의 CSS보다 새롭게 정의된 CSS 파일을 나중에 HTML
문서에서 선언해야 합니다(HTML 예제 참조).

다음으로 Table 위젯에서 칼럼을 토글하는 기능을 알아보겠습니다.

토글이란 웹 위젯에서 많이 사용되는 기능으로, 클릭했을 때 정해놓은 동작이 on/off되는 기능입니다.

이 기능을 활용하면 브라우저 화면이 고정돼 있을 경우 Table 위젯에 표현되는 정보의 구조를 변경할 수 있습니다.

[그림 2-125] Column Toggle Table: Column-toggle-1

[예제 2-138] Column Toggle Table: Column-toggle-1

- **columntoggle.html - 19~104행**

```html
<div data-role="content">
  <!-- data-mode="coulumntoggle" 추가 -->
  <table data-role="table" id="basic-toggle" data-mode="columntoggle"  class="ui-responsive">
    <thead>
      <tr>
        <th data-priority="1">순위</th>
        <th data-priority="3">타이틀</th>
        <th data-priority="2">가수</th>
        <th data-priority="4">가격</th>
        <th data-priority="5">발매일</th>
      </tr>
    </thead>
    <tbody>
      <tr>
        <th>1</th>
        <td>신촌을못가</td>
        <td>포스트맨</td>
        <td>5,000</td>
        <td>2014.01.01</td>
      </tr>
      ...
      <tr>
        <th>10</th>
        <td>I'm Fine Thank You</td>
        <td>레이디스코드</td>
        <td>100,000</td>
        <td>2014.01.01</td>
      </tr>
    </tbody>
  </table>
</div>
```

보다시피 간단히 data-mode="columntoggle" 속성을 추가하면 됩니다. 위 예제 코드를 실행하면
우측 상단에 column toggle이라는 버튼이 만들어지고, 해당 버튼을 클릭했을 때 각 칼럼을
활성화/비활성화할 수 있는 checkbox가 자동으로 만들어집니다.

columntoggle을 적용한 Table 위젯의 디자인을 변경하고 싶다면 아래와 같은 속성을 추가/변경해서 디자인을 변경할 수 있습니다. 변경할 수 있는 부분은 다음과 같습니다.

- **data-column-btn-text**: 칼럼 버튼 텍스트(문자열)
- **data-column-btn-theme**: 칼럼 버튼 테마(JQM 테마)
- **data-column-popup-theme**: 칼럼 팝업 테마(JQM 테마)

위 속성은 Table 위젯이 기본적으로 지원하는 속성이므로 개발하는 웹 서비스의 성격에 따라 수정할 수 있습니다. 해당 기능이 적용된 코드는 아래와 같습니다.

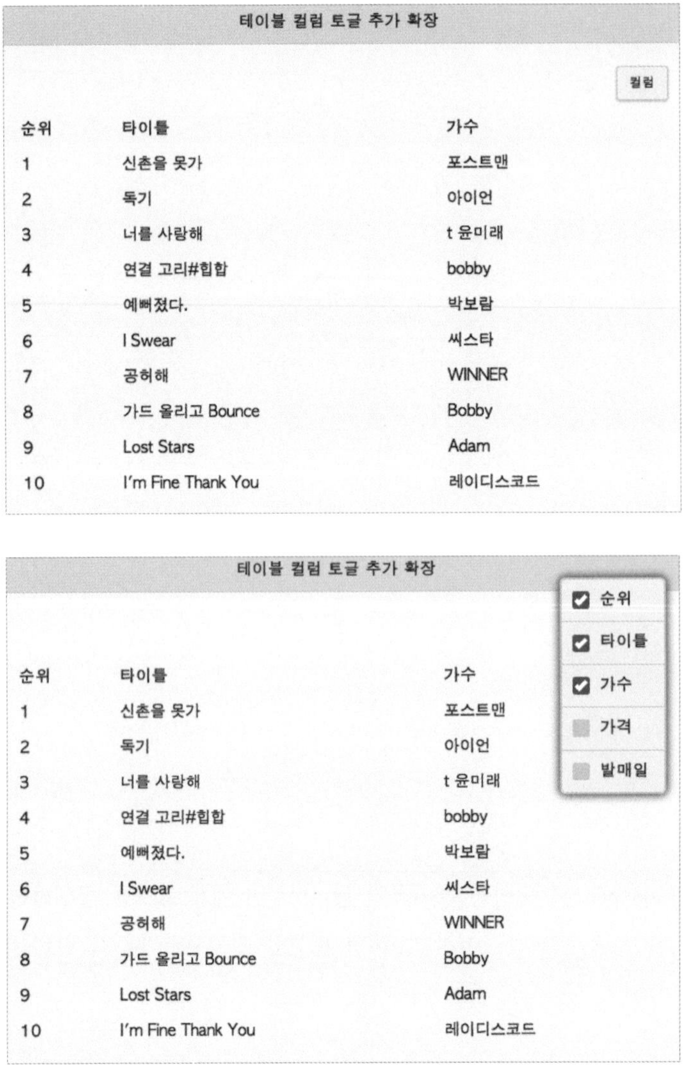

[그림 2-126] Column Toggle Custom Table: Column-toggle-2

[예제 2-139] 칼럼 토글 테이블: 칼럼 토글 2

-columntoggle2.html - 19~110행

```
<div data-role="content">
  <!-- data-column-btn-text 칼럼 텍스트 -->
  <!-- data-column-btn-theme 버튼 테마 -->
  <!-- data-column-popup-theme 버튼 테마 -->
  <table data-role="table" id="basic-toggle" data-mode="columntoggle" class="ui-responsive" data-column-btn-text="칼럼" data-column-btn-theme="c" data-column-popup-theme="d">
    <thead>
      <tr>
        <th data-priority="1">순위</th>
        <th data-priority="3">타이틀</th>
        <th data-priority="2">가수</th>
        <th data-priority="4">가격</th>
        <th data-priority="5">발매일</th>
      </tr>
    </thead>
    <tbody>
      <tr>
        <th>1</th>
        <td>신촌을 못가</td>
        <td>포스트맨</td>
        <td>5,000</td>
        <td>2014.01.01</td>
      </tr>
      ...
      <tr>
        <th>10</th>
        <td>I'm Fine Thank You</td>
        <td>레이디스코드</td>
        <td>100,000</td>
        <td>2014.01.01</td>
      </tr>
    </tbody>
  </table>
</div>
```

2.30. Dialog 위젯

Page 위젯이 viewport 전체를 차지하는 위젯이었다면 Dialog 위젯은 viewport의 일부를 차지하는 위젯입니다. 그러나 사실 Dialog 위젯은 Page 위젯과 거의 동일합니다. 기존의 〈a〉 태그를 이용해 다른 페이지로 이동하는 코드에 data-rel="dialog"만 추가하면 끝입니다.

[예제 2-140] 다이얼로그 위젯

```
<div data-role="page" id="page1">
...
  <div data-role="content">
    <p>여기는 페이지1입니다.</p>
    <a href="#page2" data-rel="dialog">페이지2</a>
  </div><!-- /content -->
    ...
<div data-role="page" id="page2">
...
</div><!-- /page -->
```

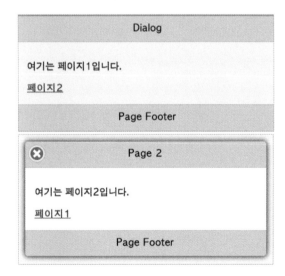

[그림 2-127] 다이얼로그 위젯

또한 전환 효과도 동일하게 data-transition 속성으로 지정할 수 있습니다(전체 소스코드는 dialog-transitions.html을 참고).

```
<a href="#page2" data-rel="dialog" data-transition="fade">페이지2</a>
```

Dialog 위젯의 닫기 버튼은 아무 옵션도 주지 않아도 자동으로 왼쪽 상단에 생성됩니다. 닫기 버튼의 위치를 오른쪽으로 변경하고 싶다면 대상 페이지를 정하는 〈div〉 컨테이너에 data-close-btn="right"라고 지정하면 됩니다. 또한 닫기 버튼을 표시하고 싶지 않은 경우에는 data-close-btn="none"으로 지정하면 됩니다.

Dialog 위젯의 취소 기능을 구현하고 싶으면 〈a〉 태그를 이용해 취소 버튼을 정의할 때 data-rel="back" 속성을 지정하면 됩니다.

그 외에도 data-theme="e"와 같이 테마 속성을 지정해 테마 색상을 변경하거나 data-corner="false" 속성을 지정해 둥근 테두리를 사각 테두리로 바꿀 수도 있습니다.

2.31. Popup 위젯

Popup 위젯도 앞에서 배운 Page, Dialog 위젯과 비슷하게 컨테이너의 일종입니다. 다만 다른 점은 앞의 Page 위젯과 Dialog 위젯은 data-role="page"로 정의돼 있었지만 Popup 위젯은 아래와 같이 data-role="popup"으로 정의하고, 링크로 연결하는 부분에서는 data-rel="popup"으로 정의해야 한다는 것입니다.

[예제 2-141] 팝업

```
<div data-role="page">
  <div data-role="popup" id="popup1">
    <p>가장 기본적인 팝업</p>
  </div>
  ...
  <div data-role="content">
    <p>
      <a href="#popup1" data-rel="popup">Popup</a>
    </p>
  </div><!-- /content -->
  ...
</div><!-- /page -->
```

[그림 2-128] 팝업

텍스트 팝업뿐만 아니라 이미지 팝업도 다음과 같이 쉽게 만들 수 있습니다.

[예제 2-142] 이미지 팝업

```
<div data-role="page">

  <div data-role="popup" id="js" data-overlay-theme="a" data-theme="d" data-corners="false">
    <a href="#" data-rel="back" data-role="button" data-theme="a" data-icon="delete" data-
iconpos="notext" class="ui-btn-right">Close</a><img src="../common/images/js.jpg">
  </div>
  ...
  <div data-role="content">
    <p>
      <a href="#js" data-rel="popup" data-position-to="window"><img src="../common/images/
js.jpg" style="width:200px"></a>
    </p>
  </div><!-- /content -->
  ...
</div><!-- /page -->
```

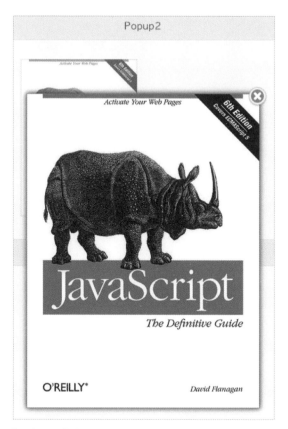

[그림 2-129] 이미지 팝업

주요한 부분은 텍스트와 큰 차이가 없습니다. data-role="popup"이 정의된 〈div〉 컨테이너 안에 취소 버튼을 정의하고 〈img〉 태그가 있는 것이 다릅니다. 또한 위의 텍스트 예제와는 다르게 data-position-to="window" 속성을 지정해 Popup 위젯을 화면을 기준으로 가운데에 띄운 것을 알 수 있습니다.

Popup 위젯도 Page, Dialog 위젯과 유사하게 동작하므로 전환 효과를 줄 수 있습니다. data-transition 속성을 이용하면 동일한 효과를 이용할 수 있습니다.

2.32. Accordion 위젯

Accordion 위젯은 누르면 펼쳐지는 드롭다운 메뉴와 유사한 형태의 위젯 집합입니다. 기본적인 사용법은 다음과 같습니다.

[예제 2-143] 기본적인 accordion 위젯

```
<div data-role="collapsible-set">
  <div data-role="collapsible">
    <h3>Section 1</h3>
    <p>Description 1</p>
  </div>
  ...
</div>
```

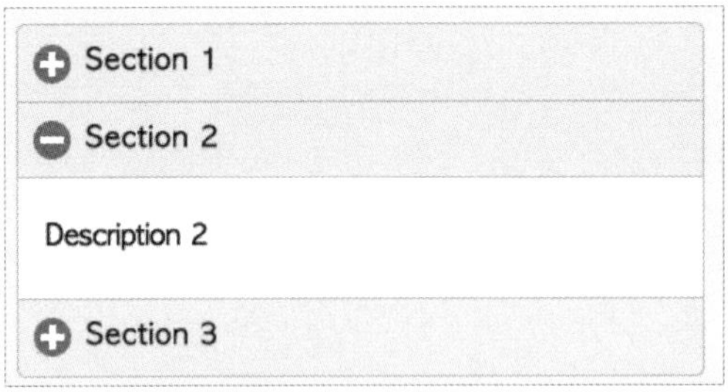

[그림 2-130] 기본적인 Accordion 위젯

보다시피 각 Collapsible 위젯을 collapsible-set으로 감싸면 Accordion 위젯이 되는 것을 알 수 있습니다.

Accordion 위젯은 기본적으로 외곽 처리가 둥글고 margin 값이 설정되어 화면에서 약간 공백이 지정돼 있습니다. 이 기능을 비활성화하려면 컨테이너에 data-inset="false"을 따로 설정해야 합니다.

[예제 2-144] Accordion의 data-inset 속성 비활성화

```
<div data-role="collapsible-set" data-inset="false">
  ...
```

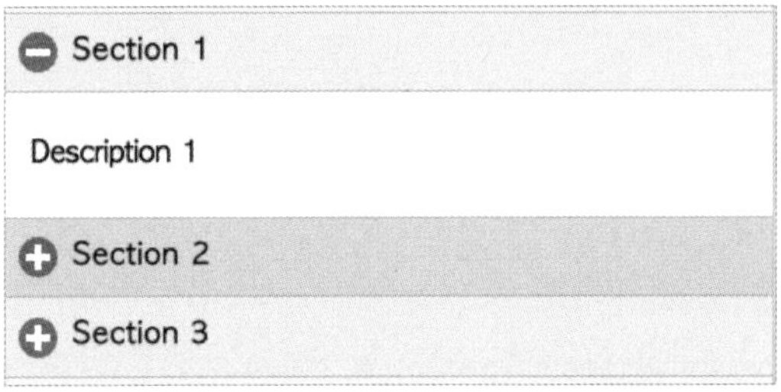

[그림 2-131] Accordion의 data-inset 속성 비활성화

이와 비슷하게 data-mini 속성을 지정하려면 컨테이너에 data-mini="true" 속성을 설정합니다.

[예제 2-145] Accordion에 data-mini 속성 설정

```
<div data-role="collapsible-set" data-mini="true">
    ...
```

[그림 2-132] Accordion에 data-mini 속성 설정

외곽의 둥근 모서리로 처리된 부분만 제거하고 싶다면 data-corners="false"와 같이 data-corners 속성을 비활성화하면 됩니다.

[예제 2-146] Accordion에서 둥근 모서리 제거

```
<div data-role="collapsible-set" data-corners="false">
    ...
```

[그림 2-133] Accordion에서 둥근 모서리 제거

아이콘을 넣는 방법도 다른 위젯과 비슷하지만 한 가지 차이점이 있습니다. 위젯이 펼쳐졌을 때와 접혔을 때 다르게 표시되는 아이콘을 따로 설정해야 한다는 점입니다. 접혔을 때의 아이콘은 data-collapsed-icon 속성으로 변경할 수 있으며, 펼쳐졌을 때의 아이콘은 data-expanded-icon 속성을 수정하면 됩니다.

[예제 2-147] Accordion에 아이콘 설정

```
<div data-role="collapsible-set" data-collapsed-icon="arrow-r" data-expanded-icon="arrow-d">
...
```

[그림 2-134] Accordion에 아이콘 설정

2.33. Listview 위젯

리스트 뷰는 웹앱에서 가장 자주 사용되는 구성 요소 중 하나지만 모바일에 맞게 리스트뷰를 작성하는 것은 쉽지 않은 일입니다. 그러나 제이쿼리 모바일을 사용하면 〈ul〉 태그나 〈ol〉 태그를 이용해 손쉽게 리스트뷰를 구현할 수 있습니다.

기본적인 리스트뷰는 다음과 같이 만들 수 있습니다.

[예제 2-148] Listview – 번호 없는 리스트

```
<ul data-role="listview">
  <li>Apple</li>
  <li>Banana</li>
  <li>Cherry</li>
</ul>
```

[그림 2-135] Listview – 번호 없는 리스트

순서가 있는 리스트가 아니므로 〈ul〉 태그(unordered list)를 이용하면 되며, data-role="listview"를 정의하면 됩니다.

이번에는 순서가 표시되는 Listview 위젯을 만들어 보겠습니다. 위 코드와의 차이점은 〈ul〉 대신 〈ol〉 태그를 썼다는 것입니다.

[예제 2-149] Listview - 번호 있는 리스트

```
<ol data-role="listview">
  <li>Apple</li>
  <li>Banana</li>
  <li>Cherry</li>
</ol>
```

1. Apple
2. Banana
3. Cherry

[그림 2-136] Listview - 번호 있는 리스트

링크가 걸린 리스트뷰는 약간 다르게 표현됩니다. 우선 〈li〉 태그 안에 〈a〉 태그로 링크를 정의하면 화면의 각 리스트 우측에 화살표로 링크가 있음을 표현합니다.

[예제 2-150] Listview - Link

```
<ul data-role="listview">
  <li><a href="#">Apple</a></li>
  <li><a href="#">Banana</a></li>
  <li><a href="#">Cherry</a></li>
</ul>
```

Apple	❯
Banana	❯
Cherry	❯

[그림 2-137] Listview - Link

기본적으로 data-inset 값은 false입니다만 전체 너비를 차지하지 않게 표현하거나, 다른 위젯과 함께 표현하고 싶을 때는 data-inset="true"를 지정합니다.

[예제 2-151] Listview - data-inset

```
<ul data-role="listview" data-inset="true">
  <li><a href="#">Apple</a></li>
  <li><a href="#">Banana</a></li>
  <li><a href="#">Cherry</a></li>
</ul>
```

[그림 2-138] Listview - data-inset

제이쿼리 모바일의 Listview 위젯에서는 필터 기능도 간단하게 구현할 수 있습니다. 검색창을 표시하고 싶다면 data-filter="true"만 정의하면 됩니다. 이렇게 하면 리스트뷰의 내용이 자동으로 필터링됩니다. 예를 들면, 아래 예제에서 필터에 아무것도 없을 경우에는 Apple, Banana, Cherry의 3개 항목이 표시되지만 필터에 "a"라고 입력하면 Apple만 표시되는 것을 확인할 수 있습니다. 또한 data-filter-placeholder 속성으로 placeholder를 정의할 수도 있습니다.

[예제 2-152] Listview - filter

```
<ul data-role="listview" data-inset="true" data-filter="true" data-filter-placeholder="과일 이름
을 넣으세요.">
  <li><a href="#">Apple</a></li>
  <li><a href="#">Banana</a></li>
  <li><a href="#">Cherry</a></li>
</ul>
```

[그림 2-139] Listview - filter

Listview 위젯의 항목이 많을 경우 그룹을 만들어야 할 때가 있습니다. 이 경우에는 list-divider를 이용하면 간단하게 해결됩니다. 〈li〉 태그 안에 data-role="list-divider" 속성을 지정하면 해당 리스트 항목은 일반 리스트 항목과는 다른 리스트 구분자로 표현됩니다. 리스트 구분자의 테마는 data-divider-theme 속성을 이용해 따로 지정할 수도 있습니다. 아래 예제는 A~B와 C로 그룹을 나눈 예입니다.

[예제 2-153] listview – divider

```
<ul data-role="listview" data-inset="true">
  <li data-role="list-divider">A~B</li>
  <li><a href="#">Apple</a></li>
  <li><a href="#">Banana</a></li>
  <li data-role="list-divider">C</li>
  <li><a href="#">Cherry</a></li>
</ul>
```

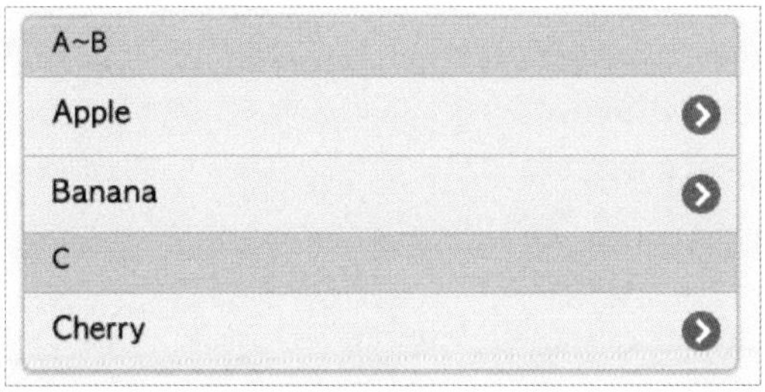

[그림 2-140] Listview – divider

예제에서는 직접 A~B와 C로 그룹을 나눴지만 자동으로 그룹을 나눌 수도 있습니다. 〈ul〉이나 〈ol〉 태그 안에 data-autodividers="true" 속성을 지정하면 리스트 아이템의 첫 번째 문자를 기준으로 그룹을 나누게 됩니다.

[예제 2-154] Listview – autodivider

```
<ul data-role="listview" data-inset="true" data-autodividers="true">
  <li><a href="#">Apple</a></li>
  <li><a href="#">Banana</a></li>
  <li><a href="#">Cherry</a></li>
</ul>
```

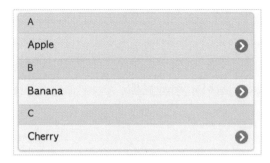

[그림 2-141] Listview – autodivider

각 리스트 항목에 대한 카운트 버블을 나타내는 방법은 약간 복잡합니다. 특정 속성을 주는 것이 아니라 아래 예제와 같이 따로 ui-list-count 클래스를 적용해야 합니다. 카운트 버블의 테마를 변경하려면 data-count-theme 속성을 이용하면 됩니다.

[예제 2-155] listview – 카운트 버블

```
<ul data-role="listview" data-inset="true">
  <li><a href="#">Apple<span class="ui-li-count">12</span></a></li>
  <li><a href="#">Banana<span class="ui-li-count">345</span></a></li>
  <li><a href="#">Cherry<span class="ui-li-count">0</span></a></li>
</ul>
```

[그림 2-142] Listview – 카운트 버블

Listview 위젯에도 제이쿼리 모바일에서 기본적으로 제공하는 아이콘을 사용할 수 있습니다. ⟨li⟩ 태그 안에 data-icon 속성을 지정하면 이를 간단하게 구현할 수 있습니다. 각 아이콘에 대한 정보는 앞에서 다룬 아이콘에 대한 내용을 참고하세요.

[예제 2-156] Listview – 아이콘

```
<ul data-role="listview" data-inset="true">
  <li data-icon="gear"><a href="#">Apple</a></li>
  <li data-icon="info"><a href="#">Banana</a></li>
  <li><a href="#">Cherry</a></li>
```

```
</ul>
```

[그림 2-143] Listview – 아이콘

제이쿼리 모바일에서 제공하는 아이콘 외에도 사용자가 원하는 그림 파일을 아이콘으로 활용할 수 있습니다. 아래 예제와 같이 ui-li-icon 클래스를 적용하면 16x16 크기의 아이콘이 좌측에 생기는 것을 확인할 수 있습니다.

[예제 2-157] Listview – 16x16 아이콘

```
<ul data-role="listview" data-inset="true">
  <li><a href="#"><img src="../common/images/js.jpg" alt="js" class="ui-li-icon">Apple</a></li>
  <li><a href="#"><img src="../common/images/js.jpg" alt="js" class="ui-li-icon">Banana</a></li>
  <li><a href="#"><img src="../common/images/js.jpg" alt="js" class="ui-li-icon">Cherry</a></li>
</ul>
```

[그림 2-144] Listview – 16x16 아이콘

16x16 아이콘이 너무 작다면 ui-li-icon 클래스를 지우면 됩니다. 그러면 썸네일로 인식해서 제이쿼리 모바일 내부적으로 자동으로 ui-li-thumb 클래스가 적용되어 max-height, min-height가 모두 80px으로 적용됩니다.

[예제 2-158] Listview 썸네일

```
<ul data-role="listview" data-inset="true">
  <li><a href="#">
    <img src="../common/images/js.jpg" alt="js">
    <h2>Apple</h2>
    <p>apple</p></a>
```

```
    </li>
    <li><a href="#"><img src="../common/images/js.jpg" alt="js">Banana</a></li>
    <li><a href="#"><img src="../common/images/js.jpg" alt="js">Cherry</a></li>
  </ul>
```

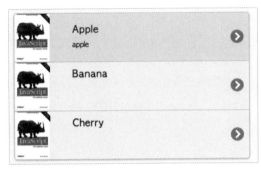

[그림 2-145] Listview – 썸네일

Listview 위젯을 가로로 분리해서 사용할 수도 있습니다. 이를 구현하려면 ⟨li⟩ 태그 안에 ⟨a⟩ 태그를 추가하면 됩니다. 분리된 칼럼의 아이콘을 설정하기 위해서는 data-split-icon 속성을 이용하면 되며, data-split-theme 속성을 이용하면 테마도 설정할 수 있습니다.

[예제 2-159] Listview – split 버튼

```
  <ul data-role="listview" data-inset="true">
    <li><a href="#">
      <img src="../common/images/js.jpg" alt="js">
      <h2>Apple</h2>
      <p>apple</p></a>
      <a href="#">split button</a>
    </li>
    <li><a href="#"><img src="../common/images/js.jpg" alt="js">Banana</a>
      <a href="#">split button</a>
    </li>
    <li><a href="#"><img src="../common/images/js.jpg" alt="js">Cherry</a>
      <a href="#">split button</a>
    </li>
  </ul>
```

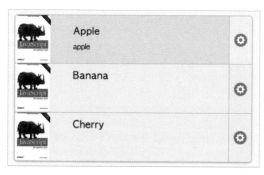

[그림 2-146] Listview – split 버튼

각 항목의 내부에서도 텍스트 형식을 변경할 수 있습니다. 다음 예제를 보면 〈h2〉와 같은 제목과 강조된 문장과 일반 문장의 표현 차이를 느낄 수 있을 것입니다. 또한 우측 상단에 부가적인 정보를 표시하고 싶은 경우에는 ui-li-aside 클래스를 적용하면 됩니다.

[예제 2-160] Listview – 텍스트 형식 변경

```
<ul data-role="listview" data-inset="true">
  <li><a href="#">
    <h2>Apple</h2>
    <p><strong>Apple Inc.</strong></p>
    <p>Apple은 iPod와 iTunes, Mac 노트북 및 데스크톱 컴퓨터, OS X 운영체제, 그리고 혁신적인
iPhone과 iPad를 디자인하고 만듭니다.</p>
    <p class="ui-li-aside"><strong>new</strong></p>
    </a>
  </li>
  <li><a href="#">
    <h2>Banana</h2>
    <p><strong>Banana republic</strong></p>
    <p>Banana Republic은 비지니스웨어부터 캐주얼웨어까지 단순하면서도 원하는 스타일을 제공합니
다.</p>
    <p class="ui-li-aside"><strong>13:02</strong> updated</p>
    </a>
  </li>
</ul>
```

Apple   new

Apple Inc.

Apple은 iPod와 iTunes, Mac 노트북 및 데스크톱 컴퓨터, OS X···

Banana   13:02 updated

Banana republic

Banana Republic은 비지니스웨어부터 캐주얼 웨어까지 단순하···

[그림 2-147] Listview – 텍스트 형식 변경

2.34. Navbar 위젯

제이쿼리 모바일에서는 기본적인 Navigation Bar(Navbar)를 제공합니다. 그러나 제이쿼리 모바일의 Navbar 위젯은 5개 항목까지만 지원되며, 5개를 초과하는 경우에는 한 줄에 2개씩만 표현해 버립니다.

다음 예제는 기본적인 Navbar 위젯입니다. data-role="navbar"로 해당 영역이 Navbar 위젯임을 선언하고 〈ul〉 태그를 사용합니다. 각 항목에 대해서는 〈li〉 태그를 사용하는데, 현재 활성화된 항목을 표시하려면 ui-btn-active 클래스를 적용하면 됩니다.

[예제 2-161] navbar – basic

```
<div data-role="navbar">
  <ul>
    <li><a href="#" class="ui-btn-active">One</a></li>
    <li><a href="#">Two</a></li>
    <li><a href="#">Three</a></li>
  </ul>
</div>
```

[그림 2-148] navbar – basic

앞에서 설명한 바와 같이 5개 항목까지는 한 줄에 출력됩니다.

[예제 2-162] navbar - 5개의 항목

```
<div data-role="navbar">
  <ul>
    <li><a href="#" class="ui-btn-active">One</a></li>
    <li><a href="#">Two</a></li>
    <li><a href="#">Three</a></li>
    <li><a href="#">Four</a></li>
    <li><a href="#">Five</a></li>
  /ul>
</div>
```

[그림 2-149] navbar - 5개의 항목

그러나 5개 항목을 초과하면 아래 예제와 같이 한 줄에 2개 항목씩만 표시됩니다.

[예제 2-163] navbar - 6항목

```
<div data-role="navbar">
  <ul>
    <li><a href="#" class="ui-btn-active">One</a></li>
    <li><a href="#">Two</a></li>
    <li><a href="#">Three</a></li>
    <li><a href="#">Four</a></li>
    <li><a href="#">Five</a></li>
    <li><a href="#">Six</a></li>
  </ul>
</div>
```

One	Two
Three	Four
Five	Six

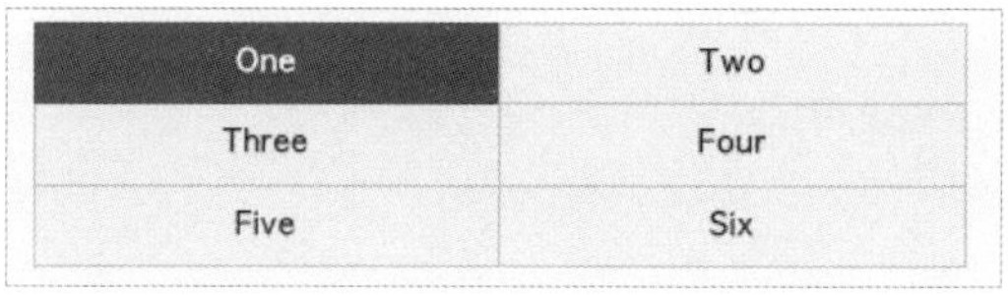

[그림 2-150] navbar - 6항목

제이쿼리 모바일에서 제공하는 아이콘도 data-icon 속성을 이용해 지정할 수 있습니다. data-iconpos 속성을 이용해 아이콘의 위치도 지정할 수 있습니다. 생략할 경우에는 상단에 아이콘이 나타납니다.

[예제 2-164] navbar – icon

```
<div data-role="navbar">
  <ul>
    <li><a href="#" data-icon="arrow-l" class="ui-btn-active">One</a></li>
    <li><a href="#" data-icon="bars">Two</a></li>
    <li><a href="#" data-icon="arrow-r">Three</a></li>
  </ul>
</div>
```

[그림 2-151] navbar – icon

2.35. Panel 위젯

페이스북 같은 앱을 사용하다 보면 좌측에 슬라이딩 메뉴가 나오는데, 제이쿼리 모바일에서도 Panel 위젯을 통해 이와 유사한 위젯을 만들 수 있습니다.

Panel 위젯은 overlay, reveal, push의 세 가지 방식으로 표현됩니다. 이 세 가지 방식은 미세한 차이가 있습니다. overlay는 패널 부분이 main content의 위로 올라오게 되며, push는 패널 부분이 나오면서 main content를 밀어내는 것처럼 보이게 됩니다. reveal은 push와 비슷해 보이지만 패널이 main content의 하단에 숨겨져 있었던 것처럼 보이게 됩니다.

또한 패널이 나타나는 위치도 조절할 수 있습니다. data-position 속성을 right로 지정하면 우측에서 패널이 나타나도록 조절할 수 있으며, 이 속성이 생략되면 left가 기본값으로 적용됩니다.

[예제 2-165] panel 예제

```
<div data-role="page">
  <div data-role="panel" data-display="overlay" id="panel1">
    <h1>Panel</h1>
    <p>Overlay</p>
    <a href="#panel1" data-rel="close">Close</a>
  </div>
  <div data-role="panel" data-display="reveal" id="panel2">
    <h1>Panel</h1>
    <p>Reveal</p>
    <a href="#panel2" data-rel="close">Close</a>
  </div>
```

```
<div data-role="panel" data-display="push" id="panel3">
   <h1>Panel</h1>
   <p>Push</p>
   <a href="#panel3" data-rel="close">Close</a>
</div>

<div data-role="header">
   <h1>Panel</h1>
</div>

<div data-role="content">
   <p>Left Panels</p>
   <p>
     <a href="#panel1">Overlay</a>
     <a href="#panel2">Reveal</a>
     <a href="#panel3">Push</a>
   </p>
</div><!-- /content -->

<div data-role="footer">
   <h4>Page Footer</h4>
</div><!-- /footer -->
</div><!-- /page -->
```

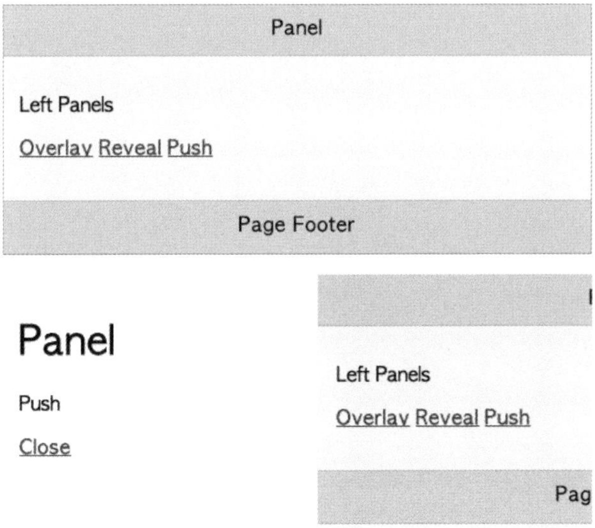

[그림 2-152] panel 예제

위의 예제에서 Overlay, Reveal, Push라는 세 개의 링크를 클릭하면 각 효과에 맞는 Panel 위젯이 나타납니다. 각 패널은 data-role="panel"을 이용해 정의되며, content와는 별개의 〈div〉에 정의돼 있어야 합니다.

Panel 위젯을 정의할 때 data-display와 data-position 등의 속성 및 내용을 구성해 놓고, 해당 ID에 대한 링크가 클릭되면 자동으로 Panel 위젯이 작동되는 방식입니다.

03 장

제이쿼리 모바일
활용하기

3.1. 메서드

3장에서는 제이쿼리 모바일의 메서드에 대해 알아보겠습니다. 제이쿼리 모바일은 $.mobile 객체를 통해 다양한 메서드를 제공합니다. 메서드를 기능별로 구분하면 스타일링 관련 메서드, 데이터 관련 메서드, 페이지 이동 관련 메서드, 유틸리티성 메서드로 나눌 수 있습니다. 이번 장에서는 이러한 기능별로 각 메서드에 대해 알아보겠습니다.

스타일링 관련 메서드

아시다시피 제이쿼리 모바일은 자바스크립트와 CSS를 거의 안 쓰고 마크업만으로 상당한 수준의 모바일 페이지를 만들 수 있게 도와줍니다. 그러나 웹브라우저의 개발자 도구로 확인해보면 작성한 마크업이 그대로 유지되지 않고 제이쿼리 모바일의 초기화 코드가 실행되면서 마크업이 변형되는 것을 볼 수 있습니다. 이 과정을 enhance라고 합니다.

간혹 제이쿼리 모바일의 초기화 루틴이 실행된 이후에 동적으로 마크업을 추가할 일이 생길 수 있습니다. 만약 새로 추가된 마크업에 대해 enhance가 수행되지 않으면 enhance된 부분과 스타일이 다르게 화면에 표시될 것입니다.

동적으로 추가된 부분에 대해 enhance하는 메서드가 바로 enhanceWithin()이며, jqmEnhanceable()은 enhance할 수 있는지 없는지를 확인하는 메서드입니다. 제이쿼리 모바일에서는 enhance하지 않길 원하는 경우 마크업에 data-enhance="false" 속성을 지정하면 enhance를 하지 않습니다. 다만 이를 하나하나 체크하는 루틴은 평소에 실행되지 않고 자바스크립트로 $.mobile.ignoreContentEnabled를 true로 설정해 놓아야만 동작합니다.

우선 enhanceWithin()에 대한 코드를 확인하겠습니다. 아래 methods.hbs의 12, 13행과 같이 버튼을 구분해서 표시하겠습니다.

[예제 methods.hbs – 12~13행]

```
<button class="ui-btn" id="button1">버튼 추가 후, enhanceWithin() 실행</button>
<button class="ui-btn" id="button2">버튼 추가 후, enhanceWithin() 실행 안 함</button>
```

위의 버튼들이 눌리면 HTML에 저장된 마크업이 content의 하단 부분에 추가됩니다. 다만 첫 번째 버튼을 누르면 enhanceWithin()이 수행되어 enhance되는 것을 확인할 수 있으며, 두 번째 버튼을 누르면 동적으로 마크업만 추가되고 enhanceWithin()이 수행되지 않습니다.

[예제 3–1] enhanceWithin 동작 확인

```
var html =
  "<div><button class='ui-btn'>Appended Button</button>"+
  "<div data-role='collapsible'><h3>Appended Collapsible</h3><p>Contents</p></div></div>";

$("#button1").on("click", function() {
  $(html).appendTo("#content").enhanceWithin();
});

$("#button2").on("click", function() {
  $(html).appendTo("#content");
});
```

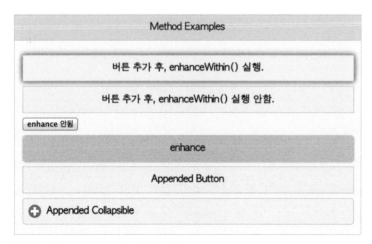

[그림 3–1] enhanceWithin을 실행한 결과

보다시피 아랫부분에 Appended Button과 Appended Collapsible이 정상적으로 enhance된 것을 확인할 수 있습니다. 그러나 다음 그림을 보면 Appended Button은 정상적으로 보이는데, Appended Collapsible은 enhance되지 않은 것을 확인할 수 있습니다. Button 위젯의 경우에는 따로 enhance하지 않아도 우리가 추가한 코드에 ui-btn 클래스를 적용해 놓아서 따로 enhance하지 않아도 차이가 없다는 것을 알 수 있습니다.

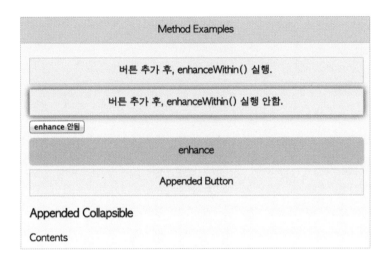

이번에는 jqmEnhanceable()을 확인해 보겠습니다. jqmEnhanceable()이 동작하려면 $.mobile.ignoreContentEnabled를 설정해야 한다고 이야기했는데, 이 설정값은 제이쿼리 모바일 엔진 자체가 초기화하기 전에 선언해야 합니다. 그래서 아래와 같이 mobileinit 이벤트에 걸어줍니다.

[예제 3-2] mobileinit 이벤트 추가

```
$(document).on("mobileinit", function(){
  $.mobile.ignoreContentEnabled= true;
});
```

그리고 다음과 같이 일부 코드에는 data-enhance="false"를 지정해 enhance되지 않게 하고, 나머지는 enhance되도록 그대로 둡니다.

[예제 3-3] data-enhance 동작 확인

```
<div data-enhance="false"><input type="button" value="enhance 안됨"></div>
<div><input type="button" value="enhance "></div>
```

이제는 위에 추가한 부분을 jqmEnhanceable()을 이용해 선택하고 배경색을 파란색으로 변경합니다.

[예제 3-4] enhance 가능한 부분의 스타일 수정

```
$(document).on("pageshow", function(){
  $("input").jqmEnhanceable().css("background","blue");
});
```

아래 그림과 같이 enhance되지 않은 버튼과 enhance된 버튼을 동시에 확인할 수 있습니다.

[그림 3-2] jqmEnhanceable을 실행한 결과

유틸리티성 메서드

웹앱을 만들다 보면 주소와 관련된 기능을 사용해야 할 경우가 많은데, 제이쿼리 모바일에서는 path나 URL과 관련된 유틸리티성 메서드도 제공합니다. 그중에서 다음과 같이 가장 자주 쓰이는 몇 가지 메서드를 알아보겠습니다.

- $.mobile.path,get(): 입력받은 URL에서 파일 부분은 제외하고 폴더(path) 부분을 반환

- $.mobile.path.isAbsoluteUrl(): 입력받은 URL이 절대경로인지 검사

- $.mobile.path.isRelativeUrl(): 입력받은 URL이 상대경로인지 검사

- $.mobile.path.makeUrlAbsolute(): 상대주소를 절대주소로 변환

- $.mobile.path.parseURL(): URL을 분석(parsing)

다음은 여러 가지 입력 URL에 대해 각 함수가 어떻게 동작하는지 콘솔에서 확인할 수 있는 코드입니다.

[예제 3-5] path 관련 함수의 동작 확인

```
var i, inputList = [
      'http://foo.com/a/file.html',
      '//foo.com/a/file.html',
      '/a/file.html',
      'file.html',
      '?a=1&b=2',
      '#foo'
   ];
```

```
for(i in inputList) {
  console.log( '$.mobile.path.get("' + inputList[i] + '") ==> ' +
$.mobile.path.get(inputList[i]) );
  console.log( '$.mobile.path.isAbsoluteUrl("' + inputList[i] + '") ==> ' +
$.mobile.path.isAbsoluteUrl(inputList[i]) );
  console.log( '$.mobile.path.isRelativeUrl("' + inputList[i] + '") ==> ' +
$.mobile.path.isRelativeUrl(inputList[i]) );
  console.log( '$.mobile.path.makeUrlAbsolute("' + inputList[i] + '") ==> ' +
$.mobile.path.makeUrlAbsolute(inputList[i],'http://foo.com/a/b/c/test.html') );
}
```

이 예제를 실행하면 아래와 같이 각 경우에 대해 어떻게 path.get() 메서드가 동작하고, 어떻게 절대경로(isAbsoluteUrl)와 상대경로(isRelativeUrl)을 구분할 수 있으며, 절대경로로 어떻게 변환할 수 있는지 한눈에 알 수 있습니다.

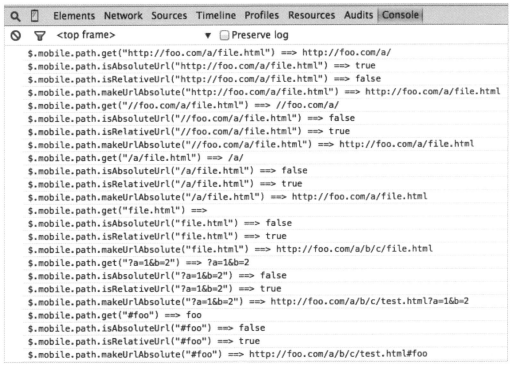

[그림 3-3] Path 예제를 실행한 결과

그러나 path.parseUrl() 메서드는 위의 예제로 한 번에 체크할 수가 없어서 따로 수행됩니다. 아래 예제와 같이 URL을 입력받아 어떻게 분석이 되는지 확인할 수 있습니다.

[예제 3-6] parseURL 동작 확인

```
var url = "http://jblas:password@mycompany.com:8080/mail/inbox?msg=1234&type=unread#msg-content"
console.log( '$.mobile.path.parseUrl():', $.mobile.path.parseUrl(url) );
```

```
$.mobile.path.parseUrl():                                                    path.js:20
▼Object {href: "http://jblas:password@mycompany.com:8080/mail/inbox?msg=1234&type=unread#msg-co
  ntent", hrefNoHash:
  "http://jblas:password@mycompany.com:8080/mail/inbox?msg=1234&type=unread", hrefNoSearch: "htt
  p://jblas:password@mycompany.com:8080/mail/inbox", domain: "http://jblas:password@mycompany.co
  m:8080", protocol: "http:"…}
    authority: "jblas:password@mycompany.com:8080"
    directory: "/mail/"
    domain: "http://jblas:password@mycompany.com:8080"
    doubleSlash: "//"
    filename: "inbox"
    hash: "#msg-content"
    host: "mycompany.com:8080"
    hostname: "mycompany.com"
    href: "http://jblas:password@mycompany.com:8080/mail/inbox?msg=1234&type=unread#msg-content"
    hrefNoHash: "http://jblas:password@mycompany.com:8080/mail/inbox?msg=1234&type=unread"
    hrefNoSearch: "http://jblas:password@mycompany.com:8080/mail/inbox"
    password: "password"
    pathname: "/mail/inbox"
    port: "8080"
    protocol: "http:"
    search: "?msg=1234&type=unread"
    username: "jblas"
```

[그림 3-4] parseURL 예제를 실행한 결과

보다시피 parseUrl() 메서드가 실행되면 객체가 반환됩니다. 반환된 객체에 포함된 몇 가지 중요한 값을 정리하면 다음과 같습니다.

- hash: 입력받은 URL의 해시값

- host: 호스트명 포트 번호

- hostname: 포트 번호가 제외된 호스트명

- pathname: 파일 경로

- port: 포트 번호

- protocol: 프로토콜

- search: GET 매개변수

- authority: 사용자명, 비밀번호, 호스트 이름, 포트 번호

데이터 관련 메서드

제이쿼리 모바일은 data 속성을 이용해 내부 데이터를 관리합니다. 그러므로 사용자가 임의로 설정한 data 속성과 충돌이 일어날 가능성이 언제나 있으며, 이를 방지하기 위해 네임스페이스 (namespace) 설정을 지원합니다. 제이쿼리 모바일 내부에서는 아래 코드와 같이 data 속성을 다룰 때 네임스페이스를 속성 앞에 자동으로 붙이고 있습니다.

[예제 3-7] 제이쿼리 모바일 내부의 네임스페이스 설정

```
nsNormalize: function( prop ) {
  return nsNormalizeDict[ prop ] ||
    ( nsNormalizeDict[ prop ] = $.camelCase( $.mobile.ns + prop ) );
},
```

네임스페이스를 설정할 때는 $.mobile.ns 값을 원하는 값으로 설정하면 되며, 기본값은 ""입니다. 네임스페이스를 설정하려면 mobileinit 이벤트에 대해 설정하면 됩니다.

제이쿼리 모바일은 내부적으로 jQuery.data()를 사용해 데이터를 관리하며, 이때 네임스페이스를 고려해 jQuery의 data 메서드를 사용하는 것을 확인할 수 있습니다.

[예제 3-8] 제이쿼리 모바일 내부의 네임스페이스 관리

```
if ( prop ) {
  prop = $.mobile.nsNormalize( prop );
}
if ( arguments.length< 2 || value === undefined ) {
  result = this.data( prop );
} else {
  result = this.data( prop, value );
}
```

또한 jqmData() 메서드와 마찬가지로 jqmRemoveData() 메서드도 내부적으로는 다음과 같이 jQuery.removeData()를 이용해 내부 데이터를 삭제합니다.

[예제 3-9] 제이쿼리 모바일의 내부 데이터 삭제 방법

```
$.fn.jqmRemoveData = function( prop ) {
  return this.removeData( $.mobile.nsNormalize( prop ) );
};
```

jqmData() 메서드를 사용하는 방법은 다음과 같습니다.

[예제 3-10] jqmData 동작 확인

```
console.log( $("div#content").jqmData("role") );
console.log( $("div[data-role=page]") );
console.log( $("div:jqmData(role=page)") );
```

위 예제의 2행과 같이 jqmData() 메서드를 직접 사용해 data-role 속성에 테마 값이 들어가 있는 것을 확인할 수도 있으며, 4행과 같이 가상 선택자(pseudo selector)를 이용해 3행과 동일한 결과를 얻을 수도 있습니다.

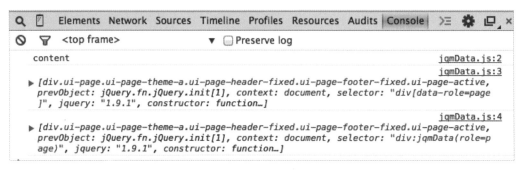

[그림 3-5] jqmData 예제를 실행한 결과

3.2. 이벤트

이번 절에서는 제이쿼리 모바일의 이벤트에 대해 알아보겠습니다. 제이쿼리 모바일은 개발에 유용한 몇 가지 커스텀 이벤트를 제공합니다. 이번 장에서는 각 이벤트를 설명하고, 그중에서 제이쿼리 모바일로 만들어진 애플리케이션이 초기화될 때 사용되는 이벤트에 대해 상세히 설명하겠습니다.

hashchange

hashchange 이벤트는 hash(#)가 변경될 경우 동작합니다. 이 이벤트는 window.hashchange에 연결돼 있는데, 인터넷 익스플로러 6과 7 같은 오래된 브라우저에서는 해당 이벤트를 지원하지 않습니다. 하지만 제이쿼리 모바일의 hashchange 이벤트를 사용하면 이처럼 오래된 브라우저에서도 해당 이벤트를 사용할 수 있습니다.

Button Examples
page2
tap,taphold
☑ Event On
Event Clear
History Back

event name

[그림 3-6] page2 버튼에 hashchange 이벤트 바인딩

[그림 3-7] page2를 클릭했을 때 콘솔창의 모습

[예제 3-11] hashchange 이벤트 바인딩 코드

```
$( window ).on( "hashchange", function( e ){
  //hash가 변경될때의 이벤트
  console.log(e.type);
});
```

위 예제에서 page2를 클릭하면 hash가 변경되면서 해당 이벤트가 발생하는 것을 확인할 수
있습니다.

mobileinit

mobileinit 이벤트는 제이쿼리 모바일의 로딩이 완료됐을 때 발생하는 이벤트입니다. 이 이벤트는
제이쿼리 모바일이 로딩되기 전에 이벤트 핸들러에 등록돼야 하기 때문에 제이쿼리와 제이쿼리
모바일 스크립트 사이에서 선언해야 합니다. 주로 제이쿼리 모바일이 로딩되자마자 특정 동작을
실행하고 싶을 때 사용합니다.

```
mobileinit                              preevent.js:3
pagecreate                              event.js:59
updatelayout                            event.js:102
vmouseover                              event.js:120
vmousemove                              event.js:114
```

[그림 3-8] mobileinit 콘솔창

[예제 3-12] mobileinit 이벤트 바인딩 코드

```
$( document ).on( "mobileinit", function( e ) {
  console.log( "mobileinit" );
  printEvent(e.type);
});
```

해당 예제의 이벤트를 확인하려면 콘솔 창을 열어서 확인해야 합니다. 다만 모바일 기기나 콘솔 창을 확인하기 어려운 기기에서 이벤트 발생하는 동작을 쉽게 확인하기 위해 util.js에 printEvent라는 함수를 작성해 해당 함수를 사용했습니다.

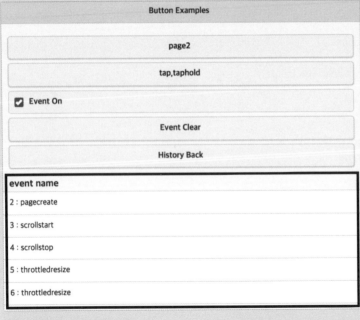

[그림 3-9] printEvent 동작 결과

[예제 3-13] printEvent 코드

```
(function ( $, window, document, undefined ) {
  var count = 0;
```

```
    var printEvent = function( name ){
      var $li = $( "<li></li>" ).text( ++count + " : " + name ),
      isEventOn = $( "[name='event-on']" ).prop( "checked" );
      if ( isEventOn ) {
        $( "#event" ).append( $li ).listview( "refresh" );
      }
    };
    window.printEvent = printEvent;
  })( jQuery, window, document );
```

위 함수는 현재 eventTest.html에서 전달받은 이벤트 문자열을 Listview 위젯에 넣어서 출력하는 역할을 합니다.

navigate

navigate 이벤트는 hashchange 이벤트와 popstate 이벤트를 감싼 이벤트입니다. 아래 예제의 eventTest.html에 접근했다가 History Back 버튼을 누르면 해당 이벤트가 발생합니다. 화면이 변경되기 때문에 alert 창으로 해당 이벤트를 확인할 수 있습니다.

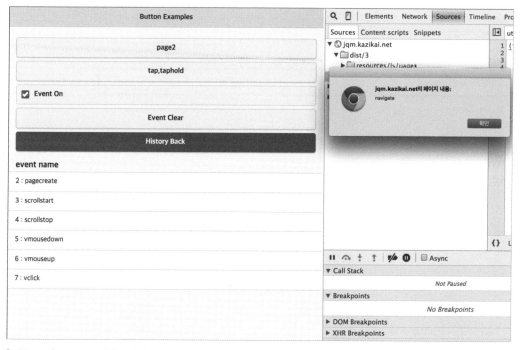

[그림 3-10] navigate 이벤트 발생

[예제 3-14] navigate 이벤트 바인딩 코드

```
$( window ).on( "navigate", function( e, data ) {
  alert(e.type);
  console.log(e.type);
  printEvent(e.type);
});
```

orientationchange

orientationchange 이벤트는 브라우저의 portrait/landscape 모드가 변경될 때 발생하는 이벤트입니다. 모바일/태블릿 단말의 경우 portrait와 landscape에서 보이는 가로/세로 화면이 다르며, 해당 모드가 변경될 수 있기 때문에 해당 이벤트가 필요한 경우가 많습니다.

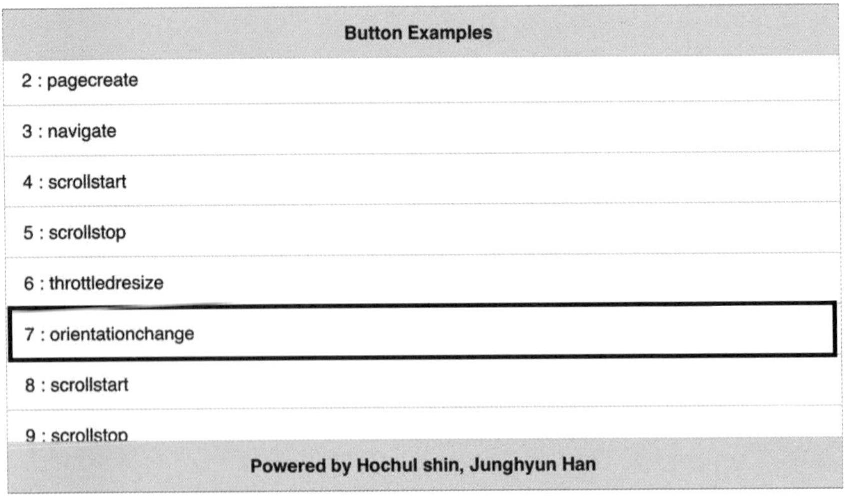

Button Examples
2 : pagecreate
3 : navigate
4 : scrollstart
5 : scrollstop
6 : throttledresize
7 : orientationchange
8 : scrollstart
9 : scrollstop
Powered by Hochul shin, Junghyun Han

[그림 3-11] Orientation 이벤트 발생: 가로 모드

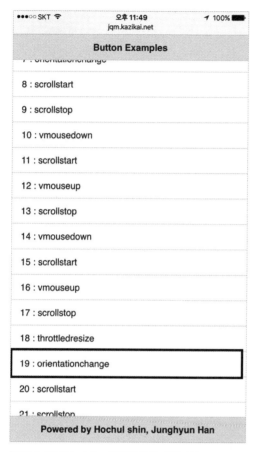

[그림 3-12] Orientation 이벤트 발생: 세로 모드

[예제 3-15] orientationchange 이벤트 바인딩 코드

```
$( window ).on( "orientationchange", function( e ) {
  // 단말의 landscape/portrait
  console.log(e.type);
  printEvent(e.type);
});
```

참고로 아래의 Page 위젯 관련 이벤트는 Pagecontainer 위젯의 이벤트로 대체됐기 때문에 1.4.x 버전에서 지원 중단(deprecated)됐으며, 1.6.0에서는 더는 지원하지 않을 예정입니다. 사실상 2개의 이벤트가 동일하므로 해당 이벤트는 페이지 관련 설명인 4장에서 설명하겠습니다.

- pagebeforechange
- pagebeforehide

- pagebeforeload

- pagebeforeshow

- pagechange

- pagechangefailed

- pagehide

- pageinit

- pagemove

- pageshow

pagecreate

pagecreate 이벤트는 DOM 안에서 page가 생성될 경우 발생합니다. page 안의 모든 위젯은 해당 이벤트가 발생한 후 enhance됩니다.

[그림 3-13] pagecreate 이벤트 발생

[예제 3-16] pagecreate 이벤트 바인딩 코드

```
$( window ).on( "pagecreate", function( e ){
  console.log(e.type);
  printEvent(e.type);
});
```

scrollstart

scroll 이벤트가 시작될 때 발생하는 이벤트입니다.

[예제 3-17] scrollstart 이벤트 바인딩 코드

```
$( window ).on( "scrollstart", function( e ){
  console.log(e.type);
  printEvent(e.type);
});
```

scrollstop

scroll 이벤트가 멈출 때 발생하는 이벤트입니다.

[예제 3-18] scrollstop 이벤트 바인딩 코드

```
$( window ).on( "scrollstop", function( e ){
  console.log(e.type);
  printEvent(e.type);
});
```

swipe

모바일에서 가장 많이 쓰이는 동작 중 하나인 swipe입니다. 제이쿼리 모바일 또한 해당 이벤트를 지원하며, 주로 이미지를 넘기거나, 화면을 전환하는 용도로 많이 사용됩니다.

swipe 이벤트는 swipe, swipeleft, swiperight 이벤트로 나뉩니다. 이 이벤트 가운데 swipe이 가장 먼저 발생하고, 방향에 따라 swipeleft, swiperight 이벤트가 발생합니다(다음 그림은 마우스 기준입니다).

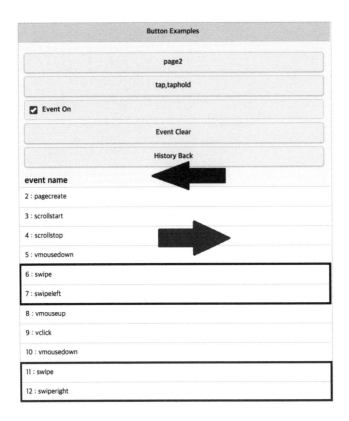

[그림 3-14] swipeleft right 이벤트 발생

[예제 3-19] swipe 이벤트 바인딩 코드

```
//swipe
$( window ).on( "swipe", function( e ){
  console.log(e.type);
  printEvent(e.type);
});
//swipeleft
$( window ).on( "swipeleft", function( e ){
  console.log(e.type);
  printEvent(e.type);
});
//swiperight
$( window ).on( "swiperight", function( e ){
  console.log(e.type);
  printEvent(e.type);
});
```

tap 및 taphold

tap 이벤트도 제이쿼리 모바일에서 활용할 수 있습니다. 모바일 기기에서 타깃에 터치 이벤트가 완료됐을 때 발생하는데, 마우스로는 click 이벤트에 바인딩돼 있습니다. 해당 이벤트는 vclick 이벤트와 동일하게 동작하며, vmousedown이 발생한 후 vmouseup이 일정 시간 동안 발생하지 않으면 동작하게 됩니다.

기본값은 750ms이며, 해당 시간을 조절하려면 $.event.special.tap.tapholdThreshold를 변경하면 됩니다. 그리고 해당 이벤트는 DOM이 모두 사용 준비됐을 경우 선언해야 정상적으로 동작합니다.

아래의 두 코드는 동일하게 동작합니다. 제이쿼리를 사용하는 경우 DOM이 완전히 생성된 것을 보장합니다.

```
$( document ).ready( function(){
  //코드
  }
);
$( function(){
  //코드
  }
);
```

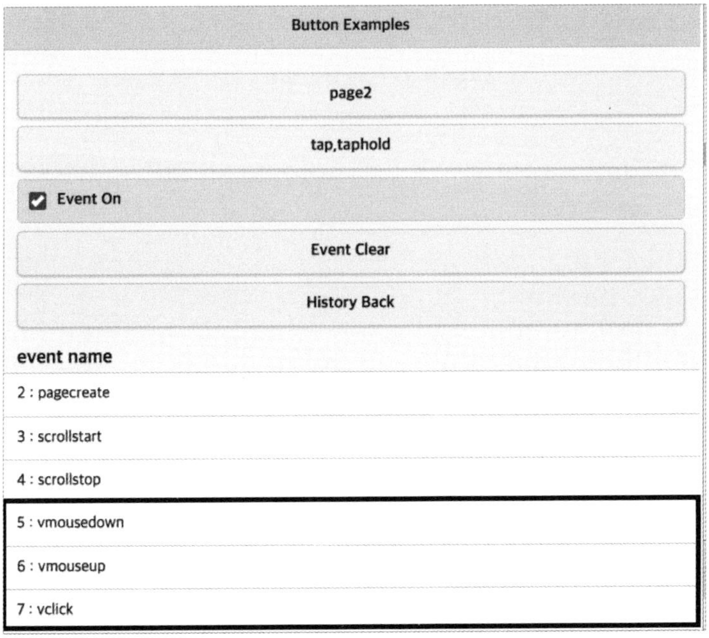

[그림 3-15] tap 이벤트 발생

[그림 3-16] tap할 경우 파란색으로 변경 　　　　　[그림 3-17] taphold할 경우 파란색으로 변경

[예제 3-20] tap 및 tapholde 이벤트 바인딩 코드

```
$( function(){
  $( "#touch" ).on( "tap", function( e ){
    $( e.target ).css( "background", "#0000FF" );
  });
  $( "#touch" ).on( "taphold", function( e ){
    $( e.target ).css( "background", " #FFFFFF" );
  });
});
```

jqm.kazikai.net/dist/3/eventTest.html의 tap, taphold 버튼을 클릭한 후 화면을 누르고 떼면 tab과 taphold 이벤트가 발생합니다. 예제의 3/eventTest.html을 참조해도 됩니다.

throttledresize

throttledresize 이벤트는 리사이즈 이벤트가 연속적으로 실행되는 것을 예방하는 이벤트입니다. 리사이즈 이벤트가 너무 불필요하게 자주 발생해 일정한 간격마다 한 번씩 발생하게 된 이벤트입니다.

앞에서 말한 '일정한 간격'은 아래에서 자세히 설명합니다.

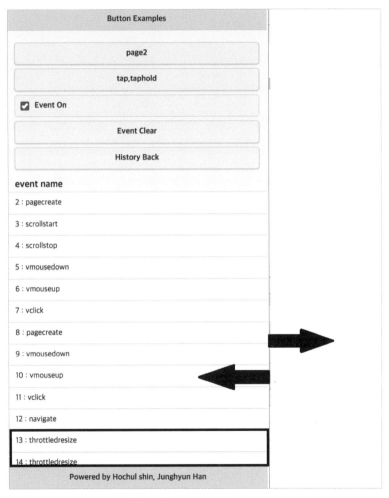

[그림 3-18] 화면 크기를 여러 번 변경

[예제 3-21] throttledresize 이벤트 바인딩 코드

```
$( window ).on( "throttledresize", function( e ){
  console.log(e.type);
  printEvent(e.type);
});
```

이벤트를 등록하는 방법은 다른 이벤트와 동일합니다. 이 throttledresize 이벤트에 대해 좀 더 깊게 이해하려면 아래의 소스코드를 참고합니다.

[예제 3-22] 제이쿼리 모바일 소스코드의 events/throttledresize.js

```
(function( $ ) {
  $.event.special.throttledresize = {
    setup: function() {
      $( this ).bind( "resize", handler );
    },
    teardown: function() {
      $( this ).unbind( "resize", handler );
    }
  };
  var throttle = 250,
    handler = function() {
      curr = ( new Date() ).getTime();
      diff = curr - lastCall;
      if ( diff >= throttle ) {
        lastCall = curr;
        $( this ).trigger( "throttledresize" );
      } else {
        if ( heldCall ) {
          clearTimeout(heldCall );
        }
        // Promise a held call will still execute
        heldCall = setTimeout( handler, throttle - diff );
      }
    },
    lastCall = 0,
    heldCall,
    curr,
    diff;
})( jQuery );
```

위 코드는 제이쿼리 모바일의 events/throttledresize.js에서 가져온 코드입니다. 제이쿼리 모바일은 해당 자바스크립트 파일을 그런트로 빌드해 최종적으로 jquery.mobile-1.4.x.js와 같은 형태의 자바스크립트 파일로 만듭니다. 해당 코드를 살펴보면 빨간색으로 표시해놓은 부분이 비교 값이며, resize 이벤트가 발생할 때마다 바로 이전에 resize 이벤트가 발생한 시간과 비교해 이벤트를 발생시킬 것인지 여부를 결정합니다. 파란색으로 지정한 부분이 해당 로직을 나타내는 코드입니다. 이 코드를 분석해보면 제이쿼리 모바일의 throttledresize 이벤트는 최소 250ms의 시간을 기준으로 동작한다는 것을 확인할 수 있습니다.

updatelayout

updatelayout은 동적으로 모든 요소가 보여지고 숨겨질 때 동작합니다. 이벤트를 설명하기 위해 만든 예제에서 콘솔 창을 보면 Listview 위젯이 하나씩 늘어날 때마다 발생하는 것을 확인할 수 있습니다.

```
mobileinit                                    preevent.js:3
pagecreate                                      event.js:59
updatelayout                                    event.js:102
scrollstart                                     event.js:65
updatelayout                                    event.js:102
scrollstop                                      event.js:69
updatelayout                                    event.js:102
```

[그림 3-19] updatelayout 이벤트 발생 시 콘솔창의 모습

[예제 3-23] updatelayout 이벤트 바인딩 코드

```
$( window ).on( "updatelayout", function( e ){
  console.log(e.type);
});
```

가상 마우스 이벤트

제이쿼리 모바일에서는 마우스와 터치 이벤트를 모두 인식할 수 있는 가상 마우스 이벤트(virtual click)를 제공합니다. 이러한 이벤트의 종류로는 vclick, vmousecancel, vmousedown, vmousemove, vmouseout, vmouseover, vmouseup 등이 있으며, 기존의 마우스 이벤트와 동일하게 동작합니다. 터치 이벤트의 경우 vclick, vmouseover, vmousedown, vmousemove, vmouseup, vmousecancel 이벤트가

있습니다. 여기서 vmousecancel 이벤트는 스크롤 이벤트 중일 때 발생하며, 해당 이벤트를 따로 선언해서 사용하는 경우는 거의 없습니다.

[예제 3-24] 가상 이벤트의 바인딩 코드

```
$( document ).on( "vclick", function( e ){
  console.log(e.type);
  printEvent(e.type);
});
$( document ).on( "vmousedown", function( e ){
  console.log(e.type);
  printEvent(e.type);
});
$( document ).on( "vmousemove", function( e ){
  console.log(e.type);
});
$( document ).on( "vmouseout", function( e ){
  console.log(e.type);
});
$( document ).on( "vmouseover", function( e ){
  console.log(e.type);
});
$( document ).on( "vmouseup", function( e ){
  console.log(e.type);
  printEvent(e.type);
});
```

3.3. 테마

제이쿼리 모바일은 이미 만들어진 디자인으로 위젯을 만들 수 있지만 이러한 위젯에 다양성을 주기 위해 테마를 사용합니다. 이 테마는 처음부터 모바일 앱을 위해 만들어져 있으므로 적은 용량으로도 여러 가지 디자인을 적용할 수 있습니다.

Swatches

swatch는 번역하면 "견본"이라는 뜻입니다. 제이쿼리 모바일에서는 배경, 텍스트, 그림자, 아이콘 등의 색상을 조정하는 역할을 합니다.

제이쿼리 모바일에는 기본적으로 1.3.x 버전까지 총 5개의 기본 swatch를 제공합니다. 하지만 1.4 버전부터는 a, b로 단 두 가지만 기본적으로 지원합니다. "a" swatch는 단조로운 회색조 느낌을 주는 색상이며, 기본적으로 특징이 없는 평범한 느낌의 swatch라고 생각하면 됩니다. 그리고 좀 더 강렬하고, 어두운 느낌의 "b" swatch가 있으며, "a" swatch와는 정반대의 느낌을 주는 색상으로 구성돼 있습니다. swatch는 알파벳 소문자로 만들 수 있기 때문에 26개까지 만들 수 있습니다. 제이쿼리 모바일을 지원하는 기본 swatch 말고 맞춤 제작한 swatch를 만들려면 제이쿼리 모바일 Theme Roller를 이용하면 됩니다(ThemeRoller에 대해서는 아래에 자세히 설명하겠습니다).

Active State

테마에는 "active" 상태라는 것이 있습니다. 사용자가 제이쿼리 모바일 위젯 가운데 특정한 행동을 할 경우(클릭, 마우스 오버 등등) 잠시 동안 처리되는 지연시간을 알 수 있게 피드백을 사용자에게 주는 것을 말합니다. 예를 들어, 모든 모바일 단말의 경우 사용자가 클릭 이벤트를 발생시키기 위해 터치 스크린을 터치할 경우 300ms의 지연 시간이 발생하도록 구현돼 있습니다. 제이쿼리 모바일 또한 300ms 정도의 지연 시간 동안 사용자가 해당 행동을 행한 것을 인지하도록 위젯이 "active" 상태가 됩니다.

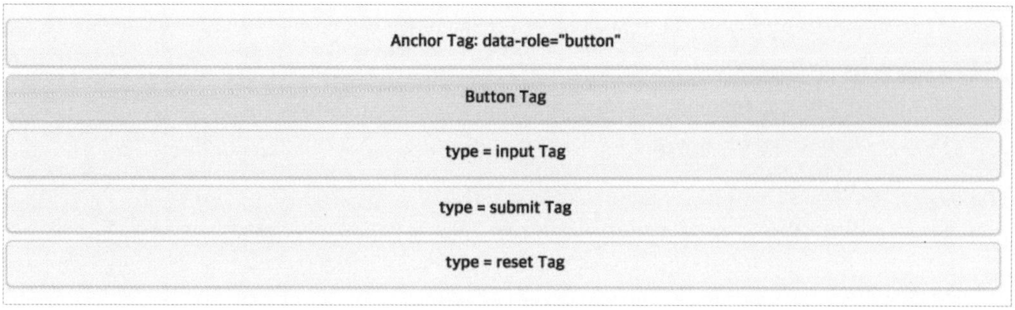

Anchor Tag: data-role="button"
Button Tag
type = input Tag
type = submit Tag
type = reset Tag

[그림 3-20] Button Tag를 클릭했을 때의 Active State 화면

보다시피 Button Tag라고 돼 있는 Button 위젯의 배경색이 다른 것을 확인할 수 있습니다. 해당 Button 위젯은 현재 Active State(클릭됨)입니다.

Theme inheritance

CSS의 특성이 캐스케이딩인 것처럼 CSS를 활용하는 테마도 상속을 지원합니다. 대부분 위젯의 theme 속성이 비어있어도 상위의 위젯의 theme 속성을 상속받아서 보여주게 됩니다. 또는 상위

위젯의 속성이 있어도 본래의 위젯에 테마에 대한 속성이 정의돼 있다면 자기 자신이 가진 theme 속성으로 표현됩니다.

ThemeRoller[1]

제이쿼리 모바일에서는 위와 같은 테마를 설정할 때 CSS에 대해 잘 알지 못하는 사용자들도 사용할 수 있게 ThemeRoller라는 서비스를 제공합니다.

- **공식 홈페이지:** http://jquerymobile.com/themeroller/

ThemeRoller에서는 각각 swatch의 테마를 설정할 수 있고, 편집한 파일은 원하는 이름의 CSS와 압축된 CSS로 다운로드할 수 있습니다. 또한 기본 제이쿼리 모바일의 기본 테마도 가져와서 수정할 수 있으며, 수정된 화면을 실시간으로 확인할 수 있게 미리보기 화면을 지원합니다.

ThemeRoller 사이트에 들어가면 Global/A/B/C 부분으로 구성돼 있는 것을 볼 수 있습니다. 이 중에서 Global은 제이쿼리 모바일의 모든 테마에 관여하는 부분이고, A, B, C는 swatch를 뜻하며, 각 swatch a, b, c를 설정할 수 있습니다. Global 부분에는 4가지 속성이 있습니다.

- **Font Family**
  전역 설정으로 테마의 폰트를 설정할 수 있습니다. 예제에서는 Times New Roman으로 변경해보겠습니다.

- **Corner Radii**
  Button 위젯과 그룹화된 위젯의 **border-radius** 값을 설정할 수 있습니다. 예제에서는 그룹화된 부분은 좀 더 둥글게, Button 부분은 각지게 표현했습니다.

- **Icon**
  모든 아이콘의 스타일과 아이콘 안의 디스크 색상, 그리고 디스크의 투명도(opacity)를 설정할 수 있습니다.

- **Box Shadow**
  제이쿼리 모바일의 위젯은 박스 형태로 돼 있습니다. 따라서 CSS의 **box-shadow** 속성을 사용할 수 있는데, 이 CSS 속성을 Global에서 *color, opacity, size*의 세 가지 값으로 설정할 수 있습니다. Global 부분을 설정하면 아래의 이미지처럼 font, corner, icon, box shadow의 변경된 부분을 화면 오른쪽의 미리보기를 통해 확인할 수 있습니다.

---

1 http://jquerymobile.com/themeroller/

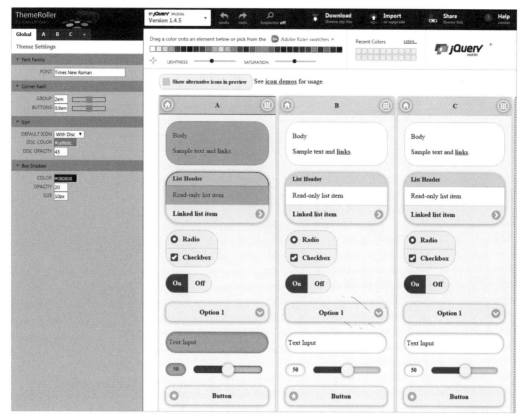

[그림 3-21] ThemeRoller, Swatch A 제작

Global 설정에서 전체적인 제이쿼리 모바일 앱의 디자인을 설정했다면 이제는 swatch를 설정할 차례입니다. 기본적으로 ThemeRoller를 이용해 swatch의 디자인을 편집하는 부분은 크게 8개의 부분으로 나눠져 있습니다.

Page, Header/Footer, Body, Link, Button 부분은 각 속성에 따라 나눠져 있으며, Button의 경우에는 Normal, Hover, Pressed된 상황에서의 세 가지 속성을 수정할 수 있습니다. 또한 Flip Switch 위젯과 Radio button위젯, Checkbox 위젯 등 활성화된 부분을 확인할 수 있는 Active State 또한 설정할 수 있습니다.

설정할 수 있는 부분은 Text Color, Text Shadow, Background, Border 속성입니다. 여기서 제이쿼리 모바일의 테마 상속 기능이 사용되는데, 예를 들어 Page의 Text color를 파란색으로 지정해도 Header/Footer의 Text color가 빨간색이라면 파란색은 무시됩니다.

아래는 swatch a를 설정한 화면입니다. 이렇게 설정한 테마는 내려받아 재사용할 수 있습니다.

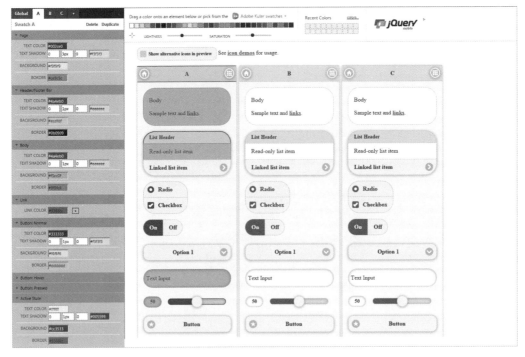

[그림 3-22] ThemeRoller, Swatch A 속성

앞에서 만든 CSS 파일은 압축된 버전과 비압축된 버전으로 내려받을 수 있으며, 다른 서비스에서도 재사용할 수 있습니다.

- **다운로드 URL:** http://themeroller.jquerymobile.com/?ver=1.4.5&style_id=20150323-41

위 예제에서 설명한 파일을 내려받아 보겠습니다. 위 화면에서 Download를 누르면 압축된 zip 파일이 다운로드됩니다.

[그림 3-23] 내려받은 zip 파일의 구조

내려받은 zip 파일의 압축을 풀면 위와 같은 구조의 파일이 만들어집니다. 여기서 ex-swatcha.css 파일이 위 화면에서 작업한 제이쿼리 모바일의 CSS 파일이며, jquery.mobile.icons.min.css 파일은 해당 화면에서 사용한 아이콘 이미지입니다.

min이 붙은 파일은 해당 CSS 파일의 압축 버전입니다.

해당 파일을 제이쿼리 모바일에서 사용하려면 해당 CSS 파일을 문서 상단에 포함시키고 jquery.mobile.structure-1.4.x.min.css(여기서 x는 버전)를 포함시키면 됩니다.

ThemeRoller를 통해 제작한 CSS를 이용해 예제 페이지를 제작해보겠습니다. 예제 페이지는 ThemeRoller의 미리보기 화면에서 보여준 화면을 기준으로 만들었습니다. 예제 파일은 다음과 같습니다.

[예제 3-25] ThemeRoller의 CSS를 적용한 코드

```
<!doctype HTML>
<html>
<head>
  <meta charset="utf-8">
  <meta name="viewport" content="width=device-width, initial-scale=1">
  <title>theme - 제이쿼리 모바일 Demos</title>
  <link rel="stylesheet" href="resources/css/themes/ex-swatcha.min.css" />
  <link rel="stylesheet" href="resources/css/themes/jquery.mobile.icons.min.css" />
  <link rel="stylesheet" href="http://code.jquery.com/mobile/1.4.3/jquery.mobile.structure-
1.4.3.min.css" />
  <script src="http://code.jquery.com/jquery-1.9.1.js"></script>
  <script src="resources/js/pages/util.js"></script>
  <script src="http://code.jquery.com/mobile/1.4.3/jquery.mobile-1.4.3.js"></script>
</head>
<body>
  <div data-swatch="a" data-role="header">
    <a class="ui-btn-left ui-btnui-btn-icon-notextui-icon-home ui-btn-corner-all ui-shadow"
title=" Home " data-form="ui-icon"> Home </a>
    <h1>A</h1>
    <a class="ui-btn-right ui-btnui-btn-icon-notextui-icon-grid ui-btn-corner-all ui-shadow"
title=" Navigation " data-form="ui-icon"> Navigation </a>
  </div>
```

```html
<div class="ui-content ui-page-theme-a"data-theme="a" role="main">
  <div class="ui-body ui-body-a ui-corner-all">
    <p>Body</p>
    <p>
        Sample text and <a href="#" data-theme="a">links</a>.
    </p>
  </div>
  <ul data-role="listview" data-inset="true">
    <li data-role="list-divider" data-swatch="a">List Header</li>
    <li data-swatch="a">Read-only list item</li>
    <li><a class="ui-btn-a ui-btnui-btn-icon-right ui-icon-carat-r" data-swatch="a"
href="#">Linked list item</a></li>
  </ul>
  <div data-role="fieldcontain">
    <fieldset data-role="controlgroup">
      <input type="radio" name="radio-choice-a" id="radio-choice-1-a" value="choice-1"
checked="checked" />
        <label for="radio-choice-1-a">Radio</label>
        <input type="checkbox" name="checkbox-a" id="checkbox-a" checked="checked" />
        <label for="checkbox-a">Checkbox</label>
    </fieldset>
  </div>
  <div data-role="fieldcontain">
    <fieldset data-role="controlgroup" data-type="horizontal">
      <input type="radio" name="radio-view-a" id="radio-view-a-a" value="list"
checked="checked"/>
        <label for="radio-view-a-a">On</label>
        <input type="radio" name="radio-view-a" id="radio-view-b-a" value="grid"  />
        <label for="radio-view-b-a">Off</label>
    </fieldset>
  </div>
  <div data-role="fieldcontain">
    <select name="select-choice" id="select-choice-a" >
      <option value="standard">Option 1</option>
      <option value="rush">Option 2</option>
      <option value="express">Option 3</option>
      <option value="overnight">Option 4</option>
    </select>
  </div>
```

```
    <input type="text"  value="Text Input" />
    <div data-role="fieldcontain">
      <input type="range" name="slider" value="50" min="0" max="100" data-highlight="true" />
    </div>
    <button data-icon="star">Button</button>
  </div>
</body>
</html>
```

다음은 위 예제에서 CSS 선언부를 평상시의 CSS 선언처럼 바꾼 코드입니다.

[예제 3-26] 평상시 CSS 적용 코드

```
<!doctype HTML>
<html>
<head>
  <meta charset="utf-8">
  <meta name="viewport" content="width=device-width, initial-scale=1">
  <title>theme - 제이쿼리 모바일 Demos</title>
  <link rel="stylesheet" href="http://code.jquery.com/mobile/1.4.3/jquery.mobile-1.4.3.css"/>
```

CSS를 제외하고 모든 HTML 마크업이 동일하지만 실제 화면은 아래와 같은 차이점이 있습니다.

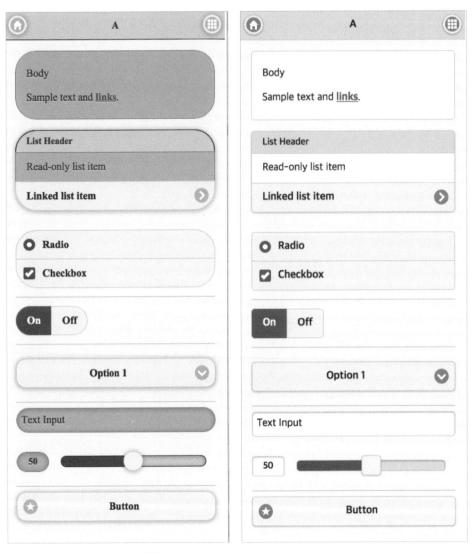

[그림 3-24] 변경된 swatch a와 기본 swatch a

보다시피 제이쿼리 모바일은 테마만 변경해도 전체적인 웹앱의 디자인을 변경할 수 있습니다.

04 장

제이쿼리 모바일
내부의 이해

4.1. Page 이벤트

앞 장에서 이벤트에 대해 전반적으로 알아봤지만 Page 위젯 관련 이벤트는 좀 더 중요하므로 자세히 알아보겠습니다. 여러분이 DOM 이벤트를 사용하듯이 각 Page 이벤트의 순서 및 의미에 대해 알아야 적재적소에 사용할 수 있습니다.

제이쿼리 모바일의 모든 이벤트를 모니터링하기 위해 다음과 같이 제이쿼리 모바일의 소스를 수정합니다.

[jquery.mobile-1.4.3.debug.js 1311행, _trigger 함수 안]

```
console.log( event.type, event.target );
```

위 코드는 모든 $.Widget을 상속한 모든 위젯이 트리거되는 이벤트를 console.log로 출력하는 역할을 합니다.

기본적인 Page 관련 이벤트를 알아보기 위해 다음과 같이 빈 Page만 있는 파일을 만들어 보겠습니다.

[예제 4-1] 빈 Page

```
<div data-role="page" >
</div><!-- /page -->
```

이제 이 페이지를 브라우저로 보면 하나의 빈 Page를 보여주기까지의 이벤트의 순서가 다음과 같다는 사실을 알 수 있습니다.

1. pagecontainerbeforecreate
2. pagecontainercreate

3. pagecontainerbeforechange

4. pagecontainerbeforetransition

5. pagebeforecreate

6. pagecreate

7. pageinit

8. pagecontainerbeforeshow

9. pagecontainershow

10. pagecontainertransition

11. pagecontainerchange

이벤트명이 굉장히 보기 어렵게 느껴질 것입니다. 이벤트명은 위젯의 이름과 내부 이벤트 이름이 합쳐지고 소문자로 변환되기 때문에 위와 같이 보기 어려운 형태입니다.

제이쿼리 모바일은 여러 개의 Page 위젯을 가질 수 있습니다. Page 위젯을 감싸는 〈body〉 요소를 가리키는 위젯이 바로 Pagecontainer 위젯입니다.

여기서는 여러 개의 Page 위젯이 있는 경우의 동작을 테스트해 보겠습니다. 이번에는 빈 Page가 아니라 〈body〉 요소 내부에 다음과 같이 2개의 Page를 선언하겠습니다.

[예제 4-2] 2개의 Page 선언

```
<div data-role="page" id="page1">
  <div data-role="content">
        page1
    <a href="#page2">go to Page2</a>
  </div>
</div><!-- /page -->

<div data-role="page" id="page2">
  <div data-role="content">
        page2
  </div>
</div><!-- /page -->
```

역시 페이지 내부에는 아무 내용도 없고 단지 page1에서 page2로 가는 링크만 존재합니다. 이 예제를 실행하면 첫 페이지의 이벤트는 기존 빈 페이지에 대한 예제와 동일합니다만 링크를 누르면 첫 페이지 때의 이벤트와 약간 다른 점을 발견할 수 있습니다. 두 번째 페이지가 보여질 때의 이벤트를 순서대로 나열하면 다음과 같습니다.

1. pagecontainerbeforechange
2. pagebeforecreate
3. pagecreate
4. pageinit
5. pagecontainerbeforechange
6. pagecontainerbeforetransition
7. pagecontainerbeforehide
8. pagecontainerbeforeshow
9. pagecontainerhide
10. pagecontainershow
11. pagecontainertransition
12. pagecontainerchange

pagecreate와 pageinit의 위치가 살짝 바뀐 것이 다르긴 하지만 이 부분은 크게 중요하지 않습니다. 처음 예제에 비해 page1이 숨김 처리되는 부분이 추가됐기 때문에 pagecontainer beforehide와 pagecontainerhide가 더 발생한 것을 알 수 있습니다.

이번에는 다른 파일에 있는 페이지로 이동하는 예제를 살펴보겠습니다.

[예제 4-3] 다른 파일로 이동하는 페이지

```
<div data-role="page" id="page1">
  <div data-role="content">
        page1
    <a href="emptyPage.html">go to emptyPage.html</a>
  </div>
</div><!-- /page -->
```

이동하게 될 페이지는 기존에 만들어둔 emptyPage.html을 활용하겠습니다. 이 예제를 실행하면 첫 페이지는 동일하고, 링크를 눌렀을 때의 이벤트가 다르게 발생합니다.

1. pagecontainerbeforechange
2. pagecontainerbeforeload
3. pagecontainerload
4. pagebeforecreate
5. ···

위와 같이 페이지 로딩과 관련된 pagecontainerbeforeload와 pagecontainerload 이벤트가 추가적으로 발생한 것을 확인할 수 있습니다.

페이지 로딩 관련 이벤트는 페이지를 링크할 때 data-rel="external"이나 data-ajax="false", data-rel="back"이 설정돼 있지 않은 경우에만 발생합니다.

data-rel의 값은 back, dialog, external 중 하나가 될 수 있습니다. back은 이전 페이지로 가기를 원할 경우에 사용되며, external은 다른 도메인에 존재하는 페이지에 대한 링크이거나 Ajax로 로딩하기를 원치 않을 경우에 사용하며, dialog는 대화상자 스타일로 페이지를 로딩할 때 사용됩니다.

위에서 알아본 세 가지 경우에 대해 순서도를 그려보면 다음과 같습니다. 어떤 이벤트가 어느 경우에만 발생하는지에 대해 좀 더 이해하기가 쉬울 것입니다.

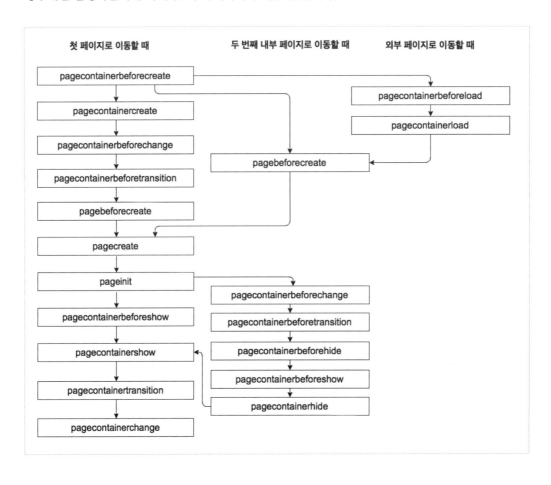

DOM이 어떻게 변했는지도 살펴보겠습니다. 아래 스크린샷은 ajaxPage.html을 실행했을 때의 모습입니다. 분명히 DOM 상에 페이지는 한 개만 있는 것을 확인할 수 있습니다.

[그림 4-1] ajaxPage 실행 시

그러나 링크를 클릭하면 기존 페이지는 그대로 있고 새로운 페이지가 추가된 것을 확인할 수 있습니다.

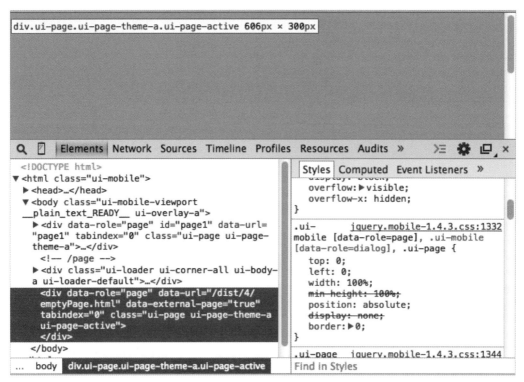

[그림 4-2] emptyPage로의 링크를 클릭했을 때

링크를 클릭했을 때 무슨 일이 일어난 것일까요?

제이쿼리 모바일은 목표로 하는 파일 혹은 URL을 읽어 와서 맨 첫 페이지를 보여주게 됩니다. 해당 파일의 가장 첫 페이지만 보여준다는 의미는, 그 파일의 다른 페이지는 모두 무시된다는 것을 뜻합니다. 또한 페이지 요소가 없는 경우에는 자동으로 Page 위젯을 만들고 〈body〉 요소 안의 내용을 안에 채워넣습니다. 마찬가지로 〈head〉 요소 안의 내용도 무시됩니다.

이번에는 pageContainer 위젯의 이벤트를 알아보겠습니다. 이벤트를 직접 실험해 보기 위해 다음과 같은 예제를 준비했습니다.

[예제 4-4] pageContainer 이벤트 동작 확인 페이지 예제

```
<div data-role="page" id="page1">
  <div data-role="header" data-position="fixed">
    <h3>pagecontainerEvents Examples </h3>
  </div><!-- header -->
  <div data-role="content">
    <a href="#page2" class="ui-btn">go to Page2</a>
```

```
      <a href="emptyPage.html" class="ui-btn">go to emptyPage.html</a>
    </div>
  </div><!-- /page -->

  <div data-role="page" id="page2">
    <div data-role="header" data-position="fixed">
      <h3> Page 2 </h3>
    </div><!-- header -->
    <div data-role="content">
      page2
    </div>
  </div><!-- /page -->
```

[예제 4-5] pageContainer 이벤트 동작 확인 js 예제

```
var events = "beforecreate create beforechangebeforetransitionbeforeshow show transition change
beforehide hide beforeload load";
$.each( events.split(" "), function( i,v ) {
  $(document).on( "pagecontainer"+v, function(event, ui ) {
    console.log( event.type, ui );
  });
});
```

위의 예제 코드에서 html 부분은 단지 두 개의 Page 위젯만 있으며, 첫 번째 페이지에서 두 번째 페이지로의 링크만 있을 뿐입니다.

자바스크립트 코드는 pagecontainer로 시작하는 이벤트만 처리할 수 있게 작성돼 있습니다. 이제 pagecontainer의 이벤트를 살펴보겠습니다.

- pagecontainerbeforecreate
  pagecontainer 위젯이 생성되기 전에 트리거됩니다.

- pagecontainercreate
  pagecontainer 위젯이 생성되고 난 직후에 트리거됩니다.

- pagecontainerbeforechange
  page가 load되거나 전환(transition)되기 직전에 호출됩니다.

인자로 전달되는 정보로는 prevPage, toPage, options가 있습니다. Page의 변경이 일어나기 전의 페이지에 대한 정보가 prevPage에 담겨 있으며, 앞으로 바뀔 페이지에 대한 정보가 toPage에 있고, transition, target, reverse 여부 등 현재 전환될 정보는 options에 있습니다.

```
pagecontainerbeforechange                                                                    pagecontainerEvents.js:4
▼ Object {prevPage: undefined, toPage: jQuery.fn.jQuery.init[1], options: Object, absUrl: undefined} 📋
    absUrl: undefined
  ▶ options: Object
    prevPage: undefined
  ▼ toPage: jQuery.fn.jQuery.init[1]
    ▶ 0: div#page1.ui-page.ui-page-theme-a.ui-page-header-fixed.ui-page-active
    ▶ context: document
      length: 1
    ▶ prevObject: jQuery.fn.jQuery.init[2]
    ▶ __proto__: jQuery[0]
  ▶ __proto__: Object
```

[그림 4-3] 첫 페이지에서 발생한 pagecontainerbeforechange 이벤트

첫 페이지의 경우에는 맨 처음에 생성되는 페이지이므로 prevPage에 대한 정보가 없는 것을 확인할 수 있습니다.

```
pagecontainerbeforechange                                                                    pagecontainerEvents.js:4
▼ Object {prevPage: jQuery.fn.jQuery.init[1], toPage: "http://127.0.0.1:8000/dist/4/pagecontainerEvents.html#page2", options: Object
, absUrl: "http://127.0.0.1:8000/dist/4/pagecontainerEvents.html#page2"} 📋
    absUrl: "http://127.0.0.1:8000/dist/4/pagecontainerEvents.html#page2"
  ▶ options: Object
  ▼ prevPage: jQuery.fn.jQuery.init[1]
    ▶ 0: div#page1.ui-page.ui-page-theme-a.ui-page-header-fixed
    ▶ context: document
      length: 1
    ▶ prevObject: jQuery.fn.jQuery.init[2]
    ▶ __proto__: jQuery[0]
  ▼ toPage: jQuery.fn.jQuery.init[1]
    ▶ 0: div#page2.ui-page.ui-page-theme-a.ui-page-header-fixed.ui-page-active
    ▶ context: body.ui-mobile-viewport.__plain_text_READY__.ui-overlay-a
      length: 1
    ▶ prevObject: jQuery.fn.jQuery.init[1]
    ▶ __proto__: jQuery[0]
  ▶ __proto__: Object
```

[그림 4-4] 두 번째 페이지로 이동할 때 발생한 pagecontainerbeforechange 이벤트

두 번째 페이지로 이동할 경우에야 비로소 prevPage, toPage, options 등의 정보가 유효한 것을 확인할 수 있습니다.

- pagecontainerbeforetransition
  페이지가 전환되기 전에 호출됩니다. 앞으로 모든 인자는 pagecontainerbeforechange와 거의 동일합니다.

- pagecontainerbeforeshow
  실제 전환 효과가 일어나기 전에 트리거됩니다.

- pagecontainertransition
  페이지 전환이 완료되자마자 트리거됩니다.

- pagecontainerchange
  페이지 전환이 완료되고, pagecontainertransition 이벤트가 발생하자마자 트리거됩니다. 실제 코드상으로도 pagecontainertransition 이벤트를 발생시키자마자 다음 줄에서 pagecontainerchange 이벤트를 발생시킵니다.

- pagecontainerbeforehide
  이전 페이지를 숨기기 위한 전환 효과가 일어나기 전에 트리거됩니다. 예제 코드에서는 첫 페이지를 보여줄 때는 이전 페이지가 없기 때문에 발생하지 않습니다. 두 번째 페이지로 전환할 때는 정상적으로 발생되는 것을 확인할 수 있습니다.

- pagecontainerhide

  페이지 전환 효과가 끝나고 이전 페이지가 안 보이게 됐을 때 트리거됩니다.

- pagecontainershow

  페이지 전환 효과가 끝나고 새 페이지가 보이게 됐을 때 트리거됩니다.

4.2. 페이지 전환 동작 방식 및 새로운 전환 효과 추가하기

이번 절에서는 제이쿼리 모바일의 소스코드를 보면서 페이지 전환이 어떻게 구현돼 있고 진행되는지에 대해 알아본 후 간단한 자신만의 전환 효과를 만들어 보겠습니다.

제이쿼리 모바일의 페이지 전환 효과의 종류는 앞 장에서 살펴본 바와 같이 fade, pop, flip, turn, flow, slidefade, slide, sideup, slidedown으로 9가지 효과가 있습니다. 이러한 전환 효과는 두 개의 페이지에 대해 특정 효과를 적용하는 것임을 알 수 있습니다. 그런데 잘 살펴보면 이 효과들이 적용되는 방식이 두 가지임을 알 수 있습니다. 어떤 효과는 이전 페이지와 새 페이지에 대해 동시에 발현되고, 어떤 효과는 이전 페이지에 먼저 효과가 적용된 후 다음 페이지에 적용된다는 것을 알 수 있습니다.

제이쿼리 모바일에서는 이 두 가지 효과를 구분하기 위해 핸들러를 두 개 정의하고 있습니다. 바로 순차적으로 적용되는 순차적 핸들러(sequential handler)와 동시에 적용되는 동시적 핸들러(simultaneous handler)입니다.

기본 핸들러는 순차적 핸들러이며, 특별히 명시하지 않으면 이 핸들러가 적용되어 순차적으로 전환 효과가 일어나게 됩니다. 그러나 다음의 slide와 같이 특정 효과에 대한 핸들러를 명시해 핸들러를 변경할 수가 있습니다. 기본적으로 제공되는 9개의 효과 가운데 유일하게 slide만이 순차적인 핸들러를 사용하고 있습니다.

[jquery.mobile-1.4.3.js - 6422~6423행]

```
// slide 효과를 위해 simultaneous 핸들러 사용
$.mobile.transitionHandlers.slide = $.mobile.transitionHandlers.simultaneous;
```

전환 효과가 정의한 대로 그대로 적용되는 것은 아닙니다. 전환 효과는 CSS 트랜지션을 사용하는데 3d transform을 제공하지 않는 단말에서는 다른 효과로 대체될 수 있습니다. 즉, 아래 코드와 같이 transform3d를 지원하지 않고, 대체 효과가 정의돼 있을 경우에는 해당 효과로 바꾼 전환 효과가 제공됩니다.

[jquery.mobile-1.4.3.js - 6373~6379행]

```
$.mobile._maybeDegradeTransition = function( transition ) {
  if ( transition && !$.support.cssTransform3d && $.mobile.transitionFallbacks[ transition ] ) {
    transition = $.mobile.transitionFallbacks[ transition ];
  }
  return transition;
};
```

실제로 위에서 동시적 핸들러의 예로 들었던 slide의 경우에는 대체 효과가 fade로 지정돼 있음을 확인할 수 있습니다.

[jquery.mobile-1.4.3.js - 6425~6426행]

```
// slide 효과의 대체 효과는 "fade"로 지정.
$.mobile.transitionFallbacks.slide = "fade";
```

아래는 slide 애니메이션에 관련된 CSS 부분만 추출한 코드입니다. slide 효과가 작동하는 경우에 새로 나타나는 페이지에 .slide.in 클래스가 적용되며, 사라지는 페이지에는 .slide.out 클래스가 적용되며, back 버튼이 눌리게 되는 경우에는 .slide.in.reverse, .slide.out.reverse 클래스가 적용됩니다.

[jquery.mobile-1.4.3.css - 1881~1970행] slide 관련 CSS 코드(웹킷과 관련 없는 코드는 삭제함)

```
/* keyframes for slidein from sides */
@-webkit-keyframesslideinfromright {
  from { -webkit-transform: translate3d(100%,0,0); }
  to { -webkit-transform: translate3d(0,0,0); }
}
@-webkit-keyframesslideinfromleft {
  from { -webkit-transform: translate3d(-100%,0,0); }
  to { -webkit-transform: translate3d(0,0,0); }
}
/* keyframes for slideout to sides */
@-webkit-keyframesslideouttoleft {
  from { -webkit-transform: translate3d(0,0,0); }
  to { -webkit-transform: translate3d(-100%,0,0); }
}
@-webkit-keyframesslideouttoright {
  from { -webkit-transform: translate3d(0,0,0); }
```

```
  to { -webkit-transform: translate3d(100%,0,0); }
}
.slide.out, .slide.in {
  -webkit-animation-timing-function: ease-out;
  -webkit-animation-duration: 350ms;
}
.slide.out {
  -webkit-transform: translate3d(-100%,0,0);
  -webkit-animation-name: slideouttoleft;
}
.slide.in {
  -webkit-transform: translate3d(0,0,0);
  -webkit-animation-name: slideinfromright;
}
.slide.out.reverse {
  -webkit-transform: translate3d(100%,0,0);
  -webkit-animation-name: slideouttoright;
}
.slide.in.reverse {
  -webkit-transform: translate3d(0,0,0);
  -webkit-animation-name: slideinfromleft;
}
```

그럼 이제 위에서 배운 내용을 활용해 새로운 전환 효과를 하나 만들어 보겠습니다. slide는 동시적 핸들러를 사용하므로 여기서는 slide와 동일한 CSS를 사용하지만 핸들러만 순차적 핸들러를 쓰는 새로운 전환 효과를 만들겠습니다.

이름은 좀 길지만 충돌을 피하기 위해 "sequential_slide"이라는 이름을 사용하겠습니다. 위에서 이야기한 바와 같이 핸들러를 정의하고, 대체 효과도 정합니다.

[예제 4-6] Page transition 예제

```
$(function() {
  $.mobile.transitionHandlers.suquential_slide =
    $.mobile.transitionHandlers.sequential;
  $.mobile.transitionFallbacks.suquential_slide = "fade";
});
```

CSS까지 변경하고 설명하는 것은 이 책의 주제를 벗어나므로 CSS는 slide에서 사용된 코드를 그대로 복사하고 클래스명만 바꾸는 것으로 대체하겠습니다.

jquery.mobile-1.4.3.css의 어딘가에 아래와 같이 클래스명과 keyframe명을 바꾼 코드를 삽입합니다.

[jquery.mobile-1.4.3.debug.css - 4705~4740행]

```
...
@-webkit-keyframessequentialslideouttoright {
  from { -webkit-transform: translate3d(0,0,0); }
  to { -webkit-transform: translate3d(100%,0,0); }
}
.sequential_slide.out, .sequential_slide.in {
  -webkit-animation-timing-function: ease-out;
  -webkit-animation-duration: 350ms;
}
...
```

그리고 예제 페이지에 다음과 같이 정의한 전환 효과를 명시합니다.

[예제 4-7] 다른 페이지로 이동할 때 전환 효과 선언

```
<ahref="#page2" class="ui-btn" data-transition="slide">slide</a>
<ahref="#page2" class="ui-btn" data-transition="sequential_slide">sequential_slide</a>
```

이제 브라우저에서 pagetransition.html을 열어 보면 기존의 slide 전환 효과와 우리가 새로 만든 순차적인 slide 전환 효과가 동작하는 것을 확인할 수 있습니다.

4.3. 위젯 정의 방식

제이쿼리 모바일의 위젯은 메서드와 이벤트를 가지며, 전체적인 생명주기를 가진 안정적인 제이쿼리 기반의 위젯입니다.

> 위젯의 생명주기란 하나의 위젯이 생성되고, 해당 위젯이 가진 역할을 수행하고, 소멸되는 기간을 말합니다. 위 설명에서 생명주기를 가졌다는 것은 제이쿼리 모바일의 모든 위젯들이 초기화되고 소멸되는 과정을 모두 가지고 있다는 의미입니다.

위젯에 대해 심도 있게 이해하려면 우선 위젯의 정의 방식에 대해 알아볼 필요가 있습니다. 제이쿼리 모바일의 모든 위젯은 $.widget()을 이용해 만들어졌으며, 이것은 제이쿼리 UI의

위젯 팩토리 패턴을 이용한 것입니다. 1.4.0 이하 버전에서는 $.mobile.widget을 기본 위젯으로 사용했지만 1.4.0 이상 버전부터는 기본 위젯인 $.mobile.widget이 지원 중단(deprecated)됐고, 기본 위젯으로 아무것도 사용하지 않고 있습니다.

> 기본 위젯이라는 표현은 제이쿼리 UI의 위젯 팩토리 패턴 가운데 2번째 인자에 포함되는 값을 말합니다. 이 2번째 인자의 위젯의 속성 및 특성을 포함해 해당 위젯이 만들어지게 됩니다.

우선 $.widget()이라는 메서드를 이해할 필요가 있습니다. 지금부터 설명하는 내용은 제이쿼리 모바일의 일반적인 사용자보다는 자바스크립트에 대해 중급 이상의 지식을 가지고 있고, 제이쿼리 모바일의 위젯의 내부 특성을 알고자 하는 분들에게 필요한 내용입니다.

제이쿼리 UI의 위젯 팩토리 패턴의 형식은 아래와 같습니다.

[예제 4-8] 위젯 팩토리 기본 패턴

```
$.widget( "my.widget", /*[base widget] ,*/{
options: {
   /* ... */
  },
  _create: function() {
    /* ... */
  }
});
```

$.widget() 메서드에서 my.widget이라고 명시된 부분에 해당 위젯의 이름이 들어가게 되고, 2번째 인자에는 해당 위젯의 기본 위젯이 들어가게 됩니다. 기본 위젯이란 특정 위젯으로부터 상속받아위젯을 작성하고 싶을 경우 사용하는 위젯입니다. 예를 들어, Table 위젯의 경우 Table 기본 위젯과 Table Reflow 위젯으로 나뉘어 있는데 Table Reflow 위젯은 Table 위젯을 기본 위젯으로 사용하고 있습니다(즉, Table 위젯을 상속받아 만들어졌습니다).

> 1.3.x 버전의 제이쿼리 모바일 위젯은 모두 2번째 인자에 $.mobile.widget이라는 기본 위젯이 포함돼 있었지만, 1.4.x부터는 이 부분이 삭제됐습니다. 쉽게 말하자면 제이쿼리 UI 위젯과 제이쿼리 모바일 위젯과 작성 방법이 동일해졌다는 것입니다. 1.4.x 부분의 변경 로그를 확인해보면 제이쿼리 모바일의 테마를 향후에 제이쿼리 UI 위젯에도 쉽게 적용하고 UI 위젯과의 일관성을 위해 해당 부분이 변경됐다고 합니다.

그리고 3번째 인자(2번째 인자 없이 작성해도 됩니다)로는 해당 위젯의 생명주기를 정의한 코드를 작성합니다. 해당 위젯이 호출될 때 새로운 위젯 인스턴스가 생성되며, 생성된 인스턴스를 컨텍스트로 모든 정의된 함수가 실행됩니다. 일반적인 제이쿼리 플러그인과 위젯 팩토리 패턴으로 만든 위젯이 다른 점은 Context는 DOM 요소가 아닌 객체이며, 여러 개가 아닌 단 하나의 객체라는 점입니다. 위 코드에서 _create 부분은 위젯이 생성될 때 실행되는 부분입니다.

위젯 팩토리 패턴에는 간단한 규칙이 있습니다. 첫 번째 위젯을 호출하면서 생성된 제이쿼리 객체는 this.element 프로퍼티에 저장됩니다. 두 번째로 this.options 프로퍼티에는 위젯의 옵션값이 저장됩니다. 이 옵션값은 대부분 아래와 같은 패턴으로 사용됩니다.

[예제 4-9] button 위젯의 options 사용법

```
$( "#button1").button({
  corners: false,
  icons: "star",
  mini: true,
  disabled: true
});
```

즉, 위 자바스크립트로 작성된 위젯은 this.options.corners 값이 false이며 this.options에 빨간색 부분의 값이 저장돼 있습니다. 해당 값들을 이용해 위젯의 동작을 다양하게 제어할 수 있습니다.

이제 위에서 배운 내용을 이용해 기본 생성 개념만 있는 간단한 위젯을 제작해보겠습니다. 제이쿼리 모바일 위젯은 아니지만 제이쿼리 모바일 위젯도 결국 이런 패턴을 이용해 만들어졌기 때문에 제이쿼리 모바일을 이해하는 데 도움될 것입니다.

위젯 팩토리 패턴을 이용해 만들 간단한 위젯은 해당 요소의 text 부분의 색상을 변경하는 위젯입니다. 우선 변경에 사용할 CSS 셀렉터를 만들어 보겠습니다.

[예제 4-10] 변경에 사용할 CSS

```
.blue{
  color: #0000FF;
}
```

위 CSS는 파란색을 표현하는 CSS 셀렉터입니다. 그다음 앞에서 배운 위젯 팩토리 패턴의 기본 템플릿의 _create 부분에 해당 CSS 클래스를 추가하는 코드를 작성합니다.

[예제 4-11] widget.blue.button.js 1행~8행

```
$.widget( "test.blue", /*[base widget] ,*/ {
options: {
```

```
      /* ... */
    },
    _create: function() {
      this.element.removeAttr( "class" ).addClass( "blue" );
    }
  });
```

위 코드에서 "test.blue"의 "test"는 단순히 네임스페이스이며, 위젯을 불러올 때 사용되는 부분은 "blue" 부분입니다. 이렇게 만들어진 위젯은 $("셀렉트").blue();와 같은 코드로 생성될 수 있습니다. 해당 위젯의 녹색, 빨간색 버전도 만들고 이벤트를 통해 변경되는 화면을 확인할 수 있는 예제 파일은 widget.blue.button.js에 모두 정의돼 있습니다. widget.test.html 파일을 이용해서 확인하면 각 위젯이 잘 동작하는 것을 알 수 있습니다.

[예제 4-12] 테스트용 HTML

```
<div data-role="page" id="page1">
  <div data-role="header" data-position="fixed">
    <h3> Blue Button Widget Examples </h3>
  </div><!-- header -->
  <div data-role="content">
    <input type="button" value="Example Button" id="widget1" data-role="none">
    <input type="button" value="blue" id="blue">
    <input type="button" value="red" id="red">
    <input type="button" value="green" id="green">
  </div>
</div><!-- /page -->
```

[예제 4-13] widget.blue.button.js 파일

```
$.widget( "test.blue", /*[base widget] ,*/ {
options: {
    /* ... */
  },
  _create: function() {
    this.element.removeAttr( "class" ).addClass( "blue" );
  }
});
$.widget( "test.red", /*[base widget] ,*/ {
options: {
    /* ... */
  },
```

```
    _create: function() {
      this.element.removeAttr( "class" ).addClass( "red" );
    }
});
$.widget( "test.green", /*[base widget] ,*/ {
options: {
    /* ... */
  },
  _create: function() {
    this.element.removeAttr( "class" ).addClass( "green" );
  }
});


$( document ).ready( function () {
  $( "#blue" ).on( "click", function(){
    $( "#widget1" ).blue();
  });
  $( "#red" ).on( "click", function(){
    $( "#widget1" ).red();
  });
  $( "#green" ).on( "click", function(){
    $( "#widget1" ).green();
  });
});
```

[예제 4-14] widget.blue.button.js에서 사용할 CSS

```
.blue{
  color: #0000FF;
}
.green{
  color: #00FF00;
}
.red{
  color: #FF0000;
}
```

위젯 팩토리 패턴을 살펴보면서 생각보다 위젯의 구조가 간단한 것을 알 수 있었습니다. 다음으로 제이쿼리 모바일의 가장 기본적인 Button 위젯을 살펴보겠습니다.

우선 Button 위젯을 자바스크립트 코드로 호출하는 방법은 다음과 같습니다.

[HTML]

```
<button type="button" id="button1"> Button <button>
```

[JS: Button 기본 생성 코드]

```
$( "#button1" ).button();
```

기존의 제이쿼리 모바일을 HTML로 표현하는 방법과 다르게 HTML 마크업이 없어도 자바스크립트만으로 제이쿼리 모바일 위젯을 만들 수 있습니다.

또한 해당 Button 위젯을 작게 표현하고 싶다면 자바스크립트로 다음과 같이 표현할 수 있습니다.

```
$("#button1").button({
  mini: true
});
```

이렇게 option으로 변경할 수 있는 부분은 아래 목록과 같습니다.

- corners
- disabled
- enhanced
- icon
- iconpos
- iconshadow
- initSelector
- inline
- mini
- shadow
- theme
- wrapperClass

해당 옵션 값은 자바스크립트로 Button 위젯을 만들 때 사용됩니다.

위에서 설명한 버튼의 소스를 분석해 보겠습니다. 기존의 Button 위젯의 소스 파일은 제이쿼리 모바일의 소스에서는 jquery-mobile-1.4/js/widgets/forms/button.js에 위치해 있습니다. 해당 위치에 있는 소스는 Grunt.js를 통해 빌드되어 jquery.mobile.js에 포함됩니다.

> Grunt.js는 자바스크립트 빌드를 위한 오픈소스 프로젝트이며, 제이쿼리와 제이쿼리 모바일을 비롯한 대부분의 자바스크립트 프로젝트에서 사용 중입니다.

[그림 4-5] Button 위젯 소스의 구조

해당 소스는 확인하기 쉽게 4장 예제 폴더의 widget.button.js로 옮겨 놓겠습니다.

[예제 4-15] widget.button.js

```javascript
$.widget( "mobile.button", {
    initSelector: "input[type='button'], input[type='submit'], input[type='reset']",
    options: {
        theme: null,
        icon: null,
        iconpos: "left",
        iconshadow: false, /* TODO: Deprecated in 1.4, remove in 1.5. */
        corners: true,
        shadow: true,
        inline: null,
        mini: null,
        wrapperClass: null,
        enhanced: false
    },
    _create: function() {
        if ( this.element.is( ":disabled" ) ) {
            this.options.disabled = true;
        }
        if ( !this.options.enhanced ) {
            this._enhance();
        }
        $.extend( this, {
            wrapper: this.element.parent()
        });

        this._on( {
            focus: function() {
                this.widget().addClass( $.mobile.focusClass );
            },
            blur: function() {
                this.widget().removeClass( $.mobile.focusClass );
            }
        });

        this.refresh( true );
    },
```

```
_enhance: function() {
  this.element.wrap(this._button() );
},

_button: function() {
  var options = this.options,
    iconClasses = this._getIconClasses( this.options );

  return $("<div class='ui-btnui-input-btn" +
    ( options.wrapperClass ? " " + options.wrapperClass : "" ) +
    ( options.theme ? " ui-btn-" + options.theme : "" ) +
    ( options.corners ? " ui-corner-all" : "" ) +
    ( options.shadow ? " ui-shadow" : "" ) +
    ( options.inline ? " ui-btn-inline" : "" ) +
    ( options.mini ? " ui-mini" : "" ) +
    ( options.disabled ? " ui-state-disabled" : "" ) +
    ( iconClasses ? ( " " + iconClasses ) : "" ) + "' >" + this.element.val() + "</div>" );
},

widget: function() {
  returnthis.wrapper;
},

_destroy: function() {
  this.element.insertBefore(this.button );
  this.button.remove();
},

_getIconClasses: function( options ) {
  return ( options.icon ? ( "ui-icon-" + options.icon +
    ( options.iconshadow ? " ui-shadow-icon" : "" ) + /* TODO: Deprecated in 1.4, remove in
1.5. */
    " ui-btn-icon-" + options.iconpos ) : "" );
},

_setOptions: function( options ) {
  var outer = this.widget();

  if ( options.theme !== undefined ) {
    outer
```

```
            .removeClass(this.options.theme )
            .addClass( "ui-btn-" + options.theme );
    }
    if ( options.corners !== undefined ) {
      outer.toggleClass( "ui-corner-all", options.corners );
    }
    if ( options.shadow !== undefined ) {
      outer.toggleClass( "ui-shadow", options.shadow );
    }
    if ( options.inline !== undefined ) {
      outer.toggleClass( "ui-btn-inline", options.inline );
    }
    if ( options.mini !== undefined ) {
      outer.toggleClass( "ui-mini", options.mini );
    }
    if ( options.disabled !== undefined ) {
      this.element.prop( "disabled", options.disabled );
      outer.toggleClass( "ui-state-disabled", options.disabled );
    }
    if ( options.icon !== undefined ||
      options.iconshadow !== undefined || /* TODO: Deprecated in 1.4, remove in 1.5. */
      options.iconpos !== undefined ) {
        outer
          .removeClass( this._getIconClasses( this.options ) )
          .addClass( this._getIconClasses(
            $.extend( {}, this.options, options ) ) );
    }
    this._super( options );
  },
  refresh: function( create ) {
    var originalElement,
      isDisabled = this.element.prop( "disabled" );
    if ( this.options.icon&&this.options.iconpos === "notext" &&this.element.attr( "title" ) ) {
      this.element.attr( "title", this.element.val() );
    }
    if ( !create ) {
      originalElement = this.element.detach();
      $( this.wrapper ).text( this.element.val() ).append( originalElement );
    }
```

```
        if ( this.options.disabled !== isDisabled ) {
          this._setOptions({ disabled: isDisabled });
        }
    }
});
```

위 소스의 options 부분을 확인하면 앞 부분에서 설명한 options 값과 동일한 것을 확인할 수 있습니다. 또한 _create 부분에 있는 코드로 Button 위젯이 생성됩니다. 언뜻 보면 복잡한 로직으로돼 있지만 _create 부분부터 살펴보면 요소 안에 "disabled" 속성이 있으면 this.options.disabled 값을 true로 변경하고, enhance가 돼 있지 않으면 enhance 함수를 호출한 다음 Active State에 대한 이벤트 또한 바인딩하게 됩니다. 여기서 Active State 이벤트는 앞의 테마 부분에서 배웠던 마우스 오버가 될 때 버튼의 UI가 변하게 되는 이벤트를 말합니다. 마우스 오버가 될 때 $.mobile.focusClass라는 코드가 실행되며, 해당 코드에서는 마우스 오버에 따른 클래스를 추가하게 됩니다. enhance 함수를 호출하는 부분에서는 this._button() 함수를 호출해서 나온 마크업으로 현재 요소를 감싸는 것을 확인할 수 있습니다.

> this.element.wrap() 함수는 제이쿼리의 .wrap() 메서드입니다. this.element가 제이쿼리 객체이기 때문에 해당 메서드를 사용할 수 있으며, 해당 메서드는 인자에 정의된 마크업으로 this.element를 감싸는 역할을 수행합니다.

_button 메서드에 정의돼 있는 코드를 확인해보면 this.options 객체에 지장돼 있던 옵션값을 확인해 클래스 추가 여부를 결정하는 것을 확인할 수 있습니다. 즉, 제이쿼리 모바일로 Button 위젯을 만들면 최종적으로 보여지는 Enhance HTML이 변경되는 것을 확인할 수 있는데, 이 역할을 이 같은 위젯 코드가 수행한다고 보면 됩니다.

[Button 위젯의 HTML 코드]

```
<input type="button" value="type = input Tag">
```

[Button 위젯의 Enhance HTML 코드]

```
<div class="ui-btnui-input-btnui-corner-all ui-shadow">
  type = input Tag
  <input type="button" value="type = input Tag">
</div>
```

마지막으로 해당 위젯을 다시 원래 상태로 돌리는 데 사용되는 코드가 _destroy() 메서드에 선언돼 있습니다. 이처럼 제이쿼리 모바일의 모든 위젯은 하나의 위젯 팩토리 패턴을 통해 생성과 소멸 기능이 정의돼 있습니다. 이번 장에서 살펴본 제이쿼리 모바일의 모든 위젯은 위젯 팩토리 패턴을 이용해 만들어졌고, 생명주기를 가지고 있다는 점을 기억하면 될 것입니다.

제이쿼리 모바일은 오픈소스 프로젝트이며, 상당히 많은 코드가 버전별로 변경되고 있습니다. 보여지는 위젯의 형태는 똑같을 수 있지만, 팩토리 패턴에 정의된 위젯 코드는 버전별로 상이할 수 있으며 현재 설명한 소스는 1.4.3 버전을 기준으로 합니다.

05 장

핸들바

5.1. 핸들바란?

이번 장에서는 핸들바(Handlebars)에 대해 알아보겠습니다. 핸들바는 머스태시(Mustache) 템플릿 언어 기반으로 만들어진 확장 템플릿입니다. 따라서 머스태시로 구현된 부분을 핸들바로 대체할 수 있습니다. 머스태시로는 로직을 구현할 수 없지만 핸들바는 사용자 정의 헬퍼를 통해 로직을 구현할 수도 있습니다.

핸들바는 IE7까지 지원하는 폭넓은 호환성을 갖추고 있으며, Ember.js나 머스태시를 기반으로 하기 때문에 다른 엔진을 접목시키기가 유리하다는 장점이 있습니다. 또한 뷰(view)와 로직(logic)을 확실하게 분리하기 때문에 이로 인해 더 좋은 성능을 얻을 수 있습니다.

핸들바의 특징은 아래와 같습니다.

- 뷰(presentation)와 코드(logic)를 분리해서 사용합니다(HTML과 자바스크립트 파일을 분리해서 사용할 수 있습니다).
- 머스태시 템플릿에 핸들바 확장 기능을 사용할 수 있습니다.
- 자바스크립트 코드 안에 HTML 요소를 넣지 않고 만들 수 있습니다.

이러한 특징들은 웹앱을 만드는 데 큰 강점이 됩니다. 템플릿의 값을 핸들바에서 제공하는 헬퍼나 사용자가 정의한 헬퍼를 통해 자유롭게 설정할 수 있습니다.

핸들바를 이용할 경우 아래와 같은 장점이 있습니다.

- 사전 컴파일(Precompile) 가능. 사전 컴파일을 하게 되면 런타임 코드만 추가하면 됩니다.
- 머스태시 기반으로 친숙하면서 가독성이 높습니다.

- 다양한 프로젝트에서 사용되고, 여러 프로젝트를 통해 안정성이 검증됐습니다.

- 헬퍼를 자유롭게 추가할 수 있습니다.

- Grunt 등으로 빌드 자동화에 사전 컴파일 과정을 포함시키기 쉽습니다.

- 구 버전의 브라우저도 잘 지원합니다(angularJS 대비 장점).

5.2. 핸들바 사용하기

핸들바를 사용하려면 핸들바 홈페이지(http://handlebarsjs.com/)에서 핸들바 자바스크립트 파일을 내려받아야 합니다.

핸들바 자바스크립트 파일은 다음의 링크를 통해 내려받을 수 있습니다.

http://builds.handlebarsjs.com.s3.amazonaws.com/handlebars-v3.0.3.js

핸들바의 런타임 버전도 따로 제공하고 있으며, 런타임 버전의 URL은 아래와 같습니다.

http://builds.handlebarsjs.com.s3.amazonaws.com/handlebars.runtime-v3.0.3.js

이번 장에서는 런타임 버전이 아닌 기본 버전을 기준으로 설명합니다.

핸들바 엔진을 사용하기 위해 앞의 URL를 통해 내려받은 자바스크립트 파일을 아래와 같이 불러옵니다.

```
<script src="handlebars-v3.0.3.js"></script>
```

핸들바의 기본 형식은 아래와 같이, 보여지는 부분을 HTML 코드로 작성하고, 내용이 변경될 부분은 이중 중괄호로 감싸줍니다.

```
<div class="entry">                 <div class="entry">
  <h1>타이틀</h1>                    <h1>{{title}}</h1>
  <div class="body">                <div class="body">
    바디                               {{body}}
  </div>                            </div>
</div>                             </div>
```

이렇게 작성된 HTML 코드를 템플릿으로 사용하기 위해 아래와 같이 핸들바 스크립트 포맷으로 감쌉니다. <script> 태그를 사용하는 것은 페이지에 핸들바 템플릿을 추가하는 방법 중 가장 일반적으로 사용되는 방법입니다.

[예제 5-1] handlebars.html — 14~25행

```html
<script type="text/x-handlebars-template" id="test1-template">
  <div class="entry">
    <h1>{{title}}</h1>
    <div class="body">
      {{body}}
      {{{body}}}
    </div>
  </div>
</script>
```

이 방식의 장점은 사용하기 쉽고 간단하게 구성할 수 있으며, 짧은 시간에 익혀서 사용할 수 있다는 것입니다. 이 방식의 단점은 아래와 같습니다.

- 모든 템플릿이 스크립트 태그와 함께 페이지에 존재하므로 템플릿의 개수가 많아지면 유지보수하기가 매우 어렵다.
- 모든 템플릿이 페이지에 항상 존재하므로 메모리를 효과적으로 사용하기 어렵다.
- 페이지와 동일한 생명주기를 갖게 되므로 반응성을 높이기 어렵다.
- 템플릿을 사전 컴파일할 수 없고 브라우저에서 컴파일해야 하므로 실행이 느려질 수 있다. 템플릿을 컴파일하는 것은 자바스크립트 템플릿 엔진에서 가장 무거운 연산이기 때문이다.

이렇게 만들어진 템플릿은 아래와 같이 자바스크립트에서 핸들바로 컴파일한 후 사용할 수 있게 됩니다.

[예제 5-2] handlebars-example.js — 2~3행

```javascript
var source = $( '#test1-template' ).html();
var template = Handlebars.compile( source )
```

이 템플릿에 들어갈 데이터를 아래와 같이 선언합니다. 이 데이터는 템플릿의 인자로 들어가게 됩니다.

[예제 5-3] handlebars-example.js — 5행

```javascript
var context = {title:"타이틀","body":"바디"};
```

템플릿에 데이터를 넣으면 template 변수 안에는 HTML이 저장됩니다. 이 HTML을 DOM에 추가하면 됩니다.

[예제 5-4] handlebars-example.js - 7행

```
$('body').append(template(context));
```

앞에서 설명한 일련의 작업을 도식화하면 아래와 같습니다.

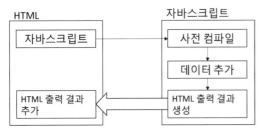

[그림 5-1] Handlebars 흐름도

결과물은 아래와 같이 보입니다.

[그림 5-2] test1-template 결과

5.3. 핸들바의 기본 문법

핸들바를 사용할 준비가 됐으니 이제 핸들바의 문법에 대해 알아보겠습니다.

사실 핸들바의 문법은 아주 간단합니다. 핸들바에서 사용되는 모든 태그는 이중 중괄호({{, }})를 이용해 구분합니다.

```
{{body}}
```

이 구문은 "현재 context에서 body 속성을 참조하라"는 의미입니다.

Block

핸들바 블록은 아래와 같이 표현할 수 있습니다. {{#helper}}로 시작해 {{/helper}}로 끝납니다. 이 블록은 헬퍼를 사용하기 위한 기본 문법입니다.

```
{{#with (context) }}
다른 Handlebars 요소 혹은 HTML
{{/with}}
```

하위 속성 표현

핸들바 요소의 하위 속성을 표현할 때는 '.' 혹은 '/'을 사용합니다. 핸들바의 데이터는 계층적 요소로 구성할 수 있습니다. 계층으로 구성된 데이터 사용 중 하위 속성을 표현하고 싶을 때 사용합니다.

[예제 5-5] handlebars-example.js – 47~49행

```
var ctxChildAttrArr = {Title:"Child Attribute Example",
  Student:{FirstName:"핸들",LastName:"김"}
};
```

[예제 5-6] handlebars.html – 79~95행

```
<script type="text/x-handlebars-template" id="child-attr-template">
  <h1> {{Title}} </h1>
  <table border="1" style="width:100%">
    <tr><td>성(Student.LastName)</td><td>이름(Student.FirstName)</td></tr>
    <tr><td>{{Student.LastName}}</td> <td>{{Student.FirstName}}</td></tr>
    <tr><td>성(Student/LastName)</td><td>이름(Student/FirstName)</td></tr>
    <tr><td>{{Student/LastName}}</td> <td>{{Student/FirstName}}</td></tr>
  </table>
</script>
```

이 구문은 "현재 context에서 Student 속성을 참조한 후, 그 결과에서 LastName 속성을 참조하라"는 의미입니다. 아래의 그림과 같이 '.'과 '/'를 사용한 결과는 동일합니다.

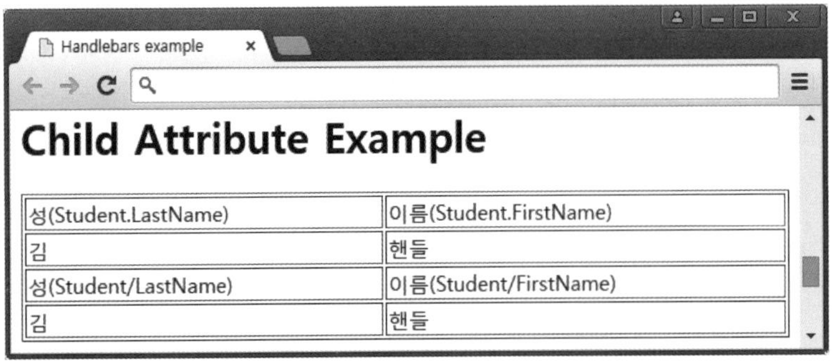

[그림 5-3] Child Attribute 예제를 실행한 결과

부모 속성 표현

핸들바 요소의 부모 속성을 표현할 때는 '../'을 사용합니다. 부모 속성은 현재 사용되는 위치에 있는 데이터를 감싸고 있는 것뿐만 아니라 동일한 위치에 있는 모든 속성을 가져올 수 있습니다.

[예제 5-7] handlebars-example.js - 55~61행

```javascript
var ctxParentAttrArr = {Title:"Parent Attribute", Group:"학생",
  student:[  {FirstName:"핸들",LastName:"김"},
    {FirstName:"노핸",LastName:"김"},
    {FirstName:"바즈",LastName:"이"} ]};
```

[예제 5-8] handlebars.html - 97~111행

```html
<script type="text/x-handlebars-template" id="parent-attr-template">
  <h1> {{Title}} </h1>
  <table border="1" style="width:100%">
    <tr><td>그룹(부모속성)</td><td>성</td><td>이름</td></tr>
    {{#student}}
    <tr><td>{{../Group}} 그룹</td> <td>{{LastName}}</td> <td>{{FirstName}}</td></tr>
    {{/student}}
  </table>
</script>
```

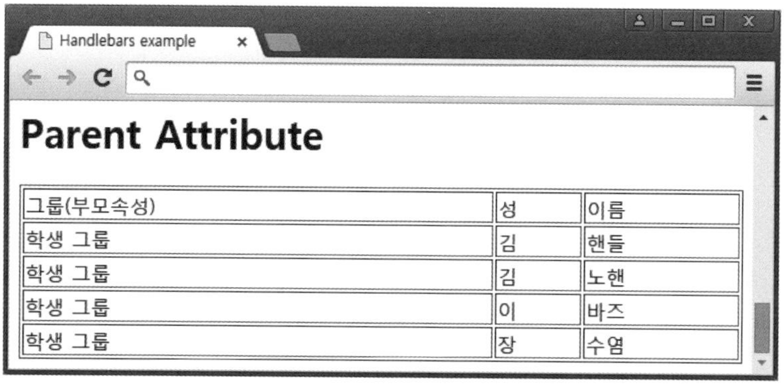

[그림 5-4] Parent Attribute 예제를 실행한 결과

삼중괄호({{{, }}})

HTML 이스케이프 문자를 원래대로 보여주고 싶을 때 사용합니다. 아래 예제와 같이 이중중괄호를
사용하면 이스케이프 문자를 그대로 보여주지만 삼중괄호를 사용하면 이스케이프 문자를 인식해
HTML에 그대로 출력합니다.

[예제 5-9] handlebars-example.js - 67~69행

```javascript
var ctxHTMLEscape = {
  Title:"HTML Escape",
  Body:"<p>이 예제는 HTML escape 문자&lt;p&gt;를 보여주는 예제입니다.</p>",
  Escape:"{{Body}}",Unescape:"{{{Body}}}"
};
```

[예제 5-10] handlebars.html - 113~121행

```html
<script type="text/x-handlebars-template" id="html-escape-template">
  <div class="entry">
    <h1> {{Title}} </h1>
    <div class="body">
      <b>{{Escape}}</b> {{Body}}
      <p><b>{{Unescape}}</b> {{{Body}}}</P>
    </div>
  </div>
</script>
```

[그림 5-5] HTML Escape 예제를 실행한 결과

주석 처리

핸들바의 주석 처리 방법에는 두 가지 방법이 있습니다. 최종 페이지의 HTML에 포함되는 것과 포함되지 않는 것입니다. 핸들바 자체의 주석 처리 방법인 {{! … }}이나 {{!-- --}}을 사용하면 최종 HTML에서 보이지 않습니다. 만약 최종 HTML에서 보이게 하고 싶다면 <!-- -->을 사용하면 됩니다.

스크립트 태그 사용하기

페이지에 핸들바 템플릿을 추가하기 위해 가장 일반적으로 사용하는 것이 〈script〉 태그를 사용하는 것입니다. 아래 예제와 같이 x-handlebars-template 형태의 스크립트로 핸들바 템플릿을 감싸서 사용하는 것입니다.

```
<script type="text/x-handlebars-template" id="name-template">
  <li>{{firstName}} {{lastName}}</li>
</script>
```

이 방식의 장점은 사용하기 쉽고 간단하게 구성할 수 있으며, 짧은 시간에 익혀서 사용할 수 있다는 것입니다.

하지만 다음과 같은 단점도 있습니다.

- 모든 템플릿이 스크립트 태그와 함께 페이지에 존재하기 때문에 템플릿의 개수가 많아진다면 유지보수하기가 매우 어렵다.
- 모든 템플릿이 페이지에 항상 존재하기 때문에 메모리를 효과적으로 사용하기 어렵다.
- 페이지와 동일한 생명주기를 갖게 되므로 반응성을 높이기 어렵다.

5.4. 핸들바 헬퍼 사용하기

이 장에서는 핸들바 헬퍼를 사용하는 방법을 알아보겠습니다.

핸들바는 자체적으로 제공하는 헬퍼(내장 헬퍼)뿐만 아니라 사용자가 원하는 목적에 맞게 헬퍼를 직접 만들어서 사용할 수 있습니다.

내장 헬퍼 사용하기

핸들바에서 제공하는 헬퍼로는 "if", "unless", "else", "each", "with", "lookup", "log"가 있습니다. 이러한 각 헬퍼의 사용법과 예제를 보여드리겠습니다.

If 헬퍼({{#if}}, {{/if}})

{{#if}} 헬퍼는 다른 언어의 if 문과 비슷하게 동작합니다. 하지만 {{#if}} 헬퍼로는 조건식을 사용할 수 없습니다. 단지 변수의 값이 어떤 값이 들어있거나, null만 아니라면 이 변수의 속성은 참이 됩니다. 다른 언어의 if와 같이 {{#if}} 헬퍼는 변수의 값이 참일 때만 동작합니다.

[예제 5-11] handlebars-example.js - 104행

```
var ctxHelperIf1 = {Title:"Helper #If Example 1", FirstName:"핸들", LastName:"김"};
```

[예제 5-12] handlebars.html - 167~176행

```
<script type="text/x-handlebars-template" id="helper-if-template">
  <h1> {{Title}} </h1>
  {{#if Title}}
    <table border="1" style="width:100%">
      <tr><td>{{LastName}}</td> <td>{{FirstName}}</td></tr>
    </table>
  {{/if}}
</script>
```

이 예제에서는 if 헬퍼의 Title 변수에 값이 들어있어서 참이 됐기 때문에 if 헬퍼 안의 내용을 화면에 표시합니다.

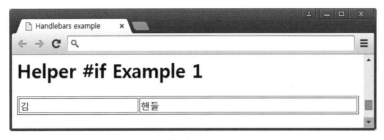

[그림 5-6] 첫 번째 If 헬퍼 예제를 실행한 결과

아래 예제에서는 if 헬퍼가 변수의 length 속성을 검사하는 것을 보여줍니다. 만약 변수의 내용이 없다면 if 헬퍼 안에 있는 내용이 표시되지 않을 것입니다. 이를 이용하면 변수가 비어있는지 여부를 사전에 확인할 수 있습니다.

[예제 5-13] handlebars-example.js - 110행

```
var ctxHelperIf2 = {Title:"Helper #If Example 2", FirstName:"핸들", LastName:"김"};
```

[예제 5-14] handlebars.html - 178~188행

```
<script type="text/x-handlebars-template" id="helper-if2-template">
  <h1> {{Title}} </h1>
  {{#if Title.length}}
    <h3> Title.length의 값은 {{Title.length}} 입니다. </h3>
    <table border="1" style="width:100%">
      <tr><td>{{LastName}}</td> <td>{{FirstName}}</td></tr>
    </table>
  {{/if}}
</script>
```

[그림 5-7] 두 번째 If 헬퍼 예제를 실행한 결과

내장 헬퍼로 제공되는 if 헬퍼로는 아래와 같은 조건식을 사용할 수 없습니다. 만약 이러한 조건식을 사용하고 싶다면 사용자 정의 헬퍼를 사용해야 합니다. 사용자 정의 헬퍼에 대해서는 다음 장을 참고하시기 바랍니다.

```
{{#if KorScore > 10 }}
{{/if}}
```

Unless 헬퍼({{#unless}})

unless 헬퍼는 if 헬퍼와 반대되는 헬퍼로서 속성이 거짓을 때만 화면에 표시됩니다. 따라서 속성값이 거짓일 때만 동작하게 만들고 싶을 경우 unless 헬퍼를 사용하면 간단하게 구현할 수 있습니다. unless 헬퍼도 else 헬퍼를 함께 사용할 수 있습니다.

[예제 5-15] handlebars-example.js - 122행

```
var ctxHelperUnless = {Title:"", FirstName:"핸들", LastName:"김"};
```

[예제 5-16] handlebars.html - 204~214행

```
<script type="text/x-handlebars-template" id="helper-unless-template">
  <h1> {{Title}} </h1>
  {{#unless Title.length}}
    <h3> Title.length의 값은 {{Title.length}} 입니다. </h3>
    <table border="1" style="width:100%">
      <tr><td>{{LastName}}</td> <td>{{FirstName}}</td></tr>
    </table>
  {{/unless}}
</script>
```

[그림 5-8] Unless 헬퍼 예제를 실행한 결과

Else 헬퍼({{else}})

else 헬퍼는 다른 언어의 else 명령과 같은 방식으로 동작합니다. 아래의 예에서 볼 수 있듯이 Title에 아무 내용이 없다면 Title.length의 값이 0이 되므로 else 헬퍼의 내용을 화면에 표시하게 됩니다.

[예제 5-17] handlebars-example.js - 116행

```
var ctxHelperElse = {Title:"", FirstName:"핸들", LastName:"김"};
```

[예제 5-18] handlebars.html - 190~202행

```
<script type="text/x-handlebars-template" id="helper-else-template">
  <h1> {{Title}} </h1>
  {{#if Title.length}}
    <h3> Title.length의 값은 {{Title.length}} 입니다. </h3>
    <table border="1" style="width:100%">
      <tr><td>{{LastName}}</td> <td>{{FirstName}}</td></tr>
    </table>
  {{else}}
    <h3> Title.length의 값은 {{Title.length}} 입니다. </h3>
  {{/if}}
</script>
```

[그림 5-9] Else 헬퍼 예제를 실행한 결과

Each 헬퍼({{#each}}, {{/each}})

#each 헬퍼는 배열처럼 구성돼 있는 data를 반복적으로 순차적으로 보여줄 수 있게 해 줍니다. 아래의 Student라는 배열 안에 들어있는 변수를 #each 헬퍼를 통해 내용을 반복하면서 출력할 수 있습니다.

[예제 5-19] handlebars-example.js - 72~81행

```
var ctxHelperEach = {Title:"Helper #each Example",
  Student:[  {FirstName:"핸들",LastName:"김"},
    {FirstName:"노핸",LastName:"김"},
    {FirstName:"바즈",LastName:"이"},
    {FirstName:"수염",LastName:"장"}]
};
```

[예제 5-20] handlebars.html - 123~136행

```
<script type="text/x-handlebars-template" id="helper-each-template">
  <h1> {{Title}}</h1>
  <table border="1" style="width:100%">
    <tr><td>성</td><td>이름</td></tr>
    {{#each Student}}
      <tr><td>{{LastName}}</td> <td>{{FirstName}}</td></tr>
    {{/each}}
  </table>
</script>
```

결과는 아래와 같습니다.

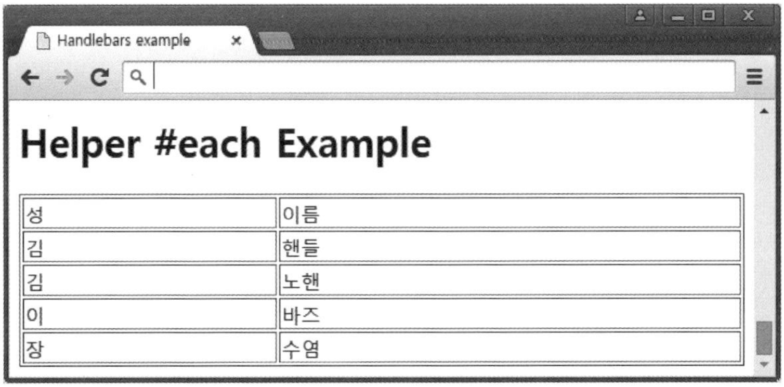

[그림 5-10] each 헬퍼 예제를 실행한 결과

배열에 이름을 붙이지 않고 사용하는 경우 배열을 this라는 이름으로 가져올 수 있습니다. this를 이용하는 방법은 예제를 참고하기 바랍니다.

With 헬퍼({{#with}})

with 헬퍼는 부모 속성을 지정하는 헬퍼입니다. With 헬퍼는 하위 속성에 내용이 들어있을 때만 동작하며, else 헬퍼와 조합해 하위 속성에 내용이 들어있지 않을 때도 처리할 수 있습니다.

[예제 5-21] handlebars-example.js - 128~129행

```
var ctxHelperWith = {Title:"Helper #with Example",
  Student:{FirstName:"핸들",LastName:"김"}};
```

[예제 5-22] handlebars.html - 216~225행

```
<script type="text/x-handlebars-template" id="helper-with-template">
  <h1> {{Title}} </h1>
  {{#with Student}}
    <table border="1" style="width:100%">
      <tr><td>{{LastName}}</td> <td>{{FirstName}}</td></tr>
    </table>
  {{/with}}
</script>
```

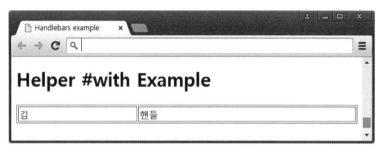

[그림 5-11] with 헬퍼 예제를 실행한 결과

사용자 정의 헬퍼 사용하기

내장 헬퍼가 매우 유용하긴 하지만 사용자가 원하는 복잡한 기능을 구현하려면 사용자 정의 헬퍼(custom helper)를 사용해야 합니다. 사용자 정의 헬퍼를 통해 내장 헬퍼의 기능을 변경할 수도 있습니다.

사용자 정의 헬퍼는 핸들바 템플릿 안에 만드는 것이 아니라 자바스크립트 코드로 만들어야 합니다. 사용자 정의 헬퍼 안에 사용자가 원하는 기능을 자바스크립트로 구현하기 위해서입니다.

사용자 정의 헬퍼는 두 가지 방법으로 만들 수 있습니다. 첫 번째 방법은 함수 헬퍼(function helper)로서, 이것은 블록을 사용하지 않는 단순한 헬퍼입니다. 두 번째는 블록 헬퍼(block helper)로서, 블록으로 헬퍼를 구성합니다.

사용자 정의 함수 헬퍼 만들기

아래 예제는 조건식을 갖는 사용자 정의 헬퍼 함수를 간단하게 구현한 것입니다. 사용자 정의 헬퍼를 만들려면 Handlebars.registerHelper 메서드를 이용해 헬퍼로 등록해야 합니다. 이 메서드는 두 개의 인자를 필요로 합니다. 첫 번째 인자는 헬퍼의 이름으로 사용할 문자열이고, 두 번째 인자는 인자의 숫자를 가져오는 함수입니다.

아래의 예제는 KorGrade라는 사용자 정의 헬퍼를 만드는 예제입니다. 이 헬퍼는 Kor 변수의 숫자를 읽어와 등급을 확인할 수 있게 해줍니다.

[예제 5-23] handlebars-custom-helper.js - 2~15행

```
Handlebars.registerHelper ("KorGrade", function (Kor) {
  if (Kor >= 90) {
    return "A" ;
  }
  else if (Kor >= 80 && Kor < 90) {
    return "B" ;
  }
  else if (Kor >= 70 && Kor < 80) {
    return "C" ;
  }
  else {
    return "D" ;
  }
});
```

[예제 5-24] handlebars-custom-helper.js - 20행

```
var ctxCustomHelper = {Title:"Custom Helper Example", Name:"Handle Kim", Kor:85};
```

[예제 5-25] handlebars.html - 227~230행

```
<script type="text/x-handlebars-template" id="custom-helper-template">
  <h1> {{Title}} </h1>
```

```
    <p>{{Name}}의 국어 등급은 <b>{{KorGrade Kor}}</b>입니다.</p>
</script>
```

[그림 5-12] 사용자 정의 헬퍼 예제를 실행한 결과

사용자 정의 블록 헬퍼

사용자 정의 블록 헬퍼를 등록하면 핸들바는 자동으로 콜백 함수의 마지막 매개변수로 option 객체를 추가합니다. option 객체에는 fn 메서드, hash 객체, inverse 메서드가 포함돼 있습니다.

[예제 5-26] handlebars-custom-helper.js - 25~35행

```
Handlebars.registerHelper("cbhScore", function(objBlockHelper, Options){
  var totalScore = "";
  for(var i=objBlockHelper.length - 1 ; i >= 0 ; i--){
    objBlockHelper[i].Score = objBlockHelper[i].Score.reduce(function (prev, cur){
      return prev+cur;
    });
    totalScore += Options.fn(objBlockHelper[i]);
  }
  return totalScore;
});
```

[예제 5-27] handlebars-custom-helper.js - 40~41행

```
Var ctxBlockHelper = [{Name:"김핸들", Score:[20,40,50,60]},
  {Name:"이바즈", Score:[43,37,59,68]}];
```

[예제 5-28] handlebars.html - 232~237행

```
<script type="text/x-handlebars-template" id="block-helper-template">
  <h1> Custom Block Helper Example </h1>
  {{#cbhScore this}}
    <p>{{Name}}의 성적 총 합계는 {{Score}}입니다.</p>
  {{/cbhScore}}
</script>
```

[그림 5-13] 사용자 정의 블록 헬퍼 예제를 실행한 결과

지금까지 핸들바에 대해 알아봤습니다. 핸들바는 웹앱을 로직과 뷰로 분리해서 설계할 수 있게 해 줍니다. 이는 앱을 수정하고 보완하기 위해 소요되는 시간을 줄이고, 재사용을 쉽게 해줍니다. 또한 핸들바를 Meteorblaze나 ember.js 등의 다른 프레임워크와 연동해 사용할 때 쉽게 데이터 컨텍스트를 변경할 수 있게 함으로써 능동적인 변화를 줄 수 있습니다.

이 책에서는 프로젝트 2에서 핸들바 문법을 사용하는 어셈블을 이용해 진행했으니 참고하기 바랍니다.

06장

Node.js

6.1. Node.js란?

이번 장에서는 이 책에서 많이 다뤘던 Node.js에 대해 알아보겠습니다. 최근 들어서 웹 분야에 조금이라도 관심이 있었던 개발자라면 Node.js라는 단어를 많이 접하셨을 것입니다. Node.js는 자바스크립트로 서버를 개발할 수 있기 때문에 기존에 화면만을 다뤘던 프런트엔드 개발자들에게 단비와 같은 존재로서, 최근에는 정말 다양한 분야에서 사용되고 개발에 활용되고 있습니다.

또한 간단한 코드만으로 확장성 있는 네트워크 애플리케이션을 만들 수 있다는 Node.js의 장점 덕분에 기존의 서버 개발자들이 자바스크립트 언어에 관심을 두게 되는 계기가 되기도 했습니다.

> Node.js의 공식 웹사이트는 https://nodejs.org/이며, 이곳에서 각 버전의 Node.js를 내려받아 설치할 수 있습니다.

Node.js는 CommonJS라고 하는 워킹그룹에서 만든 명세를 기반으로 만들어졌으며, 2009년 자바스크립트 컨퍼런스로 유명한 JSConf 2009에서 라이언 달(Ryan Dahl)이 발표했습니다. Node.js가 발표된 후 자바스크립트로 이벤트 기반의 논블로킹(Non-Blocking) IO 방식의 서버 프레임워크를 만들 수 있다는 사실만으로 많은 화제가 되어 지금은 서버 사이드 및 자바스크립트 기반의 생산성 도구 등 여러 방면으로 Node.js가 활용되고 있습니다.

CommonJS는 자바스크립트를 웹 브라우저에서뿐만 아니라 서버 사이드 또는 데스크톱에서도 사용 가능하게 하려고 만들어진 단체입니다. (워킹그룹으로 운영되고 있으며, 자바스크립트를 범용적으로 사용할 수 있게 규격을 만드는 역할을 합니다.)

http://www.jsconf.eu/2009/speaker/speakers_selected.html

Node.js의 탄생이 되는 라이언 달의 발표영상입니다. Node.js에 대해 기본부터 알아보고 싶은 분은 아래 링크를 참고하세요.

https://www.youtube.com/watch?v=ztspvPYyblY

기존의 수많은 서버 프레임워크와 비교해서 Node.js는 과연 어떤 장점이 있었기에 개발자들이 열광했는지 살펴보겠습니다. 우선 Node.js의 가장 큰 특징은 단 하나의 스레드가 이벤트 루프를 구동하며, 논블로킹 I/O 방식으로 동작합니다.

위의 말이 잘 이해가 가지 않는다면 아래의 간단한 예제 코드로 설명해보겠습니다. 우선 기존의 웹 애플리케이션에서 데이터베이스를 조작하는 경우에는 보통 아래와 같은 코드를 사용합니다.

```
var result= db.query( "select * from Table");
// result 사용
```

위 코드에서는 DB 쿼리문을 이용해 데이터베이스에 접근한 후 원하는 데이터를 가져온 결과를 result라는 변수에 저장합니다. 당연히 데이터베이스에서 모든 데이터를 가져오기까지 해당 코드는 실행을 멈추게 됩니다.

아래는 이벤트 기반(Event-driven) 방식으로 데이터베이스를 조작하는 경우의 코드입니다.

```
Db.query( "select * from Table", function( result ){
  // result 사용
});
//다른 일을 하자
```

위 코드에서는 데이터베이스에서 쿼리로 데이터를 요청하고 다음 코드 줄("//다른 일을 하자" 부분)에서 전혀 다른 코드를 실행할 수 있습니다. 데이터베이스에 접근할 수 있게 된 순간에 result를 사용할 수 있으며, 입/출력에 소요되는 시간에는 다른 일을 할 수 있습니다. 이러한 방식은 로딩이 긴 작업이 많을 경우, 요청을 해놓고 다른 일을 할 수 있기 때문에 웹 서버와 같이 여러 요청이 오는 경우에 컴퓨터의 부하를 줄여줄 뿐만 아니라 간단한 작업의 경우에는 필요 없는 작업을 하지 않기 때문에 속도도 빠르다고 할 수 있습니다.

실제로 라이언 달이 발표한 자료를 보면 기존의 아파치 웹 서버에 비해 간단한 HTTP 속도가 3배나 빠르고 동시 접속에 대한 성능도 꽤 안정적이라는 것을 확인할 수 있습니다.

http://zgadzaj.com/benchmarking-nodejs-basic-performance-tests-against-apache-php

http://blog.caustik.com/category/node-js/(100만 동시 접속 성공 테스트)

2015년 6월을 기준으로 Node.js는 160,471개의 패키지 모듈을 보유하고 있으며, 지금도 계속 증가하고 있는 추세입니다.

Express, Grunt, Karma, Bower, Cordova, Coffee-script, Gulp, Yo와 같은 유명한 노드 패키지 모듈이 있으며, 이러한 모듈은 자바스크립트 개발자에게 유용한 역할을 합니다. 참고로 이 책에서는 Grunt, Bower, Assemble에 대해 일부 다룰 예정입니다.

그리고 무엇보다도 이 모든 것을 자바스크립트 언어 하나로 모두 해결할 수 있다는 것도 큰 장점입니다. 하지만 기존의 프로그래머들이 문화적으로 이벤트 방식의 구현이 익숙지 않다는 점, 아직 1.0 정식 버전이 나오지 않았다는 점 등이 상용 웹 서버로서 Node.js가 가진 단점이라고 할 수 있습니다. 다만 최근의 경향을 살펴보면 웹 서버뿐만 아니라 여러 방면으로 Node.js가 활용되는 것을 볼 수 있습니다.

우선 Node.js의 설치 및 사용법을 알아보겠습니다. Node.js는 다음 사이트에서 자유롭게 내려받을 수 있습니다.

- http://nodejs.org/download/

윈도우와 맥 OS X에서는 운영체제에 맞게 내려받아 설치하면 쉽게 설치할 수 있습니다. 리눅스의 경우에는 조금 까다로운데 리눅스에서 설치하고 싶은 분들은 아래 링크를 참고합니다.

Node.js 기본 슬라이드세어 자료(9쪽 참조)
- http://www.slideshare.net/kazikai/nodejs-29836481

설치 파일을 내려받을 때 알아두면 좋은 규칙이 하나 있는데 바로 다음과 같습니다.

- **짝수 버전:** 안정 버전이며, 공개 API는 변경되지 않음
- **홀수 버전:** 비안정 버전이며 API가 수정될 수 있음

이 책에서는 0.10 버전 기준으로 코드를 작성했으므로 0.10으로 시작하는 버전 또는 0.12 버전으로 시작하는 버전을 내려받아 설치하면 됩니다.

설치가 끝나면 각 운영체제의 터미널에서 Node.js를 자유롭게 사용할 수 있습니다. 윈도우에서는 Node.js 명령 프롬프트를 실행해 사용할 수 있습니다.

다음으로 npm에 대해 알아보겠습니다. Node.js의 환경을 가장 잘 이해하려면 이 npm을 살펴봐야 합니다. npm(Node Package Manager)은 Node.js로 이뤄진 모듈을 설치하는 데 활용하는 패키지 관리자입니다. Node.js의 모든 모듈은 모두 npm 기반으로 돼 있습니다. npm으로 구성된 모듈을 설치하려면 아래와 같이 명령창에 입력하면 됩니다.

> 리눅스에 익숙하신 분들은 Node의 npm이 apt(Advanced Packaging Tool)와 비슷한 역할을 하고 있다고 보면 됩니다.

```
$ npm install <패키지명>
```

위와 같은 방식은 지역 모드 방식이며, 해당 디렉터리의 node 모듈을 설치합니다. 만약 전역 모드로 Node 모듈을 사용하고 싶다면 다음과 같이 입력하면 됩니다.

```
$ npm install -g <패키지명>
```

버전별로 다르게 설치하려면 아래의 규칙을 적용하면 됩니다.

```
$ npm install <패키지명>@<버전>
$ npm install <패키지명>@1.1.0  (1.1.0 버전 설치)
$ npm install <패키지명>@1.1.x  (1.1.x의 최신 배포판 설치)
$ npm install <패키지명>@"<2.0" (2.0보다 하위 버전 설치)
$ npm install <패키지명>@">=0.1<2.1" (0.1과 2.1사이의 최신 배포판 설치)
```

설치된 npm 모듈을 제거하는 방법은 아래와 같습니다.

```
$ npm uninstall <패키지명>
$ npm uninstall -g <패키지명>
```

npm 모듈을 업데이트하는 방법은 다음과 같습니다.

```
$npm update <패키지명>
```

이처럼 npm으로 이뤄진 모듈은 package.json 파일에 의존성을 명시해서 관리할 수 있습니다.

package.json은 공개 패키지를 기술하기 위해 고안된 npm의 정보를 담고 있는 JSON 형태의 문서이며, 모든 npm으로 구성된 모듈에 포함돼 있습니다. 이 파일에는 해당 모듈에서 사용하는 다른 모듈을 정의할 수 있으며, 해당 모듈의 이름과 버전 등 여러 가지 정보를 담고 있습니다.

> https://docs.npmjs.com/files/package.json
>
> package.json에 포함돼야 하거나 포함할 수 있는 정보에 대한 가이드 문서입니다. 개발자가 npm으로 이뤄진 모듈을 제작하려면 위 문서에 정의된 규격에 따라야 합니다.

npm에 대해 설명했으니 이번에는 Node.js에서 어떻게 모듈을 사용하는지 알아보겠습니다. Node.js에서 모듈을 사용하려면 require()라는 메서드를 사용하면 됩니다. 모듈 중에는 코어 모듈과 코어 모듈이 아닌 모듈이 있는데, 코어 모듈은 기본적으로 Node.js 바이너리 배포판에 미리 컴파일돼 있는 모듈을 말합니다. 코어 모듈을 로딩하려면 다음과 같이 선언하면 됩니다.

[코어 모듈을 로딩하는 방법]

```
var coreModule = require("http");
```

코어 모듈은 모듈명으로만 로딩할 수 있습니다. 만약 같은 이름의 서드파티 모듈이 존재하더라도 위와 같이 선언하면 우선적으로 로딩됩니다.

코어 모듈이 아닌 경우에는 아래와 같은 방식으로 로딩하면 됩니다.

[모듈을 로딩하는 방법]

```
//절대경로 로딩
var module = require( "/home/a/b" );
//상대경로 로딩
var module = require( "./b.js");
//상대경로 확장자 생략 가능(.js는 생략 가능합니다.)
var module = require( "./b");
//폴더 경로 로딩
var module = require( "./moduleFolder");
```

폴더 경로로 모듈을 로딩할 경우에는 해당 폴더에서 package.json을 찾아 해당 package.json의 main 속성에 정의된 상대경로를 로딩합니다. 만약 package.json이 정의돼 있지 않다면 index.js 파일을 찾습니다.

그리고 npm으로 공개된 모듈을 사용하기 위해서는 앞에서 배운 설치 방법으로 모듈을 설치한 다음 다음과 같이 로딩하면 됩니다.

```
var npmModule = require( "<모듈명>.js");
```

위와 같이 로딩하면 현재 디렉터리를 기준으로 ./node_modules/<모듈명>.js를 찾아 모듈을 로딩합니다. 만약 해당 경로에 모듈이 존재하지 않으면 상위 디렉터리의 node_modules를 찾고 루트 디렉터리까지 탐색해서 찾습니다. 만약 루트 디렉터리에도 해당 모듈이 존재하지 않으면 오류가 발생합니다.

위와 같이 모듈을 로딩해서 사용하는데 코어 모듈의 경우에는 안정적인 API와 안정적이지 않은 API로 구분됩니다. 각 API의 레벨(Level)이 정의돼 있으며, 상용으로 Node.js를 사용하게 된다면 사용하고 있는 내장 모듈이 몇 레벨의 API인지 확인하는 습관을 들이는 것이 좋습니다. 각 API 레벨의 정의는 다음과 같습니다.

- Stability 0(Deprecated): 문제가 있어서 변경될 예정이며, 하위 호환성이 없음
- Stability 1(Experimental): 변경될 예정이거나 실험적인 API
- Stability 2(Unstable): 현재 제작 중인 API이지만 상용화하기는 불안정함
- Stability 3(Stable): 하위 호환성이 보장되지만 사소한 변경은 가능
- Stability 4(API Frozen): 다양한 상품에서 넓게 사용되고 테스트되어 거의 바뀌지 않음
- Stability 5(Locked): 정말 심각한 문제가 발생하지 않는 이상 바뀌지 않음

https://nodejs.org/api/documentation.html

Node.js를 기반으로 개발할 때 일반적으로 자주 사용하는 os 모듈도 Stability 4의 API Frozen이며, 파일 시스템 모듈로 폭넓게 사용하고 있는 fs 모듈도 Stability 3의 Stable 상태입니다.

Node.js의 코어 모듈에 대한 설명은 https://nodejs.org/api/에 나와 있으며, 각 버전별로 릴리즈될 때 일부 API가 변경될 수도 있습니다. 또한 코어 모듈을 제외한 외부 모듈을 사용하고 싶을 경우에는 https://nodejsmodules.org/를 참조해 최근에는 어떤 모듈이 많이 사용되고 있는지도 확인할 수 있습니다.

이 책에서는 기본적인 Node.js의 모듈 개발이나 웹 서버 개발보다는 프런트엔드 개발자에게 필요한 node.js 모듈에 대해 알아보겠습니다.

최근 몇 년간 HTML5 표준화가 완료됐으며, 브라우저 기술도 발전해 HTML5를 이용한 프런트엔드에 대한 기술의 중요성이 커졌습니다. 그리하여 기존의 백엔드 시스템이나 네이티브 환경에서만 존재하던 빌드 도구가 프런트엔드 기술에도 필요해졌습니다.

이때 Grunt라는 모듈이 공개됐는데, 이 자바스크립트 전용 빌드 도구는 프런트엔드 개발자의 생산성을 증대시켜 주었습니다.

이전에 파이썬이나 자바와 같은 백엔드에서 많이 사용되는 프로그래밍 언어로 수행했던 자바스크립트 코드 축소화(Minify), HTML 생성, 프락시 서버 설정, 파일 복사 등 여러 가지 작업을 순수하게 자바스크립트를 이용해서 만들 수 있기 때문에 프런트엔드 개발자는 다른 언어 및 도구의 힘을 빌리지 않고 이러한 환경을 구축할 수 있게 됐습니다.

우선 Grunt는 공식 홈페이지인 http://gruntjs.com/에서 간단한 소개와 문서를 확인할 수 있습니다. JavaScript Task Runner라는 부제목처럼 Grunt는 Task별로 나눠져 있으며, Task를 등록하거나 공개된 Task를 이용해 자유롭게 사용할 수 있습니다. 또한 Grunt는 Node.js처럼 npm 기반의 에코시스템을 갖추고 있습니다. 특정 Task를 자유롭게 npm에 업로드할 수 있으며, Grunt 전용으로 만들어진 grunt-contrib로 시작하는 플러그인도 가지고 있습니다.

> Grunt를 통해 자바스크립트로 이뤄진 JS 파일도 다수 파일 병합, 정적 검사, 압축, 복사, 로컬 웹서버 실행 등의 작업을 할 수 있습니다. 이때 이러한 작업을 Task라고 명합니다. Grunt는 결국 이 Task 기반으로 모듈도 분리돼 습니다.

> https://github.com/gruntjs/grunt-contrib

Node.js가 오픈소스 기반으로 운영되고 있는 것처럼 Grunt 또한 MIT 라이선스의 오픈소스 프로젝트로 공개돼 있어서 자유롭게 수정과 배포가 가능합니다. 이러한 장점은 Grunt의 플러그인 모듈에도 해당되며, 개발에 필요한 Task는 간단한 검색으로 사용 가능하고, 필요하다면 개발자가 직접 만들 수도 있습니다. 게다가 예제 파일도 많기 때문에 충분히 참조해서 활용 가능합니다. 이러한 구조 및 환경을 템플릿 형태로 제공하는 Yeoman이라는 모듈도 있습니다.

> http://yeoman.io/
> Yeoman은 최신 브라우저에서 개발 환경을 설정하기 위해 편리성을 극대화한 도구입니다. Yeoman은 Yo + Grunt + Bower의 조합으로 구성돼 있습니다. Bower에 대해서는 뒷부분에서 다루겠습니다.

이처럼 Grunt는 거의 혁명이라고 할 수 있을 정도로 개발자의 생산성을 증대시켜줍니다. 몇 년 전만 해도 프런트엔드 개발자가 배포된 서버의 API 기반으로 로컬 환경에서 개발하려면 프락시 도구를 사용해야 했는데(또는 서버 환경에 접속해서 개발하거나) Grunt는 간단한 proxy 모듈만 가지고도 로컬 환경에서 개발할 수 있게 만들어줍니다.

현재 Grunt의 안정 버전은 0.4.5, 개발 버전은 0.4.6이며, 0.3 버전과 0.4 버전 사이에 구조가 바뀌었기 때문에 Grunt를 사용하고자 할 때는 0.3.x 버전인지 0.4 이후의 버전인지 확인해야 합니다.

Grunt의 사용법은 아래의 순서와 같습니다.

package.json 생성

Grunt도 결국 Node.js의 모듈입니다. Node.js의 모듈은 package.json을 통해 의존성 관리를 하는 것처럼 Grunt도 결국 이 파일을 이용해 Task에 필요한 모듈을 로딩합니다.

이 책에서 다루고 있는 제이쿼리 모바일 예제 파일의 빌드를 담당하고 있는 Grunt의 package.json 파일을 살펴보면 아래와 같습니다.

```
[jqm-example-project: package.json]
{
  "name": "jQuery-Mobile-ExampleCode-Grunt",
  "version": "0.0.1",
  "private": true,
  "devDependencies": {
    "grunt": "^0.4.3",
    "load-grunt-tasks": "^0.4.0",
    "grunt-contrib-jshint": "^0.8.0",
    "assemble": "^0.4.36",
    "grunt-contrib-watch": "^0.5.3",
    "grunt-contrib-connect": "^0.7.1",
    "grunt-newer": "^0.6.1",
    "grunt-contrib-concat": "^0.3.0",
    "grunt-contrib-uglify": "^0.4.0",
    "grunt-contrib-cssmin": "^0.9.0",
    "grunt-usemin": "^2.0.2",
    "grunt-contrib-clean": "^0.5.0",
    "grunt-contrib-copy": "^0.5.0",
    "grunt-connect-proxy": "^0.2.0"
  },
  "dependencies": {}
}
```

Gruntfile.js

Grunt에 필요한 모듈 의존성 정의가 끝났다면 Grunt 실행에 필요한 메인 파일을 작성해야합니다. 파일명은 Gruntfile.js로 지정하고 package.json과 같은 디렉터리에 넣으면 됩니다. Gruntfile.js의 기본 구조는 아래와 같으며, 이 책 예제의 jqm-example-project의 Gruntfile.js를참고합니다.

[jqm-example-project: Gruntfile.js]

```
module.exports = function(grunt) {
  ...
  // Project configuration.
  grunt.initConfig({
  ...
 });
  grunt.registerTask('server',['connect:test-server','watch']);
 };
```

Grunt가 0.3 버전이었을 때는 Gruntfile.js 대신 grunt.js를 실행 파일로 만드는 것이규격이었습니다. 이 규격이 0.4 버전부터 바뀌었고 최근에는 대부분의 프로젝트가 0.4 버전으로Grunt를 작성합니다.

Grunt-cli 설치

Grunt를 실행하기 위해 package.json과 Gruntfile.js가 포함돼 있는 디렉터리에서 다음 명령어를실행합니다.

```
$ npm install
```

Grunt를 구동하는 데 필요한 모듈을 설치했다면 이제는 Grunt를 실행하기 위한 Grunt 명령줄인터페이스를 설치해야 하므로 아래의 명령어를 실행합니다.

```
$ npm install -g grunt-cli
```

-g 옵션은 글로벌 설치 모드를 나타내며, 관리자 권한이 필요합니다.

위의 작업이 끝나면 이제 해당 디렉터리의 터미널에서 아래의 명령어를 입력하면 Grunt를 실행할수 있습니다.

```
$ grunt
```

이처럼 Grunt는 간단한 작업만으로 여러 가지 Task를 등록해서 수행할 수 있으며, 지금도 생산성에 도움되는 각종 도구가 Grunt를 통해 만들어지고 공개되고 있습니다.

최근에는 Grunt와 비슷한 역할을 하는 Gulp(http://gulpjs.com/)라는 프로젝트도 등장했습니다.

다음으로 Bower에 대해 알아보겠습니다.

프런트엔드 작업을 하거나 자바스크립트를 접하면서 가장 처음 접하는 라이브러리는 어떤 라이브러리일까요? 아마도 제이쿼리 라이브러리일 것입니다. 이 책의 주제인 제이쿼리 모바일도 제이쿼리 기반이며, 프런트엔드 개발에는 최소한 몇 개 이상의 라이브러리를 사용하게 됩니다. 하지만 이러한 라이브러리는 업데이트하기가 성가실뿐만 아니라 관리하기도 힘들며, 사용하는 공개 라이브러리가 많아지면 작성한 코드와 분리하기가 어려워집니다. 또한 라이브러리뿐만 아니라 다양한 리소스까지 포함되면 더욱더 프로젝트가 복잡해지며, 다수의 개발 환경을 설정할 때마다 복사해야 하며, git이나 svn 같은 소스코드 저장소를 사용하게 되더라도 파일을 해당 시스템에 업로드해서 동기화해야 할지 고민하게 됩니다. 이러한 문제점을 해결하기 위해 등장한 것이 바로 Bower 입니다. Bower는 프런트엔드에 좀더 최적화돼 있으며 위에서 설명한 문제점을 해결해 줍니다.

Bower를 사용하기 위해 우선 설치합니다. Bower는 npm 기반으로 설치되므로 우선 Node.js가 설치돼 있어야 합니다.

또한 git도 설치해야 합니다.

설치 명령어는 아래와 같습니다.

```
$ npm install - g bower
```

Bower를 설치하고 나면 필요한 패키지를 아래와 같은 명령어로 설치합니다.

```
$ bower install <패키지>
```

설치된 패키지는 bower_components라는 디렉터리에 설치되며, 해당 디렉터리의 파일을 참조해서 개발에 사용하면 됩니다. 물론 이렇게 설치한 정보는 bower.json이라는 파일에 저장해놓고 재사용할 수 있습니다.

> http://bower.io/docs/creating-packages/#bowerjson

이처럼 Grunt와 Bower를 이용하면 다수의 개발자들이 쉽게 개발 환경을 공유 및 설정할 수 있으며, 모든 것을 자바스크립트로 제어할 수 있기 때문에 특히 프런트엔드 개발자에게는 생산성 향상에 중대한 영향을 끼쳤습니다.

io.js

Node.js에 대해 살펴보면서 io.js에 대한 이야기도 해보려고 합니다. 우선 io.js는 Node.js 기반으로 만들어졌으며, npm과 호환되는 플랫폼입니다.

io.js는 2014년경에 Node.js 0.12 버전을 포크해서 만들어진 프로젝트입니다. Node.js가 아직 1.0 버전이 나오지 않은 것에 비해 io.js는 현재 2.3.1이며, 최근 버전 업데이트가 더딘 Node.js에 비해 상당히 공격적인 변화를 하고 있습니다.

실제로 io.js의 로드맵 페이지(http://roadmap.iojs.org/)를 확인해봐도 Node.js의 메인 컨트리뷰터에 의해 시작했지만 최근에는 Node.js 프로젝트보다 더 활발한 개발자들이 합류해서 작업 중이며, 커뮤니티가 주도하는 오픈소스 프로젝트라고 명시돼 있습니다. 이 부분은 아마도 Node.js가 초기의 커뮤니티에서 운영되고 업데이트되던 예전과 달리 조이언트(Joyent)라는 영리 단체의 지원에 의해 운영되면서 여기에 반발한 기존 Node.js 컨트리뷰터가 io.js로 나오면서 이 같은 목표를 표방하는 것이라고 조심스럽게 추측해볼 수 있습니다.

다만 공격적으로 커뮤니티를 운영했지만 기존의 Node.js의 모듈과의 호환성 문제도 있었고, 비슷한 목적을 가진 프로젝트가 분리되어 운영된다는 것에 대해 조이언트 측에서 Node.js 재단을 만들었고, 최근에는 io.js가 다시 이 재단에 참여하는 것으로 결정됐습니다.

■ 2015년 5월 15일자 기사: https://medium.com/node-js-javascript/io-js-week-of-may-15th-9ada45bd8a28

위 URL을 참고하면 io.js 측에서도 해당 결정을 반기는 것으로 나와있으며, 첫 번째로 io.js 조직이 Node.js 조직으로 이동할 것이며, 모든 상황이 완료될 때까지는 io.js 릴리즈를 계속 진행할 것이라고 나와 있습니다. Node.js와 io.js가 분리되는 분위기였다가 다시 합쳐지는 분위기라고 볼 수 있으며, io.js 조직 이름도 다시 nodejs로 변경될 예정입니다.

지금까지는 프런트엔드와 백엔드에 필요한 기술을 배웠습니다. 즉, 제이쿼리 모바일로 화면 단을 구성하고, Node.js로 서버 단을 구성할 수 있게 됐습니다. 이를 활용해 이번 장에서는 간단한 채팅 서비스를 만들어 보겠습니다.

socket.io란?

채팅 서비스를 만들기 위해서는 서버와 클라이언트가 양방향 통신을 해야 합니다. 실시간 양방향 통신을 위해서는 소켓을 사용하는 것이 일반적이며, 소켓 기능을 사용하기 위해 우리가 선택할 수 있는 기술로는 웹소켓(WebSocket)과 socket.io가 있습니다. 현재는 웹소켓을 구현한 모듈도 많지만, 여기서는 오래전부터 사용되고 브라우저 호환성이 좋으며, 안정적으로 꾸준히 개발되고 있는 socket.io를 활용하겠습니다.

socket.io를 이용하면 클라이언트 단과 서버 단의 코드를 매우 간단하게 구성해 채팅 프로그램을 만들 수 있습니다. 특히, room이라는 개념을 제공하는데, 이를 이용하면 대화방 기능까지 매우 간략하게 구현할 수 있습니다.

socket room 소개

socket.io는 접속한 클라이언트를 room 단위로 나눠서 관리할 수 있는 기능을 제공합니다. 특정 room에 있는 클라이언트를 골라서 이벤트를 보내고 받을 수 있습니다.

특정 소켓을 room1에 넣어서 관리하려면 다음과 같이 합니다.

```
socket.join("room1");
```

특정 소켓을 room1에서 제외하려면 다음과 같이 합니다.

```
socket.leave("room1");
```

또한 특정 room에 있는 상대방에게 모두 이벤트를 보내고 싶다면 다음과 같이 하면 됩니다.

```
socket.broadcast.to("room1").emit("some_event", some_data);
```

물론 현재 연결돼 있는 모든 사용자에게 이벤트를 보낼 수도 있습니다.

```
socket.broadcast.emit("some_event", some_data)
```

프로젝트 구조 및 설치 방법

완성된 chat 프로젝트는 jqm-example-project에 있습니다. project/chat 폴더로 가면 아래와 같은 폴더 구조를 확인할 수 있습니다.

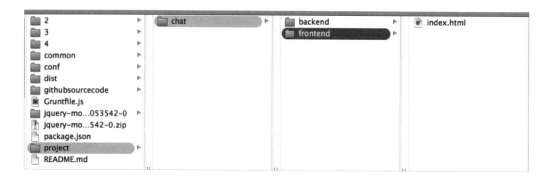

frontend 폴더에는 제이쿼리 모바일로 작성한 HTML, 자바스크립트 소스코드가 있으며, backend 폴더에는 Node.js 소스코드가 있습니다. 서버를 작동시키려면 npm install로 반드시 관련 라이브러리를 설치해야 합니다.

구현 계획

채팅 프로그램의 종류는 굉장히 많습니다. 그러나 여기서는 약간 요구사항을 간략하게 줄이겠습니다.

1. 대기 화면에는 현재 채팅방 목록을 보여준다.

2. 채팅방은 2명까지만 수용한다.

3. 참여를 원하는 경우 1명이 있는 방에 우선 입장하고, 없으면 새 방을 만들어 다른 참여자를 기다린다.

구현 방법 설명

클라이언트가 실행되면 곧바로 서버와의 연결을 시도합니다. 이 예제에서 서버는 로컬의 8080 포트로 실행돼 있다고 가정합니다. 성공적으로 연결되면 'connect'라는 이벤트가 오는데, 이 이벤트를 받아서 사용자 추가(adduser 이벤트)를 요청합니다.

[예제 P1-1] 사용자 추가 요청

```
var socket = io.connect('http://127.0.0.1:8080');
socket.on('connect', function(){
  socket.emit('adduser');
});
```

이제는 서버 단에서 adduser 이벤트를 받아 사용자 추가에 대한 작업을 해야 합니다. adduser 이벤트를 받으면 고유한 사용자 이름을 생성하고 해당 소켓에 사용자 이름을 저장합니다.

첫 화면에서 전체 대화방 리스트를 표현해야 하므로 전체 방 정보가 들어있는 배열인 Rooms를 전송합니다.

[예제 P1-2] 사용자 추가 처리

```
socket.on('adduser', function() {
  nUser += 1;
  socket.username = 'User'+nUser;
  socket.emit('updateRoomlist', Rooms);
});
```

클라이언트에서는 updateRoomlist 이벤트가 도착하면 제이쿼리 모바일의 리스트뷰 위젯에 〈li〉 요소를 추가합니다. 정보가 모두 채워지면 마지막으로 enhance를 위해 새로고침하면 대화방을 화면에 표시하는 작업이 완료됩니다.

코드가 생각보다 긴 이유는 Listview 위젯이 계속 동일한 정보로 중복되지 않도록 자식 노드를 지워주는 작업과 아무 대화방도 없을 경우에 대해 빈 화면을 보여주기 위한 처리를 하기 때문입니다.

[예제 P1-3] 대화방 리스트 표시

```
socket.on('updateRoomlist', function(data) {
  $("#listview_room").children().remove();
  var isNoRoom = true;
  for(var i in data) {
    isNoRoom = false;
    var roomname = data[i].name;
    $("#listview_room").append('<li>'+roomname+'<span class="ui-li-count">'+data[i].people+' /
2'+'</span></li>');
  }
  if (isNoRoom) {
    $("#listview_room").append('<li>현재 만들어진 방이 없습니다.</li>');
  }
  $('#listview_room').listview('refresh');
});
```

서버 단에서 방 정보를 관리하는 작업은 개발자가 직접 해야 합니다.

방 정보는 Rooms 배열에 담아 놓고, 방의 정보는 다음과 같이 두 가지만 담아 놓겠습니다.

```
var room = {
  name: 'room'+nRoom,
  people:0
};
```

위에서 nRoom은 전체 방의 개수를 의미하며, 각 방의 이름이 고유하기 위해서 관리하는 변수입니다.

클라이언트 단에서 참여 버튼을 누르면 서버로 joinRoom 이벤트를 발송하게 되며, 서버에서는 이 이벤트를 받게 되면 방을 생성할지, 1명짜리 방을 찾아서 참여시킬지 결정하게 됩니다. 방이 결정되면 해당 방에 유저를 join시키고, 해당 방의 사용자에게 누가 어느 방에 참여하게 된 것인지에 대한 정보를 화면에 표시하기 위해 보냅니다.

[예제 P1-4] 방에 참여 여부 표시

```
socket.on('joinRoom', function() {
  var oRoom = findRoom();

  if ( joinRoom( oRoom ) ) {
    socket.join( oRoom.name );
    ...
```

```
        socket.emit('updatechat', 'Server', 'You entered '+oRoom.name);
        socket.broadcast.to(oRoom.name).emit('updatechat', 'Server', socket.username+' joins '+oRoom.
    name+'.');
    }
});
```

일단 대화방에 참여하게 되면 클라이언트 단에서는 대화방 목록 페이지가 아닌 대화방용 두 번째 페이지로 이동하게 됩니다.

여기서 입력창에 텍스트를 입력하고 버튼을 누르면 서버로 sendchat 이벤트와 함께 메시지를 보내게 됩니다.

[예제 P1-5] 메시지 서버로 보내기

```
$('#datasend').click( function() {
  var message = $('#data').val();
  $('#data').val('');
    socket.emit('sendchat', message);
});
```

서버에서는 sendchat 이벤트와 메시지를 받아 해당 방에 있는 사용자에게 다시 전송합니다.

[예제 P1-6] 메시지를 방에 있는 사용자에게 전달

```
socket.on('sendchat', function (data) {
  io.sockets.in(socket.room).emit('updatechat', socket.username, data);
});
```

클라이언트 단에서 updatechat 이벤트를 받아 화면에 사용자명과 대화 내용을 출력합니다.

[예제 P1-7] 받은 메시지를 화면에 표시

```
socket.on('updatechat', function (user, data) {
  $('#conversation').append('<b>'+user+' :</b> ' + data + '<br>');
});
```

대화방에서 퇴장하려면 헤더의 나가기 버튼을 누릅니다. 그러면 서버로 quitRoom 이벤트를 발송합니다.

서버 단에서 quitRoom 이벤트를 받으면 socket.leave()를 호출해 해당 소켓을 제거하고, 사용자 수를 감소시켜서 방 정보를 정리합니다.

결과 화면

서버 단을 실행하기 위해 node backend/chatserver.js를 실행한 후 frontend/index.html을 웹 브라우저에서 열면 다음과 같이 첫 화면이 실행됩니다.

물론 현재는 서버가 실행되고 처음 접속한 사용자이기 때문에 대화방이 없습니다.

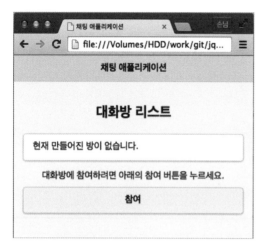

[그림 P1-1] 첫 실행 화면

참여 버튼을 누르면 대화방에 참여하게 됩니다.

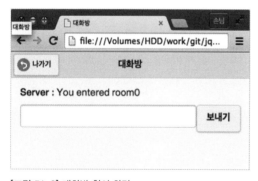

[그림 P1-2] 대화방 참여 화면

현재 사용자가 1명밖에 없으므로 다른 탭이나 브라우저를 실행해 index.html에 접속합니다. 그러면 현재 만들어진 방이 있는 것을 확인할 수 있습니다.

[그림 P1-3] 다른 사용자로 로그인한 화면

이제 참여 버튼을 누르면 대화방에서 두 명이 대화를 나눌 수 있습니다.

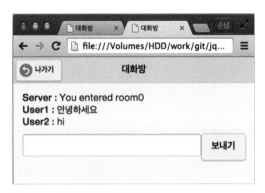

[그림 P1-4] 2명이 참여 중인 대화방

chatserver.js를 실행하면 아래와 같이 사용자가 생성됐는지 여부 및 방 정보, 대화 로그 등을 확인할 수 있습니다.

```
listening 8080 port...
User1 is added.
User2 is added.
created room : { name: 'room0', people: 0 }
found room : { name: 'room0', people: 1 }
[room0] User1 : 안 녕 하 세 요
[room0] User2 : hi
```

[그림 P1-5] 서버 로그

결론

이로써 완벽히 동작하는 서비스를 만들 수 있는 능력을 갖추게 됐습니다. 실제 서비스를 하려면 이 밖에도 서버 단에서 수많은 고민을 해야겠지만 적은 수의 사용자를 대상으로 한다면 이 정도로도 크게 무리가 없습니다. 여기서는 프런트엔드에서 백엔드까지 직접 만들었다는 데 의의가 있습니다.

모바일 청첩장

개요

스마트폰이 대중화되면서 결혼식 청첩장을 모바일 웹으로 만드는 것이 트렌드로 자리 잡았습니다. 이를 모바일 청첩장이라고 하며, 대부분 실물 청첩장 제작 업체를 통해 제작하게 되며, 해당 청첩장 사이트에 배포되어 사이트 URL로 주변 사람들에게 전달합니다.

하지만 이렇게 제작된 모바일 청첩장은 고화질 사진을 올리지 못하거나, 한 가지 포맷밖에 없고, 모바일과 데스크톱 모두 최적화돼 있지 않습니다. 또한 시간이 지나면 해당 사이트는 삭제되어 나중에 추억을 기념하기에도 적절치 않습니다.

제이쿼리 모바일은 모바일 웹 애플리케이션을 간단하게 제작할 수 있게 하는 것이 목적이므로 이러한 모바일 청첩장을 만드는 데 적합한 도구라고 할 수 있습니다.

이번 장에서는 제이쿼리 모바일을 활용해 모바일 청첩장을 만드는 실습을 진행해 보겠습니다. 또한 자바스크립트 프로젝트에서 많이 사용 중인 빌드 도구인 Grunt를 비롯해 핸들바를 템플릿으로 사용한 assemble을 프로젝트에 적용하고, T 맵, 페이스북, 카카오톡과 같은 오픈 API를 제공하는 서비스와 연동해 보겠습니다.

용어 설명

- Grunt(http://gruntjs.com/): 자바스크립트 기반 프로젝트에 적합한 빌드 도구로서 제이쿼리 모바일, 제이쿼리, 부트스트랩 등 여러 오픈소스 프로젝트에서 사용 중이다.

- assemble(http://assemble.io/): 핸들바 템플릿을 이용해 HTML을 모듈화하고 동적으로 생성하는 도구

프로젝트 구조

실습에 앞서 완성된 프로젝트의 소스코드는 https://github.com/kazikai/mobilewedding invitation에 있으며 Git을 이용해 clone하면 어디서나 해당 프로젝트를 확인할 수 있습니다.

우선 프로젝트의 소스코드를 확인하기 위해 위의 깃허브 저장소를 clone해보겠습니다. 해당 프로젝트를 clone하는 명령어는 다음과 같습니다.

```
$ git clone https://github.com/kazikai/mobileweddinginvitation
```

Git을 설치하려면 http://git-scm.com/에서 내려받아 설치하면 됩니다.

해당 프로젝트를 clone하면 다음과 같은 폴더 구조를 확인할 수 있습니다.

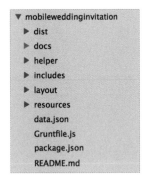

[그림 P2-1] 예제 프로젝트의 디렉터리 구조

각 프로젝트 디렉터리를 설명하면 다음과 같습니다.

- **dist**
  grunt 빌드를 통해 생성되는 프로젝트 결과물입니다. 해당 디렉터리만 웹서버에 배포됩니다.

- **docs**
  제이쿼리 모바일은 단일 페이지 애플리케이션 구조를 띠고 있습니다. 해당 페이지가 될 index.html의 body 부분이 저장돼 있습니다.

- **helper**
  현재 Grunt에서 사용 중인 assemble은 핸들바 템플릿을 사용 중입니다. 이 핸들바 템플릿은 사용자 정의 헬퍼를 만들어 사용할 수 있습니다. helper는 이러한 헬퍼를 저장해놓은 공간입니다.

- **includes**
  현 프로젝트의 〈body〉 요소 안에 여러 개의 페이지가 기능별로 나눠져 있습니다. 총 6개의 페이지로 구성돼 있는데, 이뿐만 아니라 각 페이지별로 공통으로 사용되는 footer toolbar 위젯, script 태그, css 링크 등의 파일도 별도로 나눠져 있습니다.

- layout

  index.html의 구조가 저장돼 있습니다. 기본 doctype, html, head, meta 태그가 저장된 파일이 저장되는 폴더라고 보면 됩니다.

- resources

  해당 프로젝트를 구성하기 위한 css, img, js 파일이 저장됩니다. Grunt로 빌드되면 dist 디렉터리에 복사됩니다.

- Gruntfile.js

  Grunt를 통해 프로젝트의 빌드를 수행합니다. 이를 위해 Grunt의 설정 및 실행에 대한 내용이 저장돼 있는 파일입니다. 해당 파일이 있어야 Grunt가 실행됩니다.

- data.json

  본 프로젝트는 Grunt와 assemble을 통해 index.html 파일이 생성됩니다. 이때 data.json에 저장된 데이터를 참조하는데, 청첩장의 특성상 신부/신랑 소개, 결혼식장 위치, 환영 문구, 이미지 경로 등 변경하기 쉽게 해당 정보를 JSON 형태로 선언해 놓았습니다. 이 JSON 정보를 변경하면 내용이 전혀 다른 청첩장 파일을 생성할 수 있습니다.

- package.json

  Grunt는 Node.js 기반으로 만들어진 도구입니다. Grunt에서 사용 중인 여러 모듈이 npm 기반으로 배포돼 있고, Grunt에서도 이것을 사용합니다. 모든 Node.js 기반 프로젝트는 package.json 파일을 포함하고 있습니다. 해당 파일을 통해 의존성 관리 및 배포 정보를 관리합니다.

설치 방법

해당 프로젝트의 깃허브 페이지에도 설명돼 있지만 본 프로젝트를 원활하게 실행하려면 Node.js가 필요합니다. 예제 프로젝트는 Node.js0.10.28 버전을 기준으로 개발을 진행했으니 0.10 버전 이상의 Node.js를 설치하면 됩니다.

> Node.js는 짝수 버전이 안정 버전이므로 0.10 버전 또는 0.12 버전을 설치하길 권장합니다.

Node.js를 개발 환경에 설치했다면 깃허브 저장소를 clone한 디렉터리로 이동해서 다음과 같은 명령어를 실행합니다.

```
$ npm install
```

위 명령어는 Grunt 빌드에 필요한 패키지를 npm을 통해 설치합니다. 해당 패키지는 package.json에 이미 정의돼 있습니다.

이 과정까지 끝냈으면 마지막으로 해당 프로젝트의 모습을 확인하기 위해 다음과 같은 명령어를 실행합니다.

```
$ grunt
```

위 명령어를 실행해보면 아래와 같은 메시지가 나오면서 Grunt 빌드가 수행됩니다.

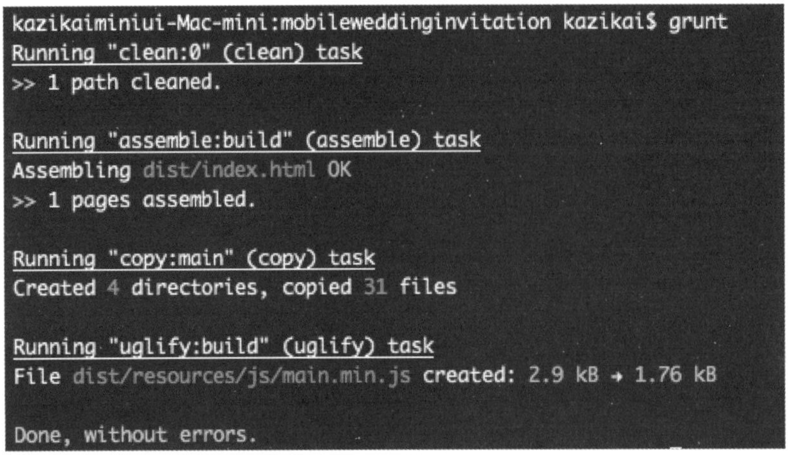

```
kazikaiminiui-Mac-mini:mobileweddinginvitation kazikai$ grunt
Running "clean:0" (clean) task
>> 1 path cleaned.

Running "assemble:build" (assemble) task
Assembling dist/index.html OK
>> 1 pages assembled.

Running "copy:main" (copy) task
Created 4 directories, copied 31 files

Running "uglify:build" (uglify) task
File dist/resources/js/main.min.js created: 2.9 kB → 1.76 kB

Done, without errors.
```

[그림 P2-2] Grunt 명령어 실행 화면

Task별로는 clean, assemble, copy, uglify를 수행했습니다. 즉, dist 디렉터리를 비우고 assemble로 프로젝트 파일을 생성하고 resources에 있는 파일을 복사하고 자바스크립트 파일을 축소화하는 과정을 명령어 하나로 수행했습니다.

이제 dist 디렉터리에 있는 파일을 원하는 웹서버에 복사해서 호스팅하게 되면 모바일 청첩장 프로젝트를 웹브라우저에서 확인할 수 있습니다. 호스팅하기 전에 자신의 개발 환경에서 바로 확인할 수도 있습니다.

```
$grunt dev
```

위 명령어를 실행하면 기본 Task뿐 아니라 connect와 watch라는 Task를 수행하게 됩니다. 우선 http://localhost:8080이라는 내부 웹서버를 실행하며, 해당 URL로 접속하면 프로젝트를 확인할 수 있습니다. 이 작업을 connect Task에서 가능하게 해줍니다.

> 127.0.0.1:8080으로 접속해도 됩니다. 모바일 단말에서 확인하고 싶을 경우 개발 환경과 같은 공유기 또는 네트워크 환경에 연결돼 있어야 합니다. 그리고 개발 환경의 IP 주소를 127.0.0.1로 변경해 모바일 단말에서 접속하면 됩니다.

또한 watch Task는 해당 프로젝트의 파일을 수정했을 때 자동으로 Grunt 빌드를 수행해 줍니다. 그러므로 프로젝트를 진행할 때는 grunt dev 명령어만 실행하고, 더는 명령어를 실행해줄 필요가 없습니다.

프로젝트 구현

Grunt 빌드에 대한 내용을 설명했으므로 이제 프로젝트의 소스코드를 보면서 assemble의 동작 및 제이쿼리 모바일로 모바일 청첩장을 만든 부분을 설명하겠습니다. 우선 index.html의 레이아웃인 default.hbs를 살펴보겠습니다.

확장자는 html이 아니고 hbs입니다. 그 이유는 assemble에서 템플릿 엔진으로 핸들바를 사용하기 때문입니다. 이 hbs 파일이 assemble과 Grunt 빌드를 통해 HTML로 완성됩니다.

[예제 P2-1] 프로젝트의 기본 레이아웃 파일. layout/default.hbs

```
<!doctype html>
<html lang="en">
<head>
  <meta charset="utf-8">
  <meta name="viewport" content="width=device-width, initial-scale=1">
  <title>{{user.groom}} {{user.brider}}의 Wedding Invitation by using 제이쿼리 모바일</title>
{{>css}}
</head>
<body>
  <div id="fb-root"></div>
  {{>body}}
  {{>script}}
</body>
</html>
```

위 예제를 살펴보면 기본적으로 우리가 알고 있는 HTML 구조와 크게 다르지 않습니다. 거기에 단지 핸들바 템플릿 문법이 추가된 것뿐입니다.

{{}}로 감싸진 부분은 data.json에 저장된 정보를 표현하는 데이터 형식이며, >가 포함된 부분은 includes 디렉터리에 저장된 템플릿을 불러옵니다. 위 예제에서 {{>css}} 부분은 includes/css.hbs에 있는 템플릿을 불러옵니다. 즉, 아래 코드가 해당 부분으로 대체됩니다.

[예제 P2-2] CSS 파일. includes/css.hbs 1~2행

```
<link rel="stylesheet" href="resources/css/jquery.mobile-1.4.0.css">
<link rel="stylesheet" href="resources/css/style.css">
```

[CSS가 포함된 완성된 코드]

```
<!doctype html>
<html lang="en">
<head>
  <meta charset="utf-8">
  <meta name="viewport" content="width=device-width, initial-scale=1">
  <title>{{user.groom}} {{user.brider}}의 Wedding Invitation by using 제이쿼리 모바일</title>
  <link rel="stylesheet" href="resources/css/jquery.mobile-1.4.0.css">
  <link rel="stylesheet" href="resources/css/style.css"></head>
<body>
  <div id="fb-root"></div>
  {{>body}}
  {{>script}}
</body>
</html>
```

{{>script}} 또한 동일하게 includes/script.hbs를 참조합니다. script.hbs에는 이 프로젝트에서 사용할 각종 외부 자바스크립트 파일 또한 참조합니다.

[예제 P2-3] JS 파일. includes/script.hbs 1~6행

```
<scriptsrc="//code.jquery.com/jquery-1.10.2.min.js"></script>
<scriptsrc="resources/js/jquery.mobile-1.4.0.js"></script>
<script src="https://apis.skplanetx.com/tmap/js?version=1&format=javascript&appKey={{application.tmapAppKey}}"></script>
<scriptsrc="resources/js/swipe.js"></script>
<scriptsrc="resources/js/kakao.min.js"></script>
<scriptsrc="resources/js/main.js"></script>
```

특이하게 {{>body}}만 includes 디렉터리에 있는 템플릿을 참조하지 않고 해당 레이아웃에서 사용할 page 콘텐츠를 참조하게 됩니다.

> {{>body}}가 Page 콘텐츠를 참조하는 것은 assemble의 규칙입니다. 더 자세한 사항은 http://assemble.io/docs/Layouts.html을 참고하세요.

Page 콘텐츠가 정의된 곳은 Gruntfile.js이기 때문에 해당 파일을 살펴보겠습니다.

[예제 P2-4] Grunt 파일: Gruntfile.js 53~70행

```
assemble: {
options: {
    helpers: [ 'helper/common.js' ]
  },
  build: {
    options: {
      layoutdir: 'layout',
      layout: 'default.hbs',
      partials: 'includes/*.hbs',
      data: 'data.json'
    },
    files: [{
      expand: true,
      cwd: 'docs',
      src: '*.hbs',
      dest: 'dist'
    }]
  }
}
```

위 코드에서 build 객체를 살펴보면 앞 부분에서 layout/default.hbs을 레이아웃 파일로 사용한다고 한 것처럼 layoutdir과 layout에 해당 값이 저장돼 있음을 확인할 수 있습니다. 또한 각 페이지에서 활용되는 템플릿을 저장한 partials와 데이터를 저장한 data 또한 정의돼 있음을 확인할 수 있습니다.

files에는 build 객체에 저장된 정보로 {{>body}}에서 사용할 템플릿이 저장된 페이지 디렉터리를 명시하고 있습니다. 또한 해당 템플릿이 assemble을 이용한 Grunt 빌드를 통해 만들어지면 최종적으로 dest 값에 명식된 "dist"에 해당 결과물을 저장합니다. 이 프로젝트에는 docs 디렉터리에 index.hbs라는 페이지 템플릿이 저장돼 있으므로 index.html이라는 결과물이 저장될 것입니다.

cwd는 현재 작업 디렉터리(current working directory)를 뜻합니다. cwd + "/" + src 값이 페이지 템플릿을 나타냅니다. 또한 *.hbs는 .hbs 확장자로 끝나는 모든 파일을 뜻합니다. 여러 페이지를 만들 때 이와 같은 표현 방법은 아주 유용합니다.

이제 Grunt 빌드를 통해 어떻게 assemble이 적용되어 파일이 만들어지는지 알았으니 페이지 정보가 저장된 docs/index.hbs를 살펴보겠습니다.

[예제 P2-5] index 파일. index.hbs 1~6행

```
{{>main}}
{{>album1}}
{{>album2}}
{{>propose}}
{{>location1}}
{{>location2}}
```

위 코드를 보면 HTML은 없고, 모두 {{>}} 형태로만 존재합니다. 앞에서 설명했듯이 제이쿼리 모바일은 페이지 기반의 단일 페이지 애플리케이션이라고 할 수 있습니다. 즉, 위 코드에서 6개의 페이지로 이뤄진 애플리케이션입니다. 이제 순서대로 6개의 Page를 살펴보겠습니다.

[예제 P2-6] 메인 화면 파일. includes/main.hbs 1~96행

```
<!--첫번째 메인 페이지 -->
<div data-role="page" id="main">
  <div data-role="header" data-position="fixed" >
    <a href="#panel1" class="ui-btnui-btn-left ui-alt-icon ui-nodisc-icon ui-corner-all ui-btn-
icon-notextui-icon-bars" style="font-size: 20px;"></a>
    <h1 class="text-header">{{user.groom}}<b style="color:red">♥</b>{{user.brider}} 의 결혼식</
h1>
  </div>
  <div data-role="content">
    <div>
      <img class="main-img" src="./resources/img/{{image.main}}">
    </div>
    <a href="#notice" id="notice-popup" data-rel="popup" data-role="button" class="ui-btnui-
corner-all ui-btn-b" data-transition="pop" data-position-to="window">공지 사항</a>
    <ul data-role="listview" data-inset="true">
      <li data-role="list-divider">인사말</li>
      <li class="text-header text-center">
      {{#each greetings}}
        <p>{{message}}</p>
      {{/each}}
      </li>
      <li data-role="list-divider">신랑 신부 가족 & 이름 </li>
      {{#with family}}
        <li>
        {{#each groom}}
          <p>{{this}}</p>
```

```
          {{/each}}
          </li>
          <li>
          {{#each brider}}
            <p>{{this}}</p>
          {{/each}}
          </li>
      {{/with}}
      <li data-role="list-divider">프로포즈</li>
      <li><a href="#propose">프로포즈</a></li>
      <li data-role="list-divider">사진첩</li>
      <li><a href="#page1">사진첩</a></li>
      <li><a href="#page2">사진첩(슬라이드없이)</a></li>
      <li data-role="list-divider">오시는길</li>
      <li>
        <a href="#location1" >
          <img src="./resources/img/wedding.png" style="height:100%">
          <h2>{{location1.name}}</h2>
          <p>{{location1.tel}}</p>
        </a>
      </li>
      <li>
        <a href="#location2">
          <img src="./resources/img/buffet.png"  style="height:100%">
          <h2>{{location2.name}}</h2>
          <p>{{location2.tel}}</p>
        </a>
      </li>
      <li data-role="list-divider">드리는 말씀</li>
      <li class="text-center">
        <p>주차장은 웨딩홀 옆에 있으니 </p>
        <p>주차요원의 안내에 따라<b style="color:blue">부탁드립니다.</b></p>
      </li>
    </ul>
    <div class="ui-corner-all custom-corners">
      <div class="ui-bar ui-bar-a">
        <h3>주변에 알리기</h3>
      </div>
      <div class="ui-body ui-body-a"  style="overflow:visible;">
        <div><a href="javascript:;" id="kakao-link"><img class="kakaolink" src="./resources/img/
kakao_talk.png" width="100%" alt="카카오 톡으로 청첩장 보내기"></a></div>
```

```
            <div class="fb-like" data-share="true" data-width="450" data-show-faces="true"></div>
        </div>
    </div>
    <div class="ui-body ui-body-a ui-corner-all" style="overflow:visible;">
    </div>
  </div>
{{>footer}}
  <div data-role="popup" id="notice" data-dissmisible="false">
    <div data-role="header">
      <h1>공지 사항</h1>
    </div>
    <div data-role="main" class="ui-content">
      <h3>당일 교통이 혼잡하오니 대중 교통을 이용해 주세요. </h3>
    </div>
  </div>
  <div data-role="panel" data-display="push" id="panel1">
    <div>
      <img src="./resources/img/profile.png" style="width:100%;">
    </div>
    <div style="margin:20px;">
    </div>
    <ul data-role="listview">
      <li data-role="list-divider">목차</li>
      <li><a href="#propose">프로포즈</a></li>
      <li><a href="#page1">사진첩</a></li>
      <li><a href="#page2">사진첩(슬라이드없이)</a></li>
      <li><a href="#location1">오시는길(예식장)</a></li>
      <li><a href="#location2">오시는길(피로연)</a></li>
      <li><a href="#panel1" data-rel="close" data-icon="delete">Close</a></li>
    </ul>
  </div>
</div>
<!--첫 번째 메인 페이지 끝-->
```

모바일 청첩장 프로젝트에서 가장 중요한 역할을 하는 메인 페이지입니다. {{}}와 같은 이중 중괄호로 싸여있는 부분은 핸들바 템플릿입니다. 이 페이지는 Grunt 빌드를 통해 완성되는데 이중 중괄호에 있는 템플릿은 data.json 파일을 참조합니다.

위 파일 가운데 5번째 행의 {{user.groom}}은 data.json에 저장돼 있는 user 객체의 값을 참조합니다.

[예제 P2-7] 데이터 파일인 data.json의 1~5행

```
{
  "user": {
    "groom": "한철수",
    "brider": "김영희"
  },
```

위 코드의 user 객체의 groom과 brider 값이 main.hbs 파일의 {{user.groom}}과
{{user.brider}}에 표현됩니다. 물론 data.json의 groom과 brider의 값인 "한철수", "김영희"를
변경하고 Grunt 빌드를 실행하게 되면 dist 디렉터리의 index.html에는 최종적으로 변경된
value가 표현됩니다.

여기서 중요한 것은 해당 템플릿의 {{user.groom}}을 변경하지 않으면 data.json의 user.groom
객체의 key 값도 변경하면 안 된다는 것입니다. 대신 user.groom의 value는 언제든지 변경할수
있습니다.

기본적으로 JSON 포맷은 key와 value로 구성돼 있습니다. groom은 key 값이며 "한철수"는 value입니다.

main.hbs 파일은 크게 data-role="header"와 data-role="content", data-role="footer"로
구성돼 있습니다. 이 가운데 Footer Toolbar 위젯은 여러 페이지에서 재사용 가능하기 때문에
{{>footer}}와 같이 표현했습니다.

[예제 P2-8] footer 툴바. includes/main.hbs 70행

```
{{>footer}}
```

[예제 P2-9] footer 툴바가 선언된 부분: includes/footer.hbs 1~3행

```
<div data-role="footer" data-position="fixed">
  <h1>xxxx년 xx월 xx일 행복한 웨딩홀 xx시</h1>
</div>
```

footer.hbs 파일에 명시돼 있듯이 Footer Toolbar 위젯에는 data-position="fixed" 속성을
지정해 스크롤과 상관없이 고정된 하단 위치에 표현됩니다.

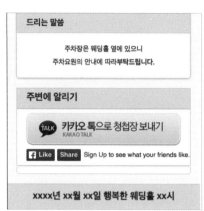

[그림 P2-3] Footer Toolbar 위젯

이제 다시 main.hbs를 살펴보겠습니다. 우선 공지사항 기능을 하는 부분은 Popup 위젯 기능을 통해 구현했습니다.

[예제 P2-10] 팝업 부분. includes/main.hbs 11행

```
<a href="#notice" id="notice-popup" data-rel="popup" data-role="button" class="ui-btnui-corner-
all ui-btn-b" data-transition="pop" data-position-to="window">공지 사항</a>
```

공지사항 버튼을 클릭하면 이미 연결된 notice id를 가진 아래 팝업이 보여집니다.

[예제 P2-11] 공지 팝업이 선언된 부분의 코드. includes/main.hbs 71행

```
<div data-role="popup" id="notice" data-dissmisible="false">
  <div data-role="header">
    <h1>공지 사항</h1>
  </div>
  <div data-role="main" class="ui-content">
    <h3>당일 교통이 혼잡하오니 대중 교통을 이용해 주세요. </h3>
  </div>
</div>
<div data-role="panel" data-display="push" id="panel1">
  <div>
    <img src="img/profile.png" style="width:100%;">
  </div>
  <div style="margin:20px;">
  </div>
  <ul data-role="listview">
    <li data-role="list-divider">목차</li>
```

```
      <li><a href="#propose">프로포즈</a></li>
      <li><a href="#page1">사진첩</a></li>
      <li><a href="#page2">사진첩(슬라이드없이)</a></li>
      <li><a href="#location">오시는길(예식장)</a></li>
      <li><a href="#location2">오시는길(피로연)</a></li>
      <li><a href="#panel1" data-rel="close" data-icon="delete">Close</a></li>
    </ul>
  </div>
```

[그림 P2-4] 공지사항 버튼

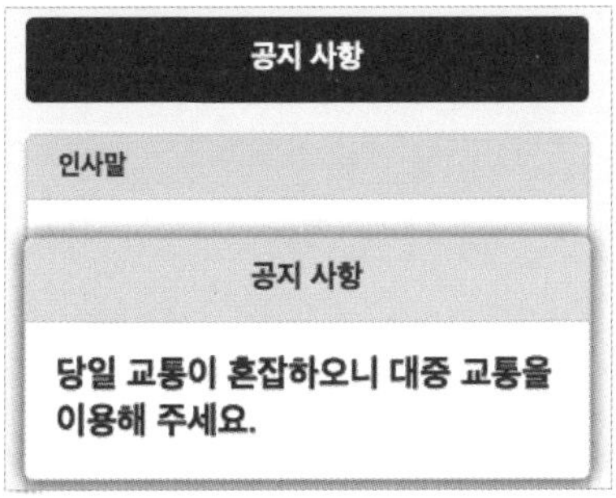

[그림 P2-5] 공지사항 버튼을 클릭했을 때

위 그림을 통해 공지사항 버튼을 눌렀을 경우 어떤 식으로 팝업이 보이는지 확인할 수 있습니다. 대부분 청첩장에서 당일 하객에게 전달하고 싶은 말을 적을 때 유용하게 사용할 수 있습니다. 다음으로 청첩장의 각 페이지를 표현하기 위해 Listview 위젯을 사용했습니다. Listview 위젯은 앞에서 배웠듯이 〈ul〉 요소와 〈li〉 요소의 조합으로 구성돼 있습니다. 또한 〈li〉 요소의 안에 〈a〉 요소가 포함돼 있는데 이 요소의 href 속성에는 각 페이지의 id 값을 명시했습니다.

[예제 P2-12] 인사말 및 어셈블 데이터 표현 부분. includes/main.hbs 12~57행

```
<ul data-role="listview" data-inset="true">
  <li data-role="list-divider">인사말</li>
  <li class="text-header text-center">
    {{#each greetings}}
      <p>{{message}}</p>
    {{/each}}
  </li>
```

```html
<li data-role="list-divider">신랑 신부 가족 & 이름 </li>
{{#with family}}
  <li>
    {{#each groom}}
    <p>{{this}}</p>
    {{/each}}
  </li>
  <li>
    {{#each brider}}
      <p>{{this}}</p>
    {{/each}}
  </li>
{{/with}}
<li data-role="list-divider">프로포즈</li>
<li><a href="#propose">프로포즈</a></li>
<li data-role="list-divider">사진첩</li>
<li><a href="#page1">사진첩</a></li>
<li><a href="#page2">사진첩(슬라이드없이)</a></li>
<li data-role="list-divider">오시는길</li>
<li>
  <a href="#location1" >
    <img src="./resources/img/wedding.png" style="height:100%">
    <h2>{{location1.name}}</h2>
    <p>{{location1.tel}}</p>
  </a>
</li>
<li>
  <a href="#location2">
    <img src="./resources/img/buffet.png"  style="height:100%">
    <h2>{{location2.name}}</h2>
    <p>{{location2.tel}}</p>
  </a>
</li>
<li data-role="list-divider">드리는 말씀</li>
<li class="text-center">
  <p>주차장은 웨딩홀 옆에 있으니 </p>
  <p>주차요원의 안내에 따라<b style="color:blue">부탁드립니다.</b></p>
</li>
</ul>
```

위 예제를 살펴보다 보면 #이 붙은 핸들바 템플릿을 볼 수 있습니다. 이 # 표시는 핸들바의 내장 헬퍼 배열로 이뤄진 데이터를 반복적으로 표현할 때 유용합니다. 위 예제의 4~6번째 부분은 아래와 같이 표현됩니다.

[예제 P2-13] 어셈블로 만들어진 완성된 HTML. dist/index.html 43~48행

```
<li class="text-header text-center">
  <p>날씨 좋은 화창한 날에</p>
  <p>저희 두 사람이 드디어 결혼을 하게 됩니다.</p>
  <p>새로운 인생을 시작하는 기쁜날</p>
  <p>오셔서 축복해주세요.</p>
</li>
```

{{#each}}와 마찬가지로 {{#with}}도 뒤에 오는 인자로 현재 컨텍스트를 이동하고 싶을 때 유용합니다. {{#with}}와 {{#each}}와 같은 내장 헬퍼를 잘 활용하면 코드를 좀 더 간결하고 읽기 쉽게 작성할 수 있습니다.

위 부분은 아래와 같은 화면으로 표현됩니다. 주로 인사말을 적을 때 유용하게 활용할 수 있습니다.

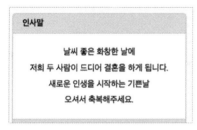

[그림 P2-6] 인사말

그리고 main.hbs에는 왼쪽 패널을 표현하기 위해 Panel 위젯을 사용했습니다.

[예제 P2-14] 패널 위젯 코드. includes/main.hbs 79~94행

```
<div data-role="panel" data-display="push" id="panel1">
  <div>
    <img src="./resources/img/profile.png" style="width:100%;">
  </div>
  <div style="margin:20px;">
  </div>
  <ul data-role="listview">
    <li data-role="list-divider">목차</li>
```

```
        <li><a href="#propose">프로포즈</a></li>
        <li><a href="#page1">사진첩</a></li>
        <li><a href="#page2">사진첩(슬라이드없이)</a></li>
        <li><a href="#location1">오시는길(예식장)</a></li>
        <li><a href="#location2">오시는길(피로연)</a></li>
        <li><a href="#panel1" data-rel="close" data-icon="delete">Close</a></li>
    </ul>
</div>
```

위 패널은 Header Toolbar 위젯의 왼쪽 버튼을 클릭하면 나타납니다.

[그림 P2-7] Header Toolbar 위젯

[그림 P2-8] Panel

다음은 프로포즈 페이지입니다. 대부분의 모바일 청첩장에서는 결혼하는 부부의 만남 스토리를 담아 전달합니다. 이 부분에 해당하는 페이지라고 보면 됩니다. 사용자에 따라 적당히 각색하면 됩니다.

[예제 P2-15] 프로포즈 페이지. includes/propose.hbs 2~15행

```
<div data-role="page" id="propose">
  <div data-role="header" data-position="fixed" data-add-back-btn="true">
    <h1>프로포즈는? </h1>
  </div>
  <div data-role="content">
    <div>
      <p>저희는 이렇게 저렇게 만나서 행복하게 지내왔고, 결혼을 결심하게 되었습니다.
      </p>
    </div>
    <img src="./img/propose1.png" style="width: 100%;">
    <img src="./img/propose2.png" style="width: 100%;">
  </div>
  {{>footer}}
</div>
```

이미지 또한 변경 가능하며, 〈h1〉 요소 안에 제목을 적고
〈p〉 요소 안에 자유롭게 콘텐츠를 채워 스토리를 전달할
수 있습니다. 샘플 화면은 아래와 같습니다.

[그림 P2-9] 프로포즈 페이지

이미지 또한 기본적인 HTML 구조만 알아도 추가가 가능하며, width만 100%로 맞추면 됩니다.

다음은 모바일 청첩장에서 가장 중요한 사진첩을 설명하겠습니다. 해당 사진첩은 슬라이드가 있는 버전과 없는 버전으로 모두 구현돼 있으며, 취향에 맞게 사용하면 됩니다. 우선 슬라이드가 있는 버전의 코드는 아래와 같습니다.

[예제 P2-16] 앨범1 페이지. includes/album1.hbs 2~21행

```
<div data-role="page" id="page1">
  <!--<div class="box"></div>-->
  <div data-role="header" data-position="fixed" data-add-back-btn="true" >
    <h1> 사진첩 </h1>
  </div>
  <div data-role="content">
    <div id="slider" class="swipe">
      <div class="swipe-wrap">
        {{#each image.album1}}
          <div><img style="width: 100%;" src="./img/{{this}}"></div>
        {{/each}}
      </div>
    </div>
    <fieldset class="ui-grid-a">
      <div class="ui-block-a"><input type="button" id="prevButton" value="Prev" data-theme="a"></div>
      <div class="ui-block-b"><input type="button" id="nextButton" value="Next" data-theme="b"></div>
    </fieldset>
    {{>footer}}
</div>
```

이미지는 여러 장을 표현해야 하므로 #each 헬퍼를 사용해 표현했습니다. 여기서 슬라이드를 표현하기 위해 오픈소스인 swipejs를 사용했습니다.

Swipe 프로젝트

깃허브 페이지: https://github.com/thebird/Swipe

프로젝트에서 사용한 슬라이드는 위 오픈소스 프로젝트를 이용했습니다. 사용법은 해당 깃허브 페이지에 잘 나와 있습니다.

프로젝트에서 사용한 슬라이드 관련 자바스크립트 코드는 아래와 같습니다. 간단히 swipejs를 초기화하고, prev 버튼과 next 버튼에 이벤트를 바인딩하는 부분입니다. 기본적인 이벤트를 바인딩하는 부분에는 제이쿼리를 사용했습니다. 다시 album1.hbs로 돌아와서 Prev, Next 버튼 부분을 보면 Grid 위젯을 이용해 버튼을 한 화면에 2개 표현한 것도 확인할 수 있습니다.

[예제 P2-17] Swipe 이벤트 처리 코드. resources/main.js 67~85행

```javascript
window.mySwipe = new Swipe(elem, {
  startSlide: 0,
  speed: 500,
  auto: 1000,
  continuous: true,
  disableScroll: false,
  stopPropagation: false,
  callback: function(index, elem) {},
    transitionEnd: function(index, elem) {}
  });
var $slider = $( "#slider" ),
  $prev = $( "#prevButton" ),
  $next = $( "#nextButton" );
$prev.off( "click" ).on( "click", function(){
  mySwipe.prev();
});
$next.off( "click" ).on( "click", function(){
  mySwipe.next();
});
```

슬라이드가 적용되지 않은 부분은 includes/album2.hbs에 작성돼 있습니다.

[예제 P2-18] 앨범2 페이지. includes/album2.hbs 2~16행

```html
<div data-role="page" id="page2">
  <div data-role="header" data-position="fixed" data-add-back-btn="true" >
    <h1> 사진첩(슬라이드 없이) </h1>
  </div>
  <div data-role="content">
    <div>
      <div>
        {{#each image.album2}}
          <div><img style="width: 100%;" src="./resources/img/{{this}}"></div>
```

```
      {{/each}}
    </div>
  </div>
 </div>
  {{>footer}}
</div>
```

album1.hbs와의 차이점은 〈div〉 요소에 class와 id가 선언돼 있지 않고 버튼 마크업만 제거돼 있다는 것입니다. 하지만 보여지는 화면은 아래와 같이 서로 다릅니다.

[그림 P2-10] 슬라이드 적용된 사진첩

[그림 P2-11] 슬라이드가 적용되지 않은 사진첩

슬라이드가 적용된 사진첩은 가로 터치 이벤트로 감상하기 쉬우며, 슬라이드가 적용되지 않은 사진첩은 스크롤 터치 이벤트로 사진을 감상하기에 적합합니다. 각각 용도에 맞게 사용하면 됩니다.

다음은 지도 페이지에 대해 살펴보겠습니다. 지도는 Tmap 오픈 API를 사용해 작성했습니다. Tmap 오픈 API는 SK 플래닛 개발자 센터에서 키를 발급받고 사용할 수 있으며, 키 값만 프로젝트에 적용하면 바로 사용할 수 있습니다.

이번 프로젝트에 키 값을 적용하는 부분은 includes/script.hbs에 있는 js 파일 링크입니다. 이 부분은 data.json에 데이터 형식으로 표현해놨기 때문에 data.json의 application 부분을 수정하면 됩니다.

[예제 P2-19] 애플리케이션 키. data.json 66~67행

```
"application":{
    "tmapAppKey": "59d44673-37a8-3d41-a7b6-6ca3c6ea061f"
}
```

https://developers.skplanetx.com/apidoc/kor/tmap/reference/
위 URL로 접속해 앱 키를 발급받아야 합니다.

[예제 P2-20] 지도1 페이지. includes/location1.hbs 2~15행

```
<!--결혼식장 지도 페이지-->
<div data-role="page" id="location1">
  <div data-role="header" data-position="fixed" data-add-back-btn="true">
    <h1>오시는길</h1>
  </div>
  <div data-role="content">
    <div id="map1">
    </div>
    <div class="address">
      {{location1.address}}<br>
      {{location1.comment}}<br>
    </div>
  </div>
  {{>footer}}
</div>
```

지도를 표현하기 위해 주소 부분은 핸들바 템플릿을 이용해 표현하고, 지도는 〈div〉 요소에 map1이라는 id 값을 선언했습니다. 해당 부분에 이제 지도를 불러올 것입니다.

[예제 P2-21] 지도 연동 부분. resources/main.js 8~24행

```
var initLocation = function() {
  var map = new Tmap.Map({
    div:"map1",
    width:'100%',
    height:'400px'
  });
  var markerLayer = new Tmap.Layer.Markers();
  map.addLayer(markerLayer );
  var lonlat = new Tmap.LonLat( 14123054.321613, 4512207.674072 );
  //var center = new Tmap.LonLat( 14123343.752289, 4512189.739492 );
  map.setCenter(lonlat, 16 );
  var size = new Tmap.Size(30,30);
  var offset = new Tmap.Pixel(-(size.w/2), -(size.h/2));
  var icon = new Tmap.Icon('./resources/img/heart.png', size, offset);
  var marker = new Tmap.Marker(lonlat, icon);
  markerLayer.addMarker(marker);
};
```

initLocation은 지도를 불러오는 함수입니다. 위 코드에서 lonlat 변수에 저장되는 Tmap.LonLat() 함수가 지도의 위치를 불러오게 됩니다. 첫 번째 인자와 두 번째 인자는 지도의 Lon 데이터와 Lat 데이터입니다.

위 코드 중 //로 주석 처리돼 있는 var center 부분은 Map의 중앙 부분을 지정하는 부분입니다. 지도의 초깃값과 중앙이 다르게 표현하고 싶다면 해당 주석 처리를 활성화해도 됩니다.

위치를 변경하고 싶을 때 SK 플래닛 개발자센터에서 API Console을 이용하면 됩니다. 해당 사이트에서 가입하고 https://developers.skplanetx.com/develop/self-console/로 접속해 읍면동/도로명 조회를 하시면 됩니다. 가령 "영등포동"을 검색하면 아래와 같은 결과가 출력됩니다.

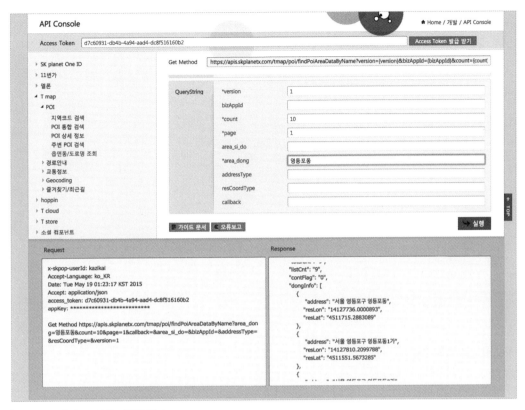

[그림 P2-12] 영등포동을 검색한 결과

위 그림에서 dongInfo의 resLon과 resLat이 Lon, Lat
정보입니다. resources/main.js에서 Lon, Lat 정보를
변경하고 Grunt 빌드를 수행하면 아래와 같이 영등포동에
대한 지도 정보를 보여주게 됩니다.

[그림 P2-13] 영등포동 지도

위 부분에서 하트 모양의 이모티콘은 main.js의 21행에 있는 아이콘입니다. 이 또한 변경할 수 있습니다.

프로젝트에서는 최소한의 개발로만 지도를 표현할 수 있게 코드를 포함시켰습니다. 아래 코드로 지도 함수를 적절하게 호출하므로 Lon 데이터와 Lat 데이터만 교체하면 지도 페이지를 완성할 수 있습니다.

[예제 P2-22] 지도 초기화 부분. resources/main.js 86~93행

```
// tmap 초기화
var $page = $( ".ui-page-active" );
$( ".tmMap" ).empty();
if ( $page.attr( "id" ) === "location1" ){
  initLocation();
} else {
  initBanquet();
}
```

식사하는 장소가 다른 경우에도 대비할 수 있게 location2.hbs 또한 작성해 놓았습니다. location1. hbs와 마찬가지로 변경하면 됩니다. 이때 수정할 부분은 initBanquet 함수 부분입니다.

[예제 P2-23] 두 번째 지도 연동 부분. resources/main.js 25~41행

```
varinitBanquet = function( ){
  var map = new Tmap.Map({
    div:"map2",
    width:'100%',
    height:'400px'
  });
  var markerLayer = new Tmap.Layer.Markers();
  map.addLayer(markerLayer );
  var lonlat = new Tmap.LonLat( 14123141.903440, 4512425.620662 );
  var center = new Tmap.LonLat( 14123140.903440, 4512425.620662 );
  map.setCenter( center, 16 );
  var size = new Tmap.Size(30,30);
  var offset = new Tmap.Pixel(-(size.w/2), -(size.h/2));
  var icon = new Tmap.Icon('./resources/img/marker.png', size, offset);
  var marker = new Tmap.Marker(lonlat, icon);
  markerLayer.addMarker(marker);
};
```

이제 마지막으로 소셜 공유 기능 구현 부분을 설명하겠습니다. 소셜 공유는 페이스북과 카카오톡으로 구성돼 있으며, 페이스북은 '좋아요'와 공유 위젯, 카카오톡은 카카오톡으로 보내기 기능으로 구성돼 있습니다. 우선 카카오톡 공유 기능을 구현한 부분은 아래와 같습니다.

[예제 P2-24] 소셜 공유 마크업. includes/main.hbs 63행

```
<div><a href="javascript:;" id="kakao-link"><img class="kakaolink" src="./resources/img/kakao_
   talk.png" width="100%" alt="카카오 톡으로 청첩장 보내기"></a></div>
```

위 양식은 카카오의 개발자 사이트를 참조했으며, 해당 링크를 올바르게 동작시키려면 자바스크립트 API를 이용해 초기화해야 합니다.

https://developers.kakao.com/

자바스크립트 API를 사용하려면 카카오에서 제공하는 자바스크립트 SDK 파일을 인클루드해야 하며, 해당 파일은 includes/script.hbs에 선언돼 있습니다. 그리고 해당 파일 다음의 자바스크립트 파일에서 초기화 코드를 다음과 같이 작성합니다.

[예제 P2-25] 카카오 연동 부분 41~61행

```
var initKakao = function(){
  /* 카카오톡 링크 */
  Kakao.cleanup();
  // 사용할 앱의 자바스크립트 키를 설정해 주세요.
  Kakao.init('abeaf346736c57a8ba07ef2dcfcad028');
  // 카카오톡 링크 버튼을 생성합니다. 처음 한 번만 호출하면 됩니다.
  Kakao.Link.createTalkLinkButton({
    container: '#kakao-link',
    label: '저희의 결혼을 축하해주세요',
    image: {
      src: 'http://dev.kazikai.net/invitation/dist/resources/img/main.png',
      width: '300',
      height: '200'
    },
    webButton: {
      text: '청첩장 바로가기',
      url: 'http://dev.kazikai.net/invitation/dist/index.html' // 앱 설정의 웹 플랫폼에 등록한
도메인의 URL이어야 합니다.
    }
  });
};
```

[예제 P2-26] 카카오 연동 함수 실행 부분

```
initKakao();
```

위 초기화 코드에는 카카오 API의 키를 입력해야 합니다. 또한 container에는 카카오톡 링크를 표현한 요소의 id 값이 들어가게 되며, 카카오톡으로 공유했을 경우 화면에 들어가는 이미지의 주소 및 크기를 설정할 수 있으며, 해당 화면의 버튼 텍스트 및 버튼을 눌렀을 경우 이동할 URL 또한 설정 가능합니다.

아래는 카카오 API를 이용해 만든 링크입니다. 실제로 카카오톡 애플리케이션에서 아래와 같이 공유됩니다.

[그림 P2-14] 카카오 공유 기능

페이스북 또한 카카오와 마찬가지로 간단하게 공유 기능을 설정할 수 있습니다. 공유 기능을 설정하는 방법은 페이스북 개발자 사이트에 명시돼 있으며, 가입 후 누구나 자유롭게 이용 가능합니다.

https://developers.facebook.com/

페이스북 공유 기능을 사용하려면 개발자 사이트에 방문해서 가입한 후 App Id를 발급받습니다. 이를 발급받으려면 https://developers.facebook.com/apps/에서 새로운 앱을 웹 형태로 만든 다음, 호스팅할 서버 주소를 입력하면 됩니다. 그다음 data.json으로 가서 application 객체의 facebookAppId를 발급받은 AppId로 수정합니다.

[예제 P2-27] 페이스북 애플리케이션 키. data.json 66~69행

```
"application":{
    "tmapAppKey": "59d44673-37a8-3d41-a7b6-6ca3c6ea061f",
```

```
  "facebookAppId": "526052514182685"
}
```

위 작업이 끝나면 페이스북의 '좋아요'와 공유 위젯을 바로 사용할 수 있습니다. 아래는 각 케이스별 화면입니다.

[그림 P2-15] 페이스북 좋아요 공유 위젯

[그림 P2-16] 페이스북의 '좋아요' 버튼을 눌렀을 때 나타나는 로그인 창

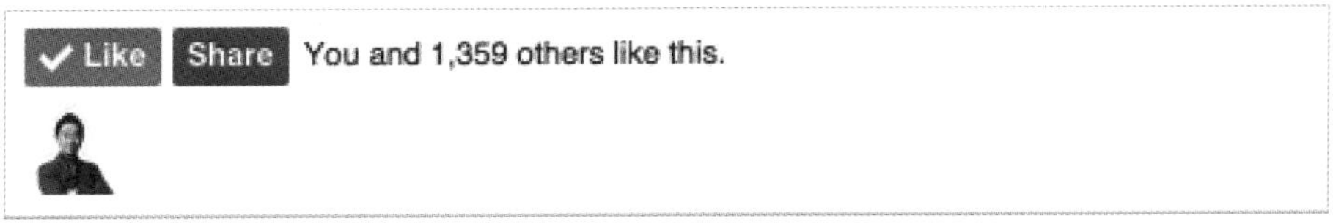

[그림 P2-17] 페이스북에 로그인한 후

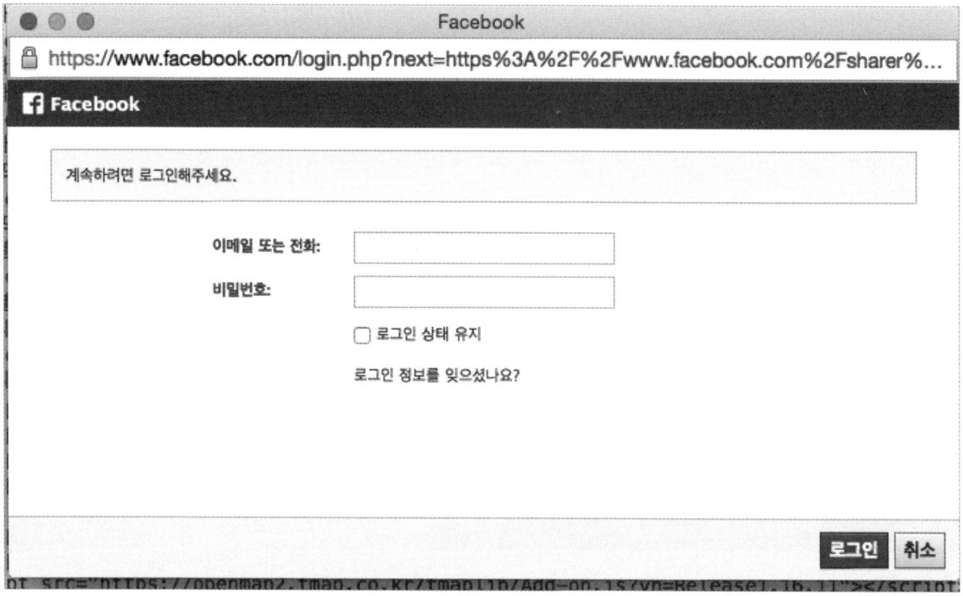

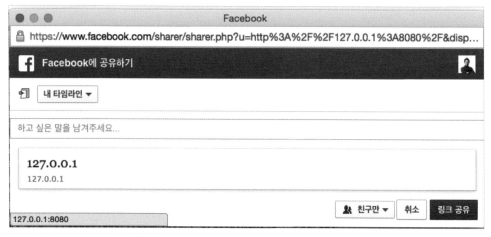

[그림 P2-18] 페이스북 공유 버튼을 눌렀을 나타나는 로그인 창

[그림 P2-19] 페이스북에 로그인한 후

위 위젯 기능을 사용하기 위해 프로젝트에서는 다음과 같은 작업을 수행했습니다. 우선 〈body〉 요소 최상단에 fb-root라는 id 값을 가진 〈div〉 요소를 추가합니다.

[예제 P2-28] 페이스북 소셜 링크 추가 마크업. layout/default.hbs 10행

```
<div id="fb-root"></div>
```

그다음으로 원하는 위치에 아래 예제의 마크업을 추가합니다.

```
<div class="fb-like" data-share="true" data-width="450" data-show-faces="true"></div>
```

이 프로젝트에서는 카카오 공유하기 마크업 아래에 위치합니다.

[예제 P2-29] 페이스북 좋아요 링크 추가 마크업. includes/main.hbs 64행

```
<div class="fb-like" data-share="true" data-width="450" data-show-faces="true"></div>
```

그리고 마지막으로 페이스북에서 제공하는 초기화 함수를 인클루드합니다. 이 함수는 맨 나중에 실행돼야 하므로 프로젝트에서는 main.js 밑에 포함시켰습니다.

[예제 P2-30] 페이스북 초기화 코드. includes/script.hbs 7~22행

```
<script>
window.fbAsyncInit = function() {
  FB.init({
    appId      : '{{application.facebookAppId}}',
    xfbml      : true,
    version    : 'v2.3'
  });
};
(function(d, s, id){
  var js, fjs = d.getElementsByTagName(s)[0];
  if (d.getElementById(id)) {return;}
  js = d.createElement(s); js.id = id;
  js.src = "//connect.facebook.net/en_US/sdk.js";
  fjs.parentNode.insertBefore(js, fjs);
}(document, 'script', 'facebook-jssdk'));
</script>
```

위와 같은 작업으로 손쉽게 소셜 기능을 추가할 수 있으며, 이번 프로젝트의 깃허브 소스코드를 참조하면 키만 발급받아 사용할 수 있습니다.

결론

지금까지 제이쿼리 모바일과 Grunt, assemble을 이용해 손쉽게 프로젝트를 만드는 것을 실습해 봤습니다. 예제 프로젝트에는 화려한 디자인은 없지만 추후 CSS 변경만으로 더 완성도 높은 모바일 청첩장으로 변경할 수도 있습니다.